Barbara Dahlhaus

Fertigkeit Hören

Fernstudieneinheit 5

Fernstudienprojekt
zur Fort- und Weiterbildung
im Bereich Germanistik
und Deutsch als Fremdsprache

Teilbereich Deutsch als Fremdsprache

Kassel · München · Tübingen

LANGENSCHEIDT

Berlin · München · Leipzig · Wien · Zürich · New York

Fernstudienprojekt des DIFF, der GhK und des GI
allgemeiner Herausgeber: Prof. Dr. Gerhard Neuner

Herausgeber dieser Fernstudieneinheit:
Uwe Lehners, Peter Panes, Goethe-Institut München
Redaktion: Eva-Maria Jenkins,
　　　　　Manuela Beisswenger, Mechthild Gerdes

Im Fernstudienprojekt „Deutsch als Fremdsprache und Germanistik" arbeiten das Deutsche Institut für Fernstudien an der Universität Tübingen (DIFF), die Universität Gesamthochschule Kassel (GhK) und das Goethe-Institut München (GI) unter Beteiligung des Deutschen Akademischen Austauschdienstes (DAAD) und der Zentralstelle für das Auslandsschulwesen (ZfA) zusammen.

Das Projekt wird vom Bundesminister für Bildung und Wissenschaft (BMBW) und dem Auswärtigen Amt (AA) gefördert.

　　　Dieses Symbol bedeutet „Verweis auf andere Fernstudieneinheiten"

*　　Mit diesem Zeichen versehene Begriffe werden im Glossar erklärt

Zu dieser Fernstudieneinheit gehören 2 Tonkassetten mit den Hörszenen (ISBN 3 – 468 – **49671** – 0).

Druck:	5.	4.	3.	2.	Letzte Zahlen
	98	97			maßgeblich

© 1994 Goethe-Institut München

Das Werk und seine Teile sind urheberrechtlich geschützt. Jede Verwertung in anderen als den gesetzlich zugelassenen Fällen bedarf deshalb der vorherigen schriftlichen Einwilligung des Verlages.

Titelzeichnung: Theo Scherling
Satz und Gestaltung (DTP): Uli Olschewski
Druck: Druckhaus Langenscheidt, Berlin
Printed in Germany: ISBN 3 – 468 – **49675** – 3

Inhalt

Einleitung		6
1	**Vermutungen über Ihre Erfahrungen mit Hörverstehen**	8
1.1	Eine Hörszene und drei verschiedene Erfahrungen	8
1.2	Ein Fragebogen	11
1.3	Hören, eine vernachlässigte Fertigkeit	12
1.4	Typische Hörübungen und Aufgabenstellungen	13
1.4.1	Multiple-choice (Mehrwahlantworten) oder die Qual der Wahl	13
1.4.2	Richtig – Falsch bzw. Ja – Nein	18
1.4.3	Lückentext	25
1.4.4	Fragen zum Text	37
1.5	Hörverstehen im Wandel der Methoden	39
1.5.1	Die audiolinguale Methode	39
1.5.2	Die kommunikative Didaktik	47
2	**Systematische Darstellung**	52
2.1	Versuch einer Typologie von Übungen zum Hörverstehen	52
2.1.1	Aufgaben, die <u>vor dem Hören</u> gemacht werden.	52
	• Assoziogramm	52
	Exkurs: Hörtexte und Lesetexte	55
	Exkurs: Wie funktioniert eigentlich unser Gedächtnis?	57
	• Illustration 1: Einzelbild	59
	Exkurs: Antizipation	61
	• Illustration 2: Bildsalat	62
	Exkurs: Präsentationsformen von Hörtexten	63
	• Illustration 3: Text- und Bildsalat	68
	• Arbeit mit Satzkarten	72
	Exkurs: Lieder im Deutschunterricht	76
2.1.2	Aufgaben, die <u>während des Hörens</u> gemacht werden	78
	Intensives und extensives Hören	78
	a) Beispiele für intensives Hören	82
	• Zahlen-Bingo	82
	Exkurs: Progression	85
	• Zahlen-Wort und Zahlen-Lotto	86
	Exkurs: Komponentenübungen	89
	• Visuelles Diktat	92
	Exkurs: Partnerarbeit	94
	• Orientierung auf einem Stadtplan	97
	• Arbeit mit Wortlisten	104
	Exkurs: Redundanz	107
	• Bewegungsspiele	108
	b) Beispiele für extensives Hören	109
	• Verbale Aufgaben: Informationen in Raster eintragen	109

		• Nichtverbale Aufgaben: Einen Auftrag ausführen	114
		Exkurs: Speicherübungen	116
2. 1. 3		Aufgaben, die <u>nach dem Hören</u> gemacht werden	117
		• Verbale Aufgaben: Die 6 W-Fragen	118
		• Nichtverbale Aufgaben: Welche Aussagen treffen zu?	119
2. 2		Typologie von Hörübungen: Systematischer Überblick	125
2. 3		Hörverstehen und andere Fertigkeiten	126

3	Hörmaterialien für die Weiterarbeit	129
4	Transkriptionen der Hörszenen	144
5	Lösungsschlüssel	157
6	Literaturhinweise	179
7	Quellenangaben	182
8	Glossar	185

Angaben zur Autorin	189
Das Fernstudienprojekt DIFF – GhK – GI	190

Einleitung

Liebe Kollegin, lieber Kollege,

Sie haben die Fernstudieneinheit *Fertigkeit Hören** in Händen und werden sie vielleicht in den nächsten Tagen bzw. Wochen durcharbeiten. Wir gehen davon aus, daß Sie sich für die Praxis des Sprachunterrichts und für Methodik/Didaktik* interessieren und entweder Deutschlehrer sind oder es werden wollen. Im folgenden möchten wir Ihnen kurz beschreiben, wie diese Studieneinheit Sie in Ihrer Tätigkeit unterstützen kann und womit sie sich im einzelnen beschäftigt.

Unser Ziel:

In dieser Studieneinheit möchten wir mit Ihnen gemeinsam erarbeiten, wie man mit Hörtexten, die auf einer Tonkassette dargeboten werden, im Unterricht arbeiten kann. Unser Ziel ist es, aufzuzeigen, wie man die Fähigkeit der Schüler, Hörtexte zu verstehen, üben, trainieren und verbessern kann.

Unsere Vorgehensweise:

Was passiert eigentlich im Kopf der Schüler, wenn sie Hörtexte in der Fremdsprache vorgesetzt bekommen und bestimmte Aufgaben dazu lösen sollen? Diese Frage steht am Anfang unserer Überlegungen. Um diese Frage beanworten zu können, müssen wir in einem ersten Schritt versuchen, die Erfahrungen der Schüler bei der Arbeit mit Hörtexten nachzuvollziehen. Sie werden deshalb in dieser Studieneinheit immer wieder gebeten, in die Schülerrolle zu schlüpfen und die Arbeit mit dem Hörtext sowie die verschiedenen Unterrichtsschritte aus der Sicht der Schüler zu simulieren. Im Anschluß an diese Simulationsphase werden wir zu unserer vertrauten Lehrerrolle zurückkehren und in einer Reflexionsphase die Erfahrungen, die wir in der Schülerrolle gemacht haben, analysieren und Schlußfolgerungen daraus ziehen. Wir arbeiten also die ganze Studieneinheit hindurch immer auf zwei Ebenen: In der Simulationsphase erfahren Sie als „Schüler", wie bestimmte Aufgaben im Unterricht durchgeführt und gelöst werden. In der Reflexionsphase reflektieren Sie anschließend als Lehrer, was bestimmte Unterrichtsschritte und Übungsformen leisten können.

Aufbau dieser Studieneinheit:

Sie werden sehen, daß dieser Wechsel der beiden beschriebenen Ebenen die Struktur dieser Studieneinheit in weiten Teilen bestimmt. So bringt es die anfängliche Orientierung an der Schülerrolle mit sich, daß wir sehr text- und beispielnah vorgehen. Das bedeutet, daß wir anhand zahlreicher Hörtexte und Übungsbeispiele gemeinsam Kriterien für Textauswahl, Übungsformen, methodisch-didaktisches Vorgehen usw. entwickeln.

Die Unterrichtsbeispiele, die wir mit Ihnen simulieren, richten sich hauptsächlich an Schüler aus dem Grundstufen-, zum Teil aber auch aus dem Mittelstufenbereich.

Im ersten Teil der Studieneinheit bearbeiten wir einige Hörübungen aus bekannten, weitverbreiteten Lehrwerken. Am Ende des ersten Teils gehen wir auch ein bißchen auf die Geschichte des Hörverstehens in verschiedenen Unterrichtsmethoden* ein.

Im zweiten Teil versuchen wir, Ihnen eine Typologie* von Hörübungen vorzustellen. Sie erfahren, welche Übungen vor, bei und nach dem Hören eines Hörtextes durchgeführt werden können und warum. Dabei werden Sie immer wieder sehen, daß Hörverstehen nicht isoliert vorkommt und Übungen zum Hörverstehen ebensowenig. Die vier Grundfertigkeiten (Lesen, Hören, Sprechen und Schreiben) stehen in der Realität der Kommunikation* in dauernder Wechselwirkung zueinander; deshalb werden sie auch im Sprachunterricht in Übungsabläufen miteinander vernetzt.

Für Ihre eigene Weiterarbeit haben wir Ihnen am Ende dieses Teils ein kleines Angebot an Hörszenen zusammengestellt, die Sie selber in Anlehnung an die vorgestellten Modelle didaktisieren können.

Im Anschluß daran finden Sie die Transkriptionen* der Hörtexte.

Für alle Aufgaben, die Sie im Laufe der Studieneinheit bearbeiten, finden Sie im Anhang einen Lösungsvorschlag.

Im Glossar werden noch einmal zentrale Begriffe kurz erläutert, ein Literaturverzeichnis bietet Ihnen Titel für weiterführende Lektüre und Übungsangebote im Bereich Hörverstehen.

Diese Studieneinheit gehört zu dem Paket *Grundfertigkeiten im Deutschunterricht* und wird durch drei weitere Titel zu den Themen *Fertigkeit Lesen, Sprechen und Schreiben* ergänzt. Im Hörverstehensbereich können Sie Ihre Fachkenntnisse durch die Fernstudieneinheiten *Lieder im Deutschunterricht, Video im Deutschunterricht* sowie *Phonetik und Intonation* vertiefen.

Sollten Sie selber Fortbilder sein, so können Sie die Studieneinheit als Steinbruch zur Vorbereitung von Fortbildungsveranstaltungen zum Thema *Fertigkeit Hören* benutzen, wobei Ihnen die zugehörigen Hörkassetten eine zusätzliche Hilfe sind.

Obwohl das Hörverstehen lange Zeit ein Mauerblümchen im Bereich der Methodik/Didaktik des Deutschunterrichts war und wenig systematisch geübt wurde, plädieren wir mit Nachdruck dafür, daß die Schulung des Hörverstehens ein elementarer, unerläßlicher Bestandteil des Fremdsprachenunterrichts Deutsch sein muß. Denn: *Wer nicht hören will, muß fühlen ...*

Viel Spaß.

1 Vermutungen über Ihre Erfahrungen mit Hörverstehen

1.1 Eine Hörszene und drei verschiedene Erfahrungen

Diese Studieneinheit soll mit einer kleinen Hörszene beginnen, aus der wir im Laufe des ersten Kapitels wichtige Basisinformationen* zum Thema *Fertigkeit Hören* ableiten werden.

Aufgabe 1

Hörszene 1

> *Bitte lesen Sie zunächst die folgenden Fragen:*
>
> *1. Wo spielt die Hörszene?*
> *2. Was für Personen können in einer solchen Hörszene vorkommen?*
> *3. Worüber könnten diese Personen reden?*
>
> *Hören Sie nun die Hörszene 1 auf der Kassette an, und beantworten Sie dann die Fragen.*
>
> _____
> _____
> _____
> _____
> _____
> _____
>
> *Die Transkription zu Hörszene 1 finden Sie auf Seite 144.*

Sie werden überrascht gewesen sein, daß Sie gar keine Sprache gehört haben. Nur durch die Geräusche haben Sie den Ort der Handlung identifiziert. Aufgrund dieser Geräusche haben Sie dann vorausgesagt, welche Personen in dieser Hörszene vorkommen und worüber sie reden könnten. Diese Hypothesen* würden Sie in dem Augenblick, in dem Sie bestimmte Personen reden hören, überprüfen: *Welche Personen kommen tatsächlich vor und worüber reden sie wirklich?*

Hören wir nun zunächst die ganze Hörszene. Aber erschrecken Sie nicht, die Hörszene ist nicht auf deutsch!

Hörverstehen in realen Situationen

Warum beginnen wir mit einer Hörszene, die gar nicht auf deutsch ist? Uns geht es bei dieser ersten Hörszene um die Analyse von Hörerfahrungen, die jeder im Umgang mit Fremdsprachen machen kann. Versetzen Sie sich deshalb bitte in die Rolle eines Schülers, der gerade anfängt, eine Fremdsprache zu lernen und plötzlich mit dieser in der Realität konfrontiert wird.

Aufgabe 2

> *Bitte lesen Sie zunächst die folgenden Fragen:*
>
> *1. Wo spielt die Hörszene?*
> *2. Wie viele Personen sprechen?*
> *3. Wie viele Männer? Wie viele Frauen?*
> *4. Welche Sprachen sprechen sie?*

5. Was sind sie von Beruf?

6. Worüber sprechen sie?

Hören Sie nun die Hörszene 2 auf der Kassette an, und beantworten Sie dann die Fragen. Diskutieren Sie gegebenenfalls mit Ihren Kollegen und Kolleginnen.

Die Transkription zu Hörszene 2 finden Sie auf Seite 144.

Hörszene 2

Wir gehen davon aus, daß Sie kein Chinesisch verstehen und sicher Probleme hatten, alle Fragen zu beantworten. Aber Sie werden festgestellt haben, daß Sie dennoch viel von der Situation verstanden haben.

Was hat Ihnen geholfen, Teile dieser Hörszene zu verstehen?

Aufgabe 3

Sie haben gesehen, daß hier die Sprache und Ihre Sprachkenntnisse sehr wenig zum Verständnis der Hörszene beigetragen haben, da Sie nie Chinesisch gelernt haben und höchstens einige stark entstellte Namen verstehen konnten.

Sie haben wahrscheinlich aufgrund der Geräusche erkannt, daß der Beginn der Hörszene beim Verlassen des Flugzeuges spielt, der zweite Teil auf dem Weg vom Flugzeug zur Paßkontrolle und der dritte Teil in der Schlange vor der Paßkontrolle.

Weil Sie schon einmal geflogen sind – so nehmen wir an – und weil Sie die Situation am Flughafen kennen, haben Sie aufgrund dieses Vorwissens*, aufgrund Ihres Weltwissens* sehr viel voraussagen können.

Vorwissen
Weltwissen

So haben Sie sicher erraten, daß die Stewardeß die Passagiere im Flugzeug verabschiedet, Sie haben erraten, daß in der Hörszene eine Paßbeamtin vorkommt und den Paß sehen will. Sie haben vielleicht die beiden Männer als Geschäftsleute erkannt und die Frau als Touristin. Vielleicht haben Sie herausgehört, woher diese Personen kommen. All dies konnten Sie, weil Sie mit Hilfe der Geräusche die Situation identifizieren und aufgrund Ihres Vorwissens bestimmte Personen und Rollen wiedererkennen konnten. Dabei haben Sie sehr oft geraten, Sie haben Hypothesen aufgestellt, die Sie wegen Ihrer mangelnden Sprachkenntnisse nun nicht weiter überprüfen können, die Sie aber im normalen Sprachunterricht durch das vorhandene Sprachverständnis bestätigen oder korrigieren können.

Wir stellen fest: Für das Hörverstehen sind die außersprachlichen Elemente (Geräusche, Musik usw.), das Vorwissen (Weltwissen, landeskundliche Kenntnisse) und eine bestimmte Hörerwartung* genauso wichtig wie Sprachkenntnisse.

Nun handelt es sich in unserem Fall zwar um eine sehr realistische Tonaufnahme, aber nicht um eine erlebte Realsituation. In einer Realsituation würden Ihnen auch noch visuelle Elemente (Gestik, Mimik) das Verstehen erleichtern. Das aber ist genau der Unterschied zwischen einer Realsituation und dem Unterricht: Im Unterricht arbeiten Sie meistens nur mit Kassetten, so daß alle visuellen Hilfen entfallen. Dadurch ist das Hörverstehen im Unterricht viel schwerer als in der Realität.

Wir gehen jetzt einen Schritt weiter mit unserer Selbsterfahrung und hören uns eine deutschsprachige Hörszene an.

Bitte lesen Sie die folgenden Fragen:

1. Wo spielt die Hörszene?

2. Wie viele Personen sprechen?

3. Wie viele Männer? Wie viele Frauen?

Aufgabe 4

Hörszene 3

4. Welche Sprachen sprechen sie?
5. Was sind sie von Beruf?
6. Worüber sprechen sie?
7. Wie sehen die Personen aus? Was haben sie an?
8. Wie alt sind sie?

Hören Sie nun die Hörszene 3, und beantworten Sie dann die Fragen. Sie können nicht alle Fragen nur aufgrund des Gehörten beantworten. Raten Sie in diesem Fall.

Die Transkription zu Hörszene 3 finden Sie auf Seite 144.

So geht es natürlich leichter, weil Sie gute Deutschkenntnisse haben, aber ganz leicht war es sicher auch nicht.

Auch in Ihrer Muttersprache hätten Sie sicher einige Schwierigkeiten gehabt, alles genau zu verstehen. Hörszenen aus dem Alltag haben oft sehr spezifische Eigenarten: Sprachfetzen und Geräusche überlagern sich, vermischen sich, die Sätze, die man hört, werden gestört und abgebrochen. Sie verstehen nur in etwa, aber Sie können erraten, worum es geht usw.

Welche Voraussetzungen müßten denn gegeben sein, damit Sie alles Wichtige in dieser Hörszene verstehen können? Vielleicht läßt sich diese Frage am besten dadurch beantworten, daß Sie versuchen, sich folgende Situation vorzustellen:

Sie sind soeben mit dem Flugzeug auf dem Flughafen in München gelandet. Die Stewardeß hat Sie mit einem freundlichen *Auf Wiedersehen* verabschiedet, und nun befinden Sie sich auf dem Weg zur Paßkontrolle. Um Sie herum sind Reisende aus Ihrem Heimatland, aber auch zahlreiche deutsche Urlauber und Geschäftsreisende. Von allen Seiten dringen deutsche Gesprächsfetzen an Ihr Ohr. ... *Ja, es war unheimlich toll auf Bali ... hat mir sehr gefallen. Und das Wetter ...* . Die junge Frau, die das sagt, ist braungebrannt und sieht entspannt und fröhlich aus. Es fällt Ihnen nicht schwer, ihr zu glauben, daß sie einen schönen Urlaub hatte. Etwas weiter hinter Ihnen in der Schlange unterhalten sich zwei etwa vierzigjährige Geschäftsreisende. Sie hören: *... schon zurück? ... Hannover? ... Ja, Hannover und Frankfurt ... aber eigentlich hätte ich mir von den Gesprächen mehr erwartet, besonders bei Siemens und Bosch ... und eigentlich wollte ich ja den Vertrag mitbringen ...* . Dabei deutet er auf seinen Aktenkoffer, zieht die Stirn ein wenig in Falten und seufzt. Plötzlich hören Sie Ihren Namen über die Lautsprecherdurchsage, aber die Qualität der Durchsage ist nicht so gut, und Sie konnten nicht genau verstehen, ob Sie sich beim Lufthansaschalter melden sollen. Nun, Sie überlegen einen Moment und beschließen, dort hinzugehen und zu fragen, ob eine Nachricht für Sie vorliegt. Während Sie noch überlegen, ist die Schlange vor Ihnen kürzer geworden, und Sie sind an der Reihe, Ihren Paß vorzulegen. Die Paßbeamtin stellt Ihnen eine Frage, aber da sie einen ausgeprägten Dialekt spricht, haben Sie nur ungefähr verstanden, was sie wissen möchte. Ach ja, richtig, ob Sie Touristin sind und wie lange Sie in Deutschland bleiben möchten. Die nette Dame, die so begeistert von ihrem Urlaub auf Bali erzählt hat, steht neben Ihnen und bemerkt, daß Sie einen Moment Schwierigkeiten hatten, sich auf den Dialekt einzustellen. Sie lacht und sagt: *Machen Sie sich nichts draus. Ich verstehe die Leute hier auch nicht sofort.*

Lassen Sie uns hier innehalten und gemeinsam überlegen, was für Eindrücke Sie in den 30 Minuten seit Ihrer Ankunft gesammelt haben. Um Sie herum sind viele Menschen, Sie orientieren sich anhand von Tafeln mit Aufschriften und Hinweisen, Sie können unter den Trennwänden aus Glas in die Empfangshalle des Flughafens sehen: kurzum, Sie versuchen, sich in der neuen Umgebung zurechtzufinden. Neben diesen visuellen Eindrücken dringt ständig eine Geräuschkulisse an Ihr Ohr, aus der Sie einzelne Sätze, Bemerkungen, Äußerungen klar herausfiltern. Aufgrund Ihrer guten Deutschkenntnisse bringen Sie die entsprechenden Voraussetzungen mit, und wenn es zu Mißverständnissen, Zweideutigkeiten oder unklaren Aussagen kommt, haben Sie die Möglichkeit nachzufragen, sich zu informieren, um Hilfe zu bitten. Oder Ihre Nachbarin in der Schlange, die braungebrannte Dame, identifiziert Sie als Ausländer(in), bemerkt an Ihrem Verhalten, daß Sie nicht alles oder nichts verstanden haben und stellt sich darauf ein.

Das alles ist typisch für die Hörsituation eines Ausländers/einer Ausländerin im fremden Land. Die kleine Situationsbeschreibung hat Ihnen sicherlich deutlich gemacht, daß es zahlreiche Faktoren gibt, die helfen, ja oft sogar Voraussetzung dafür sind, Gehörtes zu verstehen.

Welche Konsequenzen können wir aus diesem Beispiel für unseren Unterricht ziehen? Da Sie nur in Ausnahmefällen Ihren Schülern das Angebot machen können, in einer deutschsprachigen Umgebung Hörerfahrungen zu sammeln, bleibt Ihnen nur die Möglichkeit, Hörtexte im Klassenzimmer anzubieten und die Schülerinnen und Schüler auf die Situation, in der sie gesprochen und gehört werden, so gut wie möglich einzustimmen. Dazu gibt es verschiedene Möglichkeiten, auf die wir später zu sprechen kommen. Zuvor möchten wir Ihnen aber einen kleinen Fragebogen zur Beantwortung vorlegen.

1.2 Ein Fragebogen

Bitte kreuzen Sie „Ja" oder „Nein" an. Wenn Sie die Gelegenheit haben, diese Studieneinheit mit Kolleginnen und Kollegen gemeinsam zu besprechen, sollten Sie die Ergebnisse vergleichen und Unterschiede und Gemeinsamkeiten diskutieren.

Aufgabe 5

		Ja	Nein
1.	*Gibt es zu Ihrem Lehrwerk Hörmaterialien?*	☐	☐
2.	*Wenn ja: Halten Sie das Angebot für ausreichend*	☐	☐
3.	*Sind die Hörtexte abwechslungsreich und motivierend?*	☐	☐
4.	*Eignen sich die Hörtexte für die Zielgruppen?*	☐	☐
5.	*Können sich die Schüler mit dem Inhalt der Texte identifizieren?*	☐	☐
6.	*Werden mehr als fünf unterschiedliche Textsorten* angeboten?*	☐	☐
7.	*Laden die Texte dazu ein, über ihren Inhalt zu reden?*	☐	☐
8.	*Sind die Texte landeskundlich interessant?*	☐	☐
9.	*Gibt es auch Hörtexte, die länger als drei Minuten sind?*	☐	☐
10.	*Gibt es auch authentische Hörtexte?*	☐	☐
11.	*Gibt es Aufgaben, die vor dem ersten Hören gemacht werden sollen?*	☐	☐
12.	*Gibt es Aufgaben, die während des Hörens gemacht werden sollen?*	☐	☐
13.	*Gibt es Aufgaben, die nach dem Hören gemacht werden sollen?*	☐	☐
14.	*Gibt es eine große Auswahl von Übungsformen?*	☐	☐
15.	*Sind die Übungen anregend, unterhaltsam, motivierend?*	☐	☐
16.	*Gibt es auch Übungen, in die die anderen Fertigkeiten integriert sind (z. B. Hören und Sprechen)?*	☐	☐
17.	*Haben Sie zusätzliche Hörmaterialien zum Lehrwerkangebot?*	☐	☐
18.	*Arbeiten Sie auch mit Liedern?*	☐	☐

Man könnte noch viele solcher Fragen stellen. Wie viele Fragen haben Sie mit *Ja* beantwortet? Alle? Dann ist diese Studieneinheit wohl kaum interessant für Sie. Haben Sie mehr als dreimal *Nein* angekreuzt? Dann sollten Sie weiterlesen, denn wir werden in dieser Studieneinheit alle diese Fragen aufgreifen und mit Ihnen viele Beispiele für attraktive Hörmaterialien erarbeiten. Machen sie mit!

1.3 Hören, eine vernachlässigte Fertigkeit

Es ist anzunehmen, daß in vielen Ländern die meisten Lehrer den größten Teil der gestellten Fragen mit *Nein* beantwortet hätten, denn es gibt leider nur sehr wenig attraktives, altersgemäßes, abwechslungsreiches Hörmaterial für den Anfängerunterricht. Das gilt besonders für jugendliche Lerner und hat folgende Gründe:

Geschichte des Hörverstehens

➤ Im traditionellen Sprachunterricht ging es in erster Linie um die Aussprache, das Sprechen, die Grammatik, das Übersetzen und die Lektüre. Hörverstehen, im Fachjargon oft einfach HV (gesprochen: Hafau) genannt, „wird auf klangreine Aufnahme der Laute und bestenfalls noch auf gewisse prosodische Elemente reduziert" (Schröder 1977, 14/15). Unter Prosodie versteht man die Betonung mit Hilfe von Rhythmus.

➤ HV wurde (und wird) als etwas Selbstverständliches angesehen; man ging (und geht) davon aus, daß es sich mit der Zeit von selbst einstellt und keine besondere didaktische Beachtung im Unterricht nötig hat.

➤ In der Grammatik-Übersetzungs-Methode* lag der Schwerpunkt der Arbeit hauptsächlich auf Grammatik, Übersetzung und intensivem Lesen. Kassetten zu den Lehrwerken gab es noch nicht. Gehört wurde die Sprache einzig und allein über die Lehrerstimme (lautes Vorlesen, Fragen stellen, Korrigieren in der Zielsprache usw.).

➤ Ein bißchen überspitzt resümiert K. Schröder:
> „HV wird im Fremdsprachenunterricht zumindestens bis gegen Ende der 60er Jahre nicht planvoll gefördert. Trainiert wird es im Grunde nur bei den Worterklärungen im Rahmen der Texteinführungen."

Schröder (1977), 14/15

➤ In der audiovisuellen/audiolingualen Methode* wurde zwar Hören (audio-) und Sprechen (-lingua) als Gegenbewegung gegen die Grammatik-Übersetzungs-Methode ins Zentrum der Spracharbeit gerückt. Aber obwohl die Alltagssprache im Vordergrund stand, gab es keine speziellen Übungen für das Hörverstehen. Es gab zwar Kassetten und Sprachlabore, aber Hörverstehen beschränkte sich auf Hören und Nachsprechen, Hören und Antworten sowie Hören und Umformen von gehörten Sätzen (pattern drill).

➤ Erst in den 70er Jahren beginnt man, weitergehende Überlegungen zum Thema *Hörverstehen* zu entwickeln, wie wir sie in dieser Studieneinheit darstellen wollen. Das *Zertifikat Deutsch als Fremdsprache* (Deutscher Volkshochschulverband/Goethe-Institut 1972), die Lehrwerke *Deutsch aktiv* (Neuner u. a. 1979) und *Themen* (Aufderstraße u. a. 1983) sowie die *Übungstypologie zum kommunikativen Deutschunterricht* (Neuner u. a. 1981) setzen hier erste Maßstäbe. Und bis heute gibt es noch viel zu wenig Übungsmaterial zum Hörverstehen für Anfänger, besonders aber für jugendliche Lerner.

➤ Es gibt allerdings auch fachliche Gründe, das Hörverstehen im Unterricht mehr oder weniger zu betonen. Wichtig ist die Schulung des Hörverstehens für Deutschlernende, die direkten Kontakt zu Deutschen haben, entweder bei Reisen in deutschsprachige Länder oder im Heimatland (Touristen, Geschäftsleute). Deutschlerner in fernen Ländern, die die deutsche Sprache lernen, um z. B. fachsprachliche Texte auf deutsch zu lesen, brauchen weniger HV-Training. Die Bedeutung der HV-Schulung muß also für jede Zielgruppe neu bestimmt werden.

Wenn Sie sich ausführlicher über die Entwicklung der Unterrichtsmethoden im Bereich Deutsch als Fremdsprache informieren wollen, empfehlen wir Ihnen die Studieneinheit *Methoden des fremdsprachlichen Deutschunterrichts* von G. Neuner und H. Hunfeld.

1.4 Typische Hörübungen und Aufgabenstellungen

Ehe wir weiter auf die Geschichte des Hörverstehens eingehen, möchten wir Ihnen einige typische Hörübungen und Aufgabenstellungen für den Anfängerunterricht vorstellen.

Die meisten dieser Übungen werden Sie kennen. Sie sind in vielen neueren (und älteren) Lehrwerken zu finden. Die Beispiele stammen aus *Deutsch aktiv*, *Themen*, *Deutsch konkret* usw., sogenannten „kommunikativen"* Lehrwerken, die Ende der 70er, Anfang der 80er Jahre erschienen sind. Die Übungen, die vorgestellt werden, sollen vor allem an Ihre eigenen Erfahrungen anknüpfen, sollen klären, an welcher Stelle sie im Unterricht eingesetzt werden (können) und wie damit gearbeitet werden kann.

Zu diesem Zweck möchten wir Sie wieder bitten, zunächst in die Schülerrolle zu schlüpfen und die Erfahrungen nachzuvollziehen, die Ihre Schüler mit den Hörtexten und den verschiedenen Unterrichtsschritten machen. Nach dieser Simulationsphase folgt dann wieder die Reflexionsphase, in der Vorschläge begründet und diskutiert werden und gegebenenfalls nach Alternativen gesucht werden soll.

1.4.1 Multiple-choice (Mehrwahlantworten)* oder die Qual der Wahl

Wie die meisten Lehrwerke beginnt auch *Themen* die erste Lektion mit „ersten Kontakten", das heißt: „jemanden begrüßen" (*Guten Tag* usw.), „sich vorstellen" (*Ich heiße ... , Mein Name ist ...*), „nach dem Befinden fragen und darauf reagieren" (*Wie geht es Ihnen? – Danke, gut* usw.), „sich verabschieden" (*Auf Wiedersehen* usw.) und „den Herkunftsort erfragen" (*Woher kommen Sie?*). Diese Redemittel werden anhand kleiner Dialoge eingeführt und systematisch geübt. Dann folgt eine kleine Hörszene.

Schauen (und hören) wir uns diese Übung aus *Themen 1* (alte Fassung, Kursbuch, Lektion 1, Seite 15) etwas genauer an.

Sehen Sie sich das folgende Bild an, und beantworten Sie dann die Fragen:

1. *Wen sehen Sie auf dem Bild?*
2. *Wo spielt die Szene?*
3. *Was machen die Personen im Hintergrund?*
4. *Was machen die Personen im Vordergrund?*
5. *Worüber sprechen die beiden Personen?*

Aufderstraße (1983), 15

Nun erhalten Sie in Gestalt einer Überschrift einen weiteren Hinweis zu dem Bild:

Woher kommen Sie?

Sie haben bei Aufgabe 6 Vermutungen darüber angestellt (Hypothesen gebildet*), wo sich die beiden Personen im Vordergrund befinden und worüber sie sprechen. Nun wird Ihnen mit dieser Überschrift gesagt, daß es sich um eine erste Kontaktaufnahme in einem Lokal (Diskothek? Tanzlokal?) handelt.

Durch die Überschrift wird die „Offenheit" des Bildes (schließlich könnten die beiden Personen auch ein Ehepaar sein und über Eheprobleme reden) eingeengt.

Versetzen Sie sich nun in die Situation der beiden Personen, die hier zum ersten Mal ins Gespräch kommen.

Aufgabe 7

1. Worüber könnten sie reden?   *Was sagen sie?*

_____   _____
_____   _____
_____   _____
_____   _____
_____   _____

2. Schreiben Sie mit diesen Sätzen und Stichworten einen kurzen Dialog.

_____
_____
_____
_____
_____
_____

3. Lesen Sie nun die Aufgaben rechts neben dem Bild.

Woher kommst du?

1. Hören Sie den Dialog.

2. Beantworten Sie dann:

a) Wie heißt sie?
   Peters | Salt | Fischer

b) Ist sie aus ...?
   Bristol | München | Deutschland

c) Wie heißt er?
   Linda | Rolf | Peter

Aufderstraße (1983), 15

Hörszene 4

4. Hören Sie anschließend den Dialog, und unterstreichen Sie die richtigen Antworten.

Die Transkription zu Hörszene 4 finden Sie auf Seite 144.

Nun haben Sie die Hörübung etwa wie ein Schüler im Unterricht durchgespielt. Bearbeiten Sie nun aus der Lehrerperspektive folgende Aufgabe:

Aufgabe 8

1. Schreiben Sie noch einmal die einzelnen Unterrichtsschritte auf.

   <u>Vor</u> dem Hören:

   a) _____

   b) _____

   c) _____

   d) _____

   <u>Beim</u> Hören:

   e) _____

2. Sie haben nicht sofort den Dialog angehört. Welche Funktion hatten die Unterrichtsschritte vor dem Hören?

   _____
   _____
   _____

3. Was haben Sie beim Hören des Dialogs gemacht? Welche Funktion hatte diese Aufgabe?

   _____
   _____
   _____

4. Überlegen Sie sich, was Sie nach dem Hören des Dialogs im Unterricht machen könnten.

   _____
   _____
   _____

5. Sie kennen sicher viele Hörübungen. Was ist anders? Was fällt Ihnen auf? Was finden Sie wichtig?

   _____
   _____
   _____

zielgerichtet hören

Hören ohne Schriftbild

globales Verstehen

Vorbereitung auf Realsituationen

Was und wie wird nun eigentlich bei dieser Vorgehensweise mit dieser Hörszene geübt?

Natürlich geht es zunächst einmal darum, hörend zu verstehen, was vorher schon an Wortschatz und Redemitteln eingeführt worden ist. Aber es geht um mehr: Da die Schüler auf Ort und Gesprächsanlaß gut vorbereitet sind, können sie sich ganz auf das Gespräch konzentrieren. Weil sie die Fragen vor dem Hören gelesen haben, können sie zielgerichtet hören*, das bedeutet, daß sie beim Hören besonders auf die für sie wichtigen Informationen achten können. Zugleich wird den Schülern eine wichtige Haltung gegenüber einem Hörtext in der Fremdsprache vermittelt: Der Text wird nur zum Hören angeboten, den Schülern steht kein Schriftbild zu Verfügung.

Wir heben diesen Satz hervor, weil wir ihn für ganz wichtig halten. Viele Lehrer und viele Lehrwerke bieten ihren Schülern bei Übungen zum Hörverstehen immer auch gleichzeitig die Transkription des Hörtextes an. Als Argument hört man immer wieder: „sonst können die Schüler den Text nicht verstehen, er ist zu schwer" und „ohne Transkription dauert die Erarbeitung des Inhalts viel zu lange; mit der Textvorlage kann man Zeit gewinnen." Jeder, der eine Fremdsprache gelernt hat, weiß, wie schwierig es ist, Gehörtes zu verstehen. Aber er weiß auch, daß er Hören nur dadurch lernt, daß er viel hört, und zwar ohne den Text (immer) mitzulesen. Wenn Sie also das Hörverstehen Ihrer Schüler verbessern wollen, ist es von Bedeutung, ihnen regelmäßig Texte ohne Transkription vorzuspielen oder vorzusprechen, auch wenn Ihre Schüler dann nicht alles verstehen. „Einige Nebeninformationen", heißt es im Lehrerhandbuch zu dieser Übung, „bleiben auf dieser Lernstufe noch unverstanden. Nur wenn die Kursteilnehmer auch diese Stellen verstehen wollen, kann der Kursleiter Hilfe leisten; andernfalls sollte er von sich aus hierauf keine große Aufmerksamkeit verwenden." (Gerdes 1984, 75).

Was halten Sie von diesem Vorschlag, nicht jedes unbekannte Wort in einem Hörtext zu erklären, sondern den Text global* (man sagt auch: extensiv*) verstehen zu lassen? Machen Sie das in Ihrem Unterricht auch? Es ist wichtig, Schülern deutlich zu machen, daß sie nicht alles zu verstehen brauchen, um das Wichtigste verstehen zu können. Konkret hier: die Schüler können die Aufgabe lösen und damit zeigen, daß sie das Wichtigste verstanden haben, ohne alle Einzelheiten zu verstehen. Das ist eine Einstellung, die Schülern (und Lehrern!) oft schwerfällt. Sie möchten gerne alles verstehen. Schüler können anhand solcher Texte und Aufgaben die Erfahrung machen, daß sie einen Text verstehen können, auch wenn ihnen nicht alle Wörter bekannt sind. Offiziell kommen in *Themen 1* bis zu dieser Hörszene Wörter wie *übrigens, aha, interessant, aber, schon* und auch *sprechen* noch nicht vor. Aber sie sind auch für die Lösung der Fragen irrelevant oder werden intuitiv aus dem Kontext verstanden bzw. erschlossen (nicht behalten!).

Außer dem Dialog gibt es Hintergrundgeräusche und Musik, die das Hören „erschweren", gleichzeitig aber auch die Situation charakterisieren, in der der Dialog gesprochen wird. Das entspricht dem Hören in realen Situationen, auch dort hören wir einen Text, ohne daß wir das Gehörte mitlesen können, auch dort hören wir gesprochene Sprache zusammen mit Geräuschen (und manchmal mit Musik). Insofern ist diese Übung eine typische Übung für den kommunikativen Ansatz: es ist eine Vorbereitung auf Realsituationen*.

„Eines der wichtigsten Lernziele des Anfangsunterrichts besteht darin, dem Lerner Strategien der ersten Kontaktaufnahme in der fremden Sprache zu vermitteln", bemerkt das Lehrerhandbuch (1984, 75) zu dieser Übung. „Es geht nicht nur darum, im Unterricht grammatisch richtige Sätze zu produzieren und zu reproduzieren, der Kursteilnehmer möchte auch lernen: Wie knüpfe ich Kontakte? Wie kommt man in ein Gespräch miteinander?"

Diese Bemerkungen machen deutlich, daß es den Autoren in erster Linie darum geht, den Schülern Hilfen anzubieten, in konkreten Situationen mit einem anderen „ins Gespräch zu kommen" und sich mit ihm auf deutsch verständigen zu können.

> Nachdem die KT in den vorausgegangenen Abschnitten erste Redemittel zur Begrüßung und Vorstellung gelernt haben, wird ihnen hier eine weitere Möglichkeit der Kontaktnahme vorgestellt, die bereits über die ritualisierte Vorstellung hinausgeht. Der KT lernt hier eine typische Strategie der ersten Kontaktnahme kennen: sich des gemeinsamen Alltagswissens vergewissern durch Beurteilung einer Sache, die beide betrifft: „Gute Musik, nicht?" (andere Möglichkeiten wären z. B.: „Heiß hier, nicht?", „Doofe Typen hier, oder?"). Damit ist die Voraussetzung geschaffen für das folgende kleine „Interview".
>
> (KT: Abkürzung für „Kursteilnehmer")

Gerdes (1984), 75

Allerdings möchten wir hier eine Einschränkung machen. Durch die Art der Fragen zum Hörtext wird die Aufmerksamkeit der Schüler vor allem auf Namen und Herkunft der beiden Dialogpartner gelenkt. Der für die Kontaktaufnahme wichtige erste Satz *Gute Musik, nicht?* wird nicht bewußtgemacht und bei der gegebenen Aufgabenstellung möglicherweise kaum wahrgenommen, es sei denn, der Lehrer weist (bei einem zweiten Hören) ausdrücklich darauf hin. Der Anspruch des Lehrerhandbuches wird also durch die Aufgabenstellung zum Hörtext nicht eingelöst.

> *Versuchen Sie, eine Hörübung zu diesem Text zu skizzieren, die nicht das Verstehen von Namen und Herkunft zum Ziel hat, sondern die Redemittel zur Kontaktaufnahme.*

Aufgabe 9

Um den Hörprozeß* zu erleichtern, haben die Autoren einige Hilfen angeboten: Hörtext vorbereiten

➤ Das Foto: Es zeigt einen jungen Mann und eine junge Frau. Sie befinden sich vielleicht in einer Disko (in einem Lokal, auf einer Party) und unterhalten sich. Der Abstand zwischen den beiden läßt möglicherweise darauf schließen, daß sie sich (noch) nicht so gut kennen.

➤ Die Überschrift: *Woher kommen Sie?* steuert die Hörerwartung. Es wird von den Autoren festgelegt, daß sich die beiden in dieser Situation kennenlernen. Worüber redet man dann? Man stellt sich vor, fragt, woher der andere kommt, usw.

Hörerwartung

➤ Die Fragen: Sie steuern den Hörprozeß der Schüler, die sich nun auf für sie besonders wichtige Informationen konzentrieren können.

➤ Die Sprecher: Es handelt sich um einen Mann und eine Frau. Dadurch lassen sich die Dialogpartner von der Stimme her gut unterscheiden.

➤ Der Dialog: Er bringt keine für das Globalverstehen wichtigen neuen Wörter und Redemittel, sondern verwendet das bisher Gelernte in einer neuen Situation.

Im Unterricht wird von einem solchen Angebot oft zu wenig Gebrauch gemacht. Bei der Bearbeitung von Aufgabe 8 haben Sie sich schon Gedanken darüber gemacht; dennoch hier eine kurze Erinnerung:

Wenn es eine Überschrift zu einem Hörtext gibt, reden Sie mit Ihren Schülern über das, was die Überschrift mitteilt. Lassen Sie sie raten, was der Inhalt eines Textes sein könnte, der diese Überschrift trägt.

Wenn es zu einem Hörtext eine Illustration/ein Foto gibt (wenn die Unterrichtsmaterialien selbst keines anbieten, haben Sie vielleicht etwas Geeignetes?), so reden Sie mit Ihren Schülern darüber, um auf diese Weise das Thema vorzubereiten, in die Hörsituation einzuführen, eine Erwartungshaltung* aufzubauen.

Wenn durch das Bild, die Illustration ein Dialog angedeutet wird, fragen Sie die Schüler, was die Personen sagen könnten, worüber sie reden. Auf diese Weise werden Redemittel, die im Hörtext vorkommen, wieder in Erinnerung gerufen und aktiviert.

Die drei genannten Unterrichtsverfahren haben eine große Bedeutung für den Hörprozeß. In einer realen Hörsituation ist man „Mitspieler", kann die Situation mitprägen, sich darauf einstellen, was man zu hören bekommt. So erwartet man, wenn man am Bahnhof ist, Durchsagen usw., so erwartet man in einem Geschäft, nach seinen Wünschen gefragt zu werden usw. Diese Charakteristika einer Realsituation werden im Unterricht durch die oben beschriebenen Unterrichtsverfahren ersetzt. Durch sie wird die Erwartungshaltung der Realsituation wiederhergestellt.

Auch die Art der <u>Aufgabenstellung</u> zum Hörtext spielt eine wichtige Rolle. Dieses Thema wird uns in dieser Studieneinheit noch öfter beschäftigen.

Konzentrieren auf wichtige Informationen

Wenn die Schüler die Multiple-choice-Aufgabe vor dem Hören lesen, erfahren sie, worauf es beim Hören für sie ankommt und können sich nun auf die für sie wichtigsten Informationen in diesem Gespräch (Herkunft, Namen) konzentrieren. Die Multiple-choice-Aufgabe zum Ankreuzen ist besonders für Anfänger geeignet, weil sie keine sprachlichen Leistungen bei der Antwort fordert.

richtig – falsch

1.4.2 Richtig – Falsch* bzw. Ja – Nein*

Das folgende Übungsbeispiel stammt ebenfalls aus *Themen 1* (Kursbuch, Lektion 7, S. 89) und ist Teil des Kapitels zum Thema *Einkauf und Geschäfte*.

Die Unterrichtssequenz beginnt mit einem Lesetext, einer Werbung für eine Kamera. Bitte stellen Sie sich noch einmal auf die Schülerrolle um, und simulieren Sie Schritt für Schritt die Unterrichtssequenz.

Aufgabe 10

1. Lesen Sie bitte die folgenden Fragen aus dem Lehrbuch:

> 1. Was verstehen Sie hier?
> 2. Wo steht das im Text?
>   a) Man kann mit der Kamera filmen.
>   b) Man kann mit der Kamera auch fotografieren.
>   c) Sie hat Solarzellen.
>   d) Sie ist nicht zu teuer.
>   e) Sie ist praktisch.

Aufderstraße (1983), 89

2. Lesen Sie anschließend den Werbetext (Seite 19), und unterstreichen Sie im Text die Stellen, die sich auf die Fragen beziehen.

3. Notieren Sie dann, was Sie (bzw. ein Kunde) noch über die Kamera wissen möchten.

_____
_____
_____
_____
_____

Anzeige

... die Kamera der unbegrenzten Möglichkeiten ...

Bilderstar rx 3

Jetzt endlich können Sie fotografieren und filmen mit einem einzigen Gerät. Sie brauchen keine komplizierte Kamera, sondern nur die technisch perfekte
Bilderstar rx 3
Sie arbeitet (voll)elektronisch und ist einfach zu bedienen.

Wenn Sie filmen möchten, drücken Sie den roten Auslöser. Wenn Sie lieber Einzel-Dias machen wollen, drücken Sie den schwarzen Auslöser.

Und noch etwas Besonderes:
Bilderstar rx 3
ist die erste Kamera der Welt, die mit Sonnenenergie arbeitet. Eingebaute Solar-Zellen formen normales Tageslicht in Energie für die aufladbare Batterie um.
So brauchen Sie erst nach fünf Jahren eine neue Batterie.

Eine erstaunliche Kamera zu einem noch erstaunlicheren Preis!

... Spitzentechnik zu einem fairen Preis.

Aufderstraße (1983), 88

4. Sehen Sie sich nun folgende Überschrift und die zwei Fotos an:

Auf der Fotomesse

Aufderstraße (1983), 89

Beantworten Sie dann folgende Fragen:
a) *Was kann man auf einer Fotomesse alles sehen?*
b) *Was für Personen kann man auf einer Fotomesse antreffen?*
c) *Was machen diese Personen? Worüber reden sie?*

_____
_____
_____
_____

5. Lesen Sie jetzt die folgenden Fragen aus dem Lehrbuch:

Frau Lefèbre von der Firma Bonphoto in Brüssel besucht die Foto-Messe in Köln. Die ist jedes Jahr in Köln.

1. Hören Sie den Dialog.
2. Was erklärt der Mann Frau Lefèbre?
3. Hören Sie den Dialog noch einmal.
4. Was fragt Frau Lefèbre? Was fragt sie nicht? ja | nein
    a) „Kann ich Ihnen helfen?"
    b) „Können Sie mir den Apparat hier erklären?"
    c) „Ist der Apparat neu?"
    d) „Wie funktioniert der Apparat?"
    e) „Ist der Apparat teuer?"
    f) „Woher kommen Sie?"
    g) „Wie lange hat man Garantie?"
    h) „Wann können Sie den Apparat liefern?"
5. Vergleichen Sie Anzeige und Dialog.
   Welche Informationen sind neu im Gespräch?

Aufderstraße (1983), 89

Hören Sie anschließend den Dialog, und beantworten Sie diese Fragen. Sie sehen, daß Sie im normalen Unterricht beim ersten Hören nur den Punkt 2 beantworten sollen, anschließend beim zweiten Hören die Punkte 4 a–h. Da Sie als Lehrer nun nicht in der Unterrichtssituation der Grundstufe sind, fassen wir hier beide Schritte zusammen.

Die Transkription zu Hörszene 5 finden Sie auf Seite 145f.

Hörszene 5

Sie haben jetzt wieder eine Hörszene wie ein Schüler durchgespielt. Überlegen Sie nun, warum die einzelnen Unterrichtsschritte so durchgeführt worden sind.

1. Was leisten die Schritte vor dem Hören?
   – Fragen zur Anzeige lesen, Anzeige lesen und zugehörige Textstellen unterstreichen
   – Zusatzfragen notieren *(was man noch über die kamera wissen will)*
   – Arbeit mit Bildern und Überschrift *+ Fragen zu beiden*
   – Lektüre der Fragen zur Hörszene

2. Warum sollen die Schüler beim ersten Hören des Dialoges aus Aufgabe 10 nur Punkt 2 und beim zweiten Hören Punkt 4 a –h beantworten?
   Würden Sie das auch so machen? Warum? Warum nicht?

   _____
   _____
   _____
   _____

3. Welche Aufgaben könnten nach dem Hören des Dialogs durchgeführt werden?

   _____
   _____
   _____
   _____

Aufgabe 11

Was wird in dieser Unterrichtssequenz geübt? In den folgenden Abschnitten wollen wir diese Übungssequenz gemeinsam analysieren.

Ähnlich wie bei der in Aufgabe 7 (Seite 14) dargestellten Hörszene wird hier natürlich geübt, das hörend zu verstehen, was an Wortschatz und Redemitteln den Schülern im Laufe der Lektion zur Verfügung gestellt wurde. Allerdings ist dieser Dialog nicht in eine realistische Geräuschkulisse eingebettet und wirkt daher ein wenig künstlich. Den Schülern steht wiederum keine Transkription des Hörtextes zur Verfügung. Die Aufgabe dient unter

Vorbereitung auf eine reale Kommunikationssituation

diesem Gesichtspunkt ebenfalls zur Vorbereitung auf eine reale Kommunikationssituation*.

Wie wird nun der Hörprozeß vorbereitet? Vergleichen Sie noch einmal mit den Übungen vor dem Hören in Kapitel 1.4 auf Seite 13.

Wenn die Schüler im Lehrbuch *Themen 1* die Seite 88/89 aufschlagen, finden sie auf der linken Seite eine große Anzeige, die die Kamera mit der Überschrift ... *die Kamera der unbegrenzten Möglichkeiten* ... vorstellt.

Ein junger Mann – so könnte man sich in etwa den Dialogpartner von Frau Lefèbre vorstellen – hält die Kamera gut sichtbar in den Händen. Die Anzeige versucht nicht nur, den Hörtext über visuelle Informationen* zu erleichtern, sondern es werden Wörter eingeführt, die wichtig sind, um den Hörtext verstehen zu können. Auf diesen Aspekt der Vorentlastung* eines Hörtextes werden wir später noch ausführlicher zu sprechen kommen. Vorentlastung bedeutet: Das, was das globale Verständnis des Textes verhindern, belasten könnte, wird vorab erklärt.

➤ Im Anschluß an den Werbetext finden die Schüler einige das Verständnis des Hörtextes vorbereitende Aufgaben. Gefragt wird danach, was sie verstanden haben und welche Informationen wo im Text zu finden sind. Dann kommt die Aufforderung, selbst Fragen über die Kamera zu stellen.

➤ Die Situation wird weiterhin dadurch vorbereitet, daß die Schüler die Rolle des Fragenden bereits geübt haben; sie haben sich also unter inhaltlich-perspektivischen und intonatorischen* Gesichtspunkten auf die bevorstehende Aufgabe eingestimmt.

➤ Da heutzutage viele Schüler selbst schon einen Fotoapparat besitzen und über technische Daten informiert sind, wird auf diese Weise auch bereits vorhandenes Vorwissen aktiviert*.

➤ Die beiden Fotos können das Verstehen erleichtern. Das eine zeigt den äußeren Rahmen, in dem die Messe stattfindet, das andere vermittelt einen Eindruck von der Atmosphäre im Inneren, wodurch die Erwartungshaltung der Schüler weiter aufgebaut wird.

➤ Die Sprecher: Es handelt sich um einen Mann und eine Frau. Dadurch und durch klare Rollenfestlegung – nämlich Verkäufer und potentielle Kundin – lassen sich die Dialogpartner sehr klar voneinander unterscheiden.

➤ Der Dialog: Er bringt nur wenig neue Wörter und Redemittel und verwendet das bisher Gelernte in einer neuen Situation.

Auch diese Übung und die Vorbereitungen dazu zeigen, wie wichtig es ist, dem Hörer einen Eindruck von dem zu vermitteln, was er hören wird, bei ihm eine Hörerwartung aufzubauen und das vorhandene Vorwissen zu aktivieren.

Zum Aufbau einer solchen Hörerwartung tragen bei:

a) der Anzeigentext, in dem Schlüsselwörter *(die wichtigsten, den Inhalt repräsentierenden Wörter) ausdrücklich erwähnt werden und in dem auf das Gespräch vorbereitet wird;

b) die Fotos, die die Situation, in der das Gespräch stattfindet, veranschaulichen.

globales Verstehen

selektives Hören

Die Aufgabenstellung umfaßt zwei Schritte: Nach einem ersten Hören sollen die Schüler eine ganz globale Frage beantworten, nämlich: *Was erklärt der Mann Frau Lefèbre?*. Die Schüler sollen also erst einmal nur das Allerwichtigste verstanden haben. Nach dem zweiten Hören wird die Aufmerksamkeit gezielt auf einen Aspekt gelenkt, nämlich darauf, welche Fragen Frau Lefèbre stellt. Zwar wird hier vorausgesetzt, daß der Text schon detaillierter verstanden wurde, aber die Entscheidung, welche Fragen nun tatsächlich gestellt werden, fällt nicht so schwer, da die Fragen sich an dem Verlauf des Dialogs orientieren.

Im Anschluß an den Hörtext schlagen die Autoren einen Vergleich des Anzeigentextes mit dem Hörtext vor, so daß die Schüler selbst erkennen können, welche neuen Informationen der Hörtext enthält. Neben dem Ankreuzen von *Ja/Nein* stellt dies eine weitere Kontrolle dar, inwieweit die Schüler den Text verstanden haben. Anhand der Gesprächssituation (Verkauf: die Schüler bzw. Sie übernehmen jeweils die Rolle des Verkäufers bzw. Kunden) bieten sich sicher noch eine Reihe von Möglichkeiten zur kreativen Weiterführung an.

Inzwischen ist *Themen neu* erschienen, und die auf den Vorderseiten analysierte Übungsreihe wurde verändert.

Sehen Sie sich die beiden folgenden Seiten aus „Themen neu" an, und hören Sie die dazugehörigen Hörszenen.

Die Transkription zu Hörszene 6 finden Sie auf Seite 145.

Aufgabe 12
Hörszene 6

Viel Technik im Miniformat

Der *Video Walkman* ist Videorekorder und Fernseher in *einem* Gerät. Zusammen mit der Kamera CCD G100ST haben Sie ein Videostudio im Miniformat.

Das kleine Ding fürs Geschäft
Mit einem Video Walkman sagen Sie ganz einfach zu Ihrem Kunden: „Ja, dann schauen wir mal" Und schon sieht er Ihr Produkt auf dem LCD-Bildschirm, perfekt präsentiert in Bild und Ton.

Das kleine Ding für die Reise
Sie sind abends im Hotel und möchten wissen, was los ist. Kein Problem für Sie. Antenne raus, den Video Walkman einschalten, und schon können Sie fernsehen. So bekommen Sie Ihre Informationen, aktuell in Bild und Ton.

Das kleine Ding für die Familie
Sie fragen Ihre Frau und Ihre Kinder: „Wollt ihr euch mal selbst sehen?" Na klar wollen sie. Denn die Zeit der langweiligen Dia-Vorträge ist vorbei. Der Video Walkman bringt die Erinnerungen zurück, lebendig in Bild und Ton. Gefilmt haben Sie mit der Kamera CCD G100ST, nur 455 Gramm, aber High-Tech durch und durch.

**Der Video Walkman.
Von SONY.**

Aufderstraße (1992), 112

11. Lesen Sie die Anzeige.

a) Welches Foto und welcher Abschnitt im Text gehören zusammen?

b) Was ist richtig? Was ist falsch?

	richtig	falsch
A. Mit dem Video Walkman kann man filmen.		
B. Der Video Walkman ist Fernseher und Videorekorder zusammen.		
C. Mit dem Video Walkman kann man Dias zeigen.		
D. Der Video Walkman zeigt nur Bilder.		

12. Auf der Fotomesse.

a) Hören Sie das Gespräch.

b) Beschreiben Sie den Video Walkman.

Was kann man mit dem Video Walkman machen?
Wer kann den Walkman gut gebrauchen?
Warum ist der Walkman praktisch?
Wie funktioniert der Walkman?

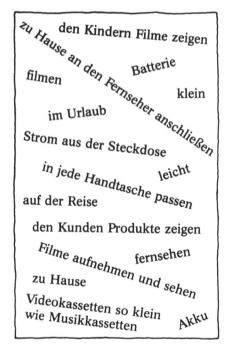

Aufderstraße (1992), 113

Was ist gleich/ähnlich geblieben? Was wurde verändert?
Überlegen Sie, warum diese Änderungen vorgenommen wurden.

Anzumerken ist hier allerdings, daß die Lösung der Aufgabe 11 a) (Seite 24 oben) durch die nicht so gute Qualität der Abbildungen erschwert wird.
Wir haben uns jetzt zwei typische Aufgabenstellungen zu Hörtexten angeschaut: Mehrwahlantworten (Multiple-choice) und Richtig-Falsch-Fragen (Ja/Nein).

Welche weiteren Aufgabentypen aus dem Bereich Hörverstehen kennen Sie noch?
Mit welchen arbeiten Sie vor allem in Ihrem Unterricht?

Aufgabe 13

1.4.3 Lückentext*

Lückentext

Sogenannte „Lückentexte" gehören zum traditionellen Übungsangebot vieler Lehrwerke. Aber auch neuere Lehrwerke, wie im folgenden Beispiel das kommunikative Lehrwerk *Deutsch aktiv Neu*, die Neubearbeitung von *Deutsch aktiv*, arbeiten gerne mit diesem Übungstyp. Die Aufgabe zur *Radio-Ansage* steht im Arbeitsbuch 1A, Seite 61.

Zur Situierung der Übung folgendes: In Lektion 5 A werden „Zeit und zeitliche Relationen" eingeführt und geübt: Tageszeiten, Wochentage, Monate usw. sowie die Sprechintentionen* „Informationen zu Zeitpunkt, Zeitdauer usw. erfragen und geben".

Die *Radio-Ansage* ist ein zusätzliches Hörangebot, nachdem die Daten bereits eingeführt und geübt wurden.

Aufgabe 14
Hörszene 7

Hören Sie die „Radio-Ansage" einmal, und ergänzen Sie die Daten und Städtenamen.

"Das ist die Stimme von Teddy Panther. Der Sänger macht im April eine Tournee durch die Bundesrepublik. Hier die Stationen: Sein erstes Konzert ist am _____ in _____ in der Ostseehalle. Am _____ tritt er in _____ auf. Und weiter geht's: Am _____ in _____, am _____ und _____ in _____, am _____ in _____. Vom _____ bis _____ gastiert Teddy Panther in _____. Am _____ in _____, und am _____ und _____ das Finale in _____, in der Olympiahalle."

Neuner (1987), 61

Die Transkription zu Hörszene 7 finden Sie auf Seite 145.

Ja, warum haben Sie nicht alles notiert? Liegt es an der Übung? Liegt es an Ihren Deutschkenntnissen?
Keine Angst! Wir nehmen an, daß Sie spätestens in der vierten oder fünften Zeile den Stift lachend oder resigniert weggelegt und dann die Hörszene ungläubig bis zum Ende angehört haben. Vielleicht haben Sie auch spontan gesagt: *Das ist unmöglich! Das geht nicht! Das ist zu schnell!*
Zu Ihrer Beruhigung: Selbst ein Muttersprachler muß diese Hörszene mindestens zweimal anhören, um alle Lücken ausfüllen zu können, ganz zu schweigen von einem Schüler im ersten Lernjahr!

Sie haben in dieser Studieneinheit schon mehrere Hörübungen analysiert und wissen, daß hier ein Problem in der Aufgabenstellung liegt.

Aufgabe 15

1. Warum ist die Aufgabe so nicht lösbar?

_____
_____
_____
_____
_____
_____
_____
_____

2. Überlegen Sie sich, wie Sie die Aufgabenstellung abändern und verbessern können.

Sie haben wahrscheinlich Ihre Lösungsvorschläge mit dem Lösungsschlüssel verglichen und festgestellt, daß Ihre Vorschläge in dieselbe Richtung gingen. Schauen wir uns aber diese Vorschläge noch etwas genauer an. Sie haben gesehen, daß die Aufgabe ohne Vorbereitung mit so vielen Lücken nicht funktioniert, weil sie nicht das Hörverstehen überprüft, sondern das Schnellschreiben.

Möglichkeiten, diese Aufgabe lösbar zu machen:

➤ Im Lückentext müssen nur die Städte eingesetzt werden.
➤ Im Lückentext müssen nur die Daten eingesetzt werden.
➤ Im Lückentext müssen nur die Tage eingesetzt werden, während die Monatsangaben bereits angegeben sind.
➤ Im Lückentext müssen nur wenige Lücken ausgefüllt werden, wobei Städte und Daten vermischt bleiben.

Da es hier hauptsächlich darum geht, Städtenamen und Daten in einem sehr schnell gesprochenen Werbetext zu verstehen, kann man sich auch andere Übungsformen vorstellen, die nur das Hörverstehen überprüfen und die Kontrolle des Hörverstehens nicht mit einer Schreibtätigkeit verbinden.

Vielleicht haben Sie auch die Idee gehabt, daß es einfacher wäre, wenn man nur etwas ankreuzen müßte. Für die Überprüfung des Hörverstehens reicht es vollkommen aus, wenn Sie bzw. Ihre Schüler Wörter beim Hören verstehen, lesend wiedererkennen und dann ankreuzen.

Ein solches Vorgehen gehört zu den rezeptiven Übungsformen, d. h., der Schüler braucht das Gehörte weder schriftlich noch mündlich zu reproduzieren. Sie haben beim Durchspielen der Aufgabe 14 selber gemerkt, daß Sie zwar den Text verstanden haben, aber nicht genug Zeit hatten, das Verstandene schriftlich festzuhalten.

rezeptive Übungsformen

Sie können in dieser Übung den Schülern zum Beispiel eine Liste mit Städtenamen geben, so daß sie ankreuzen müssen, welche Städtenamen sie gehört haben. Sie können den Schülern auch eine Liste mit Daten geben, so daß sie die Daten ankreuzen müssen, die sie gehört haben. Sie können beide Schritte auch in einem dritten verbinden, indem die Schüler in einer Zuordnungsübung die Städte mit den Terminen verbinden, an denen der Sänger in der Stadt auftritt.

Das Arbeitsblatt zu dieser Hörszene könnte dann folgendermaßen aussehen:

1. Schritt: Lesen Sie auf dem Arbeitsblatt die Städtenamen durch, hören Sie dann die Hörszene und kreuzen Sie die Städtenamen an, die Sie gehört haben.

2. Schritt: Hören Sie die Hörszene noch einmal, und numerieren Sie die Städte in der Reihenfolge der Tournee.

3. Schritt: Sehen Sie sich auf dem Arbeitsblatt die Daten an, und kreuzen Sie dann beim Hören die Daten an, die in der Hörszene vorkommen.

4. Schritt: Hören Sie noch einmal den Hörtext, und verbinden Sie die Städtenamen mit den Daten, an denen die Konzerte stattfinden.

Hörszene 7

Arbeitsblatt

☐	Berlin	☐
☐	Bremen	☐
☐	Dortmund	☐
☐	Dresden	☐
☐	Frankfurt	☐
☐	Hamburg	☐
☐	Hannover	☐
1	Kiel	✗
☐	Köln	☐
☐	Leipzig	☐
☐	München	☐
☐	Nürnberg	☐
☐	Rostock	☐
☐	Stuttgart	☐

April	
1	Do
2	Fr
3	Sa ✗
4	So
5	Mo
6	Di
7	Mi
8	Do
9	Fr
10	Sa
11	So
12	Mo
13	Di
14	Mi
15	Do
16	Fr
17	Sa
18	So
19	Mo
20	Di
21	Mi
22	Do
23	Fr
24	Sa
25	So
26	Mo
27	Di
28	Mi
29	Do
30	Fr

Die Transkription zu Hörszene 7 finden Sie auf Seite 145.

An dieser Stelle ist es vielleicht sinnvoll, sich eine weitere Frage zu stellen, die für die Entwicklung von Aufgaben zum Hörverstehen wichtig ist.

Wir haben bereits gesehen, daß es oft genügt, das Wichtigste in einem Text zu verstehen (globales Hörverstehen). Genauso ist es möglich, daß man sich beim Hören eines Textes nur auf bestimmte Informationen konzentriert (selektives Hörverstehen*).

selektives Hören

Wenn Sie z. B. in Hamburg am Bahnhof sind und einen Bekannten abholen wollen, der aus Bremen kommt, dann würden Sie bei vielen Lautsprecherdurchsagen nur halb hinhören oder gar nicht. Wenn nun die planmäßige Ankunftszeit Ihres Bekannten bereits verstrichen ist, hören Sie bei der nächsten Durchsage schon aufmerksamer zu und zwar unter dem Aspekt, *Kommt was über den Zug aus Bremen?* Wenn Sie das Stichwort *Bremen* hören, konzentrieren Sie sich ganz besonders und wollen wissen, wieviel Verspätung der Zug Ihres Bekannten hat. Das heißt, Ihr Hörinteresse* steuert Ihre Aufmerksamkeit beim Hören. Bei einer Lautsprecherdurchsage brauchen Sie in diesem Fall nur zu verstehen, mit wieviel Minuten Verspätung der Zug aus Bremen ankommt, alles andere ist für Sie unwichtig, und Sie nehmen es kaum wahr.

Hörinteresse

Wenden wir uns also wieder unserer Hörszene mit Teddy Panther zu, und untersuchen wir, welches natürliche Hörinteresse in dieser Situation eine Rolle spielen könnte.

---

1. Stellen Sie sich vor, einer Ihrer Schüler ist zu Besuch bei einem deutschen Schüler in München. Dieser Schüler ist Fan von Teddy Panther. Die beiden Schüler sitzen in ihrem Zimmer und hören Musik im Radio, plötzlich wird Tourneewerbung von Teddy Panther eingeblendet.

   Was interessiert die Schüler nun, wenn sie die Werbung hören?
   Wie ist das Hörinteresse?
   Was möchten sie wissen?

   _____

   _____

   _____

   _____

2. Entwerfen Sie anschließend eine Hörübung, die dieses Hörinteresse beachtet und in der nur diese Informationen verstanden werden müssen.

Aufgabe 16

Haben Sie Ihre Lösung mit dem Lösungsvorschlag im Anhang verglichen? Hier könnte die Aufgabe zu Ende sein. Es handelt sich um ein typisches Beispiel für selektives Hören, d.h., der Hörer möchte aus der Flut von Informationen nur eine ganz bestimmte Information, die ihn interessiert, heraushören. Alle anderen Informationen (ob Teddy Panther in Hamburg spielt, oder wann er in Köln ist) sind für seine Hörerwartung, für sein Hörinteresse, uninteressant. Nachdem er diese bestimmte Information verstanden hat, ist die Aufgabe gelöst.

Wenn Sie den Schwerpunkt jetzt nicht auf eine authentische Hörintention legen, sondern nur um der Übung willen möchten, daß die Schüler Städtenamen und Daten – detailliert – verstehen, dann können Sie auch die anderen, bereits beschriebenen Übungen verwenden.

Die Autoren von *Deutsch aktiv Neu* schlagen auch noch eine spielerische Aufgabe mit Wortkarten vor, die wir Ihnen in abgewandelter Form kurz vorstellen möchten.

1. Schritt: Die Schüler sehen sich das Arbeitsblatt an, hören anschließend die Hörszene und lösen die Aufgabe.

Arbeitsblatt

Kommt Teddy Panther nach München?

TEDDY PANTHER ! !

München?_____
                ja/nein

Wann? _____

Wo? _____

Preis? _____

© Scherling

2. Schritt: Geben Sie folgende Wortkarten an Ihre Schüler aus:

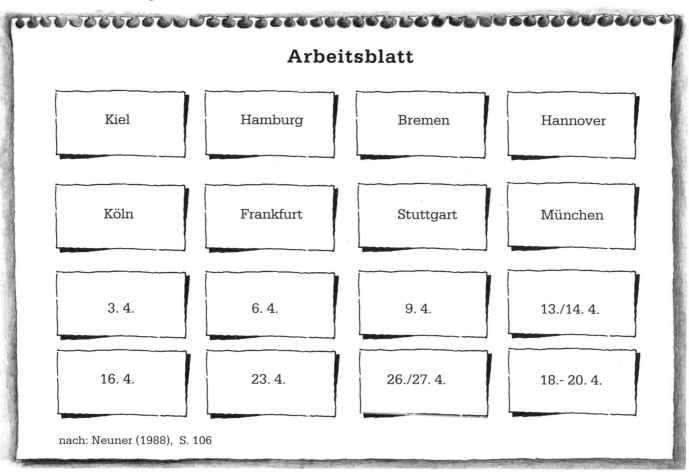

nach: Neuner (1988), S. 106

Fordern Sie die Schüler auf, beim zweiten Hören die Städtekarten in die Reihenfolge der Tournee zu legen.

3. Schritt: Spielen Sie anschließend die Hörszene noch einmal vor, und lassen Sie die Schüler beim Hören die Datenkarten den Städtenamen zuordnen.

4. Schritt: Anschließend können Ihre Schüler die Daten und Städtenamen in den Lückentext (Seite 26) übertragen und hören die Hörszene zur Kontrolle noch einmal.

In Aufgabe 16 haben Sie bereits überlegt, wie man die Aufgabenstellung verbessern könnte. Wahrscheinlich haben Sie auch angegeben, daß die Höraufgabe ohne jegliche Vorbereitung durchgeführt werden soll.

Überlegen Sie sich nun Übungen zur Vorbereitung der Hörszene 7.

Aufgabe 17

Wir möchten Ihnen jetzt zwei mögliche Arbeitsblätter zur Vorbereitung vorstellen:

1. Schritt: Sie können den Tourneeplan eines berühmten Rocksängers, z. B. Michael Jackson, Madonna, Nina Hagen, Herbert Grönemeyer usw. ... verteilen oder projizieren.

Arbeitsblatt

Tourneeplan Michael Jackson

© Scherling

Anschließend führen Sie ein „Klassengespräch", das folgende Stimuli (Fragen) umfassen kann:

- *Wer ist das?*
- *Woher kommt er?*
- *Welche Platten/Songs kennen Sie?*
- *Wie gefällt er Ihnen?*
- *Wann kommt er nach Deutschland?*
- *Wo spielt er?*
- *Was kosten die Eintrittskarten?*
- *Wie heißt die neueste LP?*
  usw.

2. Schritt: Sehen Sie sich die Deutschlandkarte an. Wo spielt Michael Jackson wann? Tragen Sie die Städtenamen und Daten in die Karte ein, und verbinden Sie die Städte wie im Tourneeplan miteinander.

Arbeitsblatt

Wir haben uns ziemlich ausführlich mit dieser Hörszene beschäftigt, weil man an diesem Beispiel einige wichtige Fragen zum Thema *Aufgabenstellungen bei Hörtexten* besprechen kann. Sie sollten den Unterrichtsablauf jetzt noch einmal in einer Übersicht zusammenfassen.

Aufgabe 18

Listen Sie die Unterrichtsschritte auf, und beschreiben Sie, was jeder Schritt leistet.

Unterrichtsschritte	Funktion
Aufgaben vor dem Hören:	
1. Tourneeplan lesen und diskutieren	*Vorbereitung: Aufbau einer Erwartungshaltung*
2. Städte und Daten in eine Landkarte eintragen	
Aufgaben beim Hören:	
3. _____	_____
4. _____	_____
5. _____	_____
6. _____	_____
Mögliche Aufgaben nach dem Hören:	
7. _____	_____
8. _____	_____

Sicher ist Ihnen bei der Beschäftigung mit diesem Hörtext aufgefallen, daß das Hören und Hörverstehen in den hier vorgeschlagenen Bearbeitungsphasen natürlich auch mit anderen Bereichen verknüpft ist, die für den Sprachunterricht wichtig sind. In diesem Fall ist es vor allem das Sprechen (besonders bei der Vorbereitung), es gibt aber auch landeskundliche Informationen und das lernpsychologisch wichtige Handeln in der Gruppe (Stadtkarten ordnen). Zum Schluß wird auch noch geschrieben (Ausfüllen des Lückentextes).

Verknüpfung verschiedener Fertigkeiten

Auch im weiteren Verlauf der Studieneinheit werden wir immer wieder sehen, daß Aufgaben zum Hörverstehen nicht isoliert angeboten werden, sondern an andere Fertigkeiten anschließen, sich aus ihnen entwickeln oder in sie übergehen.

Der Ausgangspunkt unserer Überlegungen in diesem Abschnitt war ein problematischer Lückentext. Zum Abschluß möchten wir Ihnen noch einige andere Lückentexte vorführen. Sie stammen aus der Lektion 7 von *Deutsch konkret 1*, einem Lehrwerk für Jugendliche.

Hören Sie folgende Hörszenen nacheinander an, und füllen Sie beim Hören die Lücken aus.

Aufgabe 19
Hörszene 8

3   WANN GEHEN WIR SCHWIMMEN?
Écoute et complète les dialogues. (Übers.: Höre die Dialoge an und ergänze.)

Am Telefon

a. ○ Wann gehen wir _____ ?
   ● Am _____ ?
   ○ Um _____ ?
   ● Nein, das geht nicht.
   ○ Um _____ ?
   ● Gut, einverstanden.

b. ○ Kommst du am _____ ?
   ● Das geht nicht.
   ○ Warum nicht?
   ● Ich spiele _____ .
   ○ Und am _____ ?
   ● Ja, das geht.

c. ○ Gehen wir am _____ ?
   ● O.K. Wann?
   ○ Um _____ ?
   ● Nein, am _____ kann ich nicht.
   ○ Wann kannst du denn?
   ● Um _____ oder _____ ?
   ○ Schade, da geht's nicht.
   ● Und am _____ ?
   ○ Um _____ ?
   ● Prima, das geht.
   ● Tschüs bis _____ !
   ○ Tschüs!

nach: Courivaud (1988), 63

Die Transkription zu Hörszene 8 finden Sie auf Seite 145.

35

Für die Aufgabe *Zeitangaben verstehen* kann man auch eine andere Art von Lückentext anbieten. Das folgende Beispiel stammt aus den *Übungen für Selbstlerner. Hörverstehen* (Formella 1990).

Eine Frau ruft in der Schwimmhalle an und fragt nach den Öffnungszeiten.

Aufgabe 20
Hörszene 9

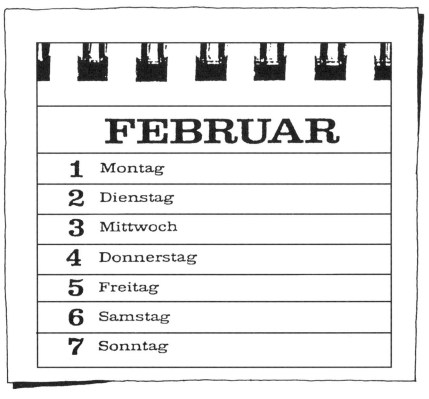

Formella (1990), 24

Die Transkription zu Hörszene 9 finden Sie auf Seite 145.

2. *Was wird in diesen beiden Übungen geübt?*
3. *Welche Vorteile hat insbesondere die zweite Lückenübung für die Schüler bzw. Lehrer?*
4. *Gibt es in Ihrem Lehrwerk auch Lückentexte, die als Aufgaben zu Hörübungen verwendet werden? Was wird dort geübt?*

Lückentexte

Lückentexte können verschiedene Aufgaben übernehmen. In vielen Lehrwerken dienen sie nur der Übung und Kontrolle von Wortschatz und Grammatik. Im Hörverstehensbereich haben sie im wesentlichen zwei Funktionen:

➤ Man kann damit bestimmte Schwerpunkte üben und kontrollieren. In unseren Beispielen sind es Daten, Uhrzeiten, Wochentage und Freizeitaktivitäten.

➤ Man kann mit Lückentexten auch die Orthographie üben. Dazu wählt man bestimmte Rechtschreibprobleme aus, wie z. B. Groß- und Kleinschreibung, die schriftliche Wiedergabe langer Vokale (aa, ah, a + Konsonant) usw.

Dabei kann man entweder die Lücken direkt füllen lassen oder aus mehreren Wahlantworten die richtige Antwort nur ankreuzen lassen (Multiple-choice-Aufgabe). Zum Beispiel:

Sein erstes Konzert ist am   / ☐ 3. März   / ☐ 3. April   / ☐ 13. April

36

> *Erstellen Sie ein kleines Lückendiktat*, in dem die Lücken aus einzelnen Buchstaben oder auch einzelnen Wörtern bestehen, mit denen bestimmte Lernschwierigkeiten (welche?) geübt/kontrolliert werden sollen.*

Aufgabe 21

1.4.4 Fragen zum Text

Fragen zum Text

Die folgende Übung finden Sie ebenfalls im Arbeitsbuch von *Deutsch aktiv Neu* (Arbeitsbuch 1 A, S. 74). Die sprachlichen Mittel sind den Schülern im wesentlichen bekannt, neu ist die Situation, in der der Dialog spielt.

> *Hören Sie das Telefongespräch zwischen Monika und Susi, und notieren Sie sich Stichwörter zu den Fragen 1–8.*
>
> *1. <u>Wo</u> ist Monika gewesen?*
>
> _____
>
> *2. <u>Was</u> hat sie gesucht?*
>
> _____
>
> *3. <u>Was</u> hat sie gekauft?*
>
> _____
>
> *4. <u>Wen</u> hat sie <u>wo</u> getroffen?*
>
> _____
>
> *5. <u>Was</u> erzählt Monika von Peter?*
>
> _____
>
> *6. <u>Was</u> hat sie vergessen?*
>
> _____
>
> *7. „Und was machen wir jetzt?" <u>Welchen Vorschlag</u> macht <u>Monika</u>, und was sagt Susi dazu?*
>
> _____
>
> _____
>
> *8. <u>Welchen Vorschlag macht Susi? Warum?</u>*
>
> _____
>
> _____
>
> nach: Neuner (1987), 74
>
> *Die Transkription zu Hörszene 10 finden Sie auf Seite 145f.*

Aufgabe 22
Hörtext 10

W-Fragen

Bei vielen Aufgabenstellungen, die wir bisher betrachtet haben (Mehrwahlantworten, Falsch/Richtig- oder Ja/Nein-Aufgaben), mußten die Schüler gar nicht oder sehr wenig (Lückentexte) schreiben, d. h., außer dem Hörverstehen wurden zunächst keine weiteren sprachlichen Leistungen verlangt.

Bei den zusätzlichen Arbeitsvorschlägen zur Tournee von Teddy Panther haben wir dann gesehen, daß Hörverstehen im Unterricht auch mit anderen Fertigkeiten verbunden sein kann. Dort war es das Sprechen (siehe S. 32), hier ist es das Schreiben: Bei den offenen W-Fragen* zu Hörszene 10 muß der Schüler Stichworte und kurze Sätze notieren. Das Hörverstehen kann aber auch mit dem Lesen oder mehreren Fertigkeiten gleichzeitig verknüpft werden. Dies entspricht auch der Lebensrealität, in der Hören – Sprechen – Lesen – Schreiben ständig ineinander übergehen.

Weil wir inzwischen wissen, wie wichtig es ist, die Schüler nicht ohne jegliche Vorbereitung mit einem Hörtext zu überfallen, bitten wir Sie jetzt, folgende Aufgabe zu bearbeiten:

Aufgabe 23

1. Überlegen Sie sich, was Sie bei diesem Hörtext im Unterricht machen können, bevor die Schüler den Hörtext das erste Mal hören.
2. Genauso wichtig ist es, daß Sie sich Übungen nach dem Hören überlegen. Welche Unterrichtsschritte könnten an das Notizenmachen anschließen?

Fragen zum Text

Fragen zum Text gehören zu den beliebtesten Übungs- und Kontrollformen. Es gibt allerdings unterschiedliche Auffassungen darüber, wann und ob sie sinnvoll sind.

Aufgabe 24

Überlegen Sie:

1. *Was passiert, wenn die Schüler die Fragen – wie hier in Hörszene 10 – vor dem Hören lesen oder anhand der Fragen darüber diskutieren, worüber die beiden Mädchen wohl reden könnten?*
2. *Was ist anders, wenn die Fragen erst nach dem Hören gestellt und beantwortet werden? Inwiefern ändern sich die Übungsschwerpunkte?*

Fragen vor dem Hören

Fragen vorab haben eine wichtige Funktion, weil sie den Hörprozeß steuern und den Schüler auf wichtige Aspekte des Textes hinweisen können. Freilich: Was wichtig ist, entscheidet in diesem Fall der Autor oder Lehrer und nicht der Schüler.

Fragen nach dem Hören

Fragen nach dem Hören sind weitaus problematischer. Sie sind eigentlich nur sinnvoll, wenn der Lehrer kontrollieren möchte, ob der Schüler alles verstanden hat. Weil der Schüler vorher nicht weiß, was von ihm erwartet wird, grundsätzlich jedoch alles abgefragt werden kann, muß er sich bemühen, alles zu verstehen. Aber selbst wenn er alles verstanden hat, kann er die Fragen oft nicht beantworten, weil er wieder vergessen hat, was er gehört und verstanden hat. Fragen nach dem Hören überprüfen also weniger die Verstehensleistung; sie überprüfen vor allem die Gedächtnisleistung.

Im zweiten Teil dieser Studieneinheit werden wir ausführlicher auf das hier angesprochene Problem zu sprechen kommen.

Fassen Sie nun das Gesagte noch einmal in einem Raster* zusammen:

Aufgabe 25

Fragen vor dem Hören bzw. Fragen nach dem Hören: Was sind die Vorteile, was sind die Nachteile?

	Vorteile	*Nachteile*
Fragen vor dem Hören		
Fragen nach dem Hören		

1.5 Hörverstehen im Wandel der Methoden

In diesem Kapitel soll auf zwei Methoden des fremdsprachlichen Deutschunterrichts eingegangen werden, die für die *Fertigkeit Hören* wichtige Entwicklungsstadien darstellen. Es sind die audiolinguale Methode (auch stellvertretend für die audiovisuelle Methode) und die kommunikative Didaktik*.

Wenn Sie sich intensiver mit der Methodenentwicklung im Deutschunterricht beschäftigen möchten, empfehlen wir Ihnen die Lektüre der Studieneinheit von Neuner/Hunfeld *Methoden des fremdsprachlichen Deutschunterrichts*.

Wenn Sie sich nicht so sehr für die Entwicklung der Unterrichtsmethoden interessieren, können Sie dieses Kapitel auch überspringen und gleich zur Übungstypologie des Hörverstehens (Kapitel 2) vorgehen.

1.5.1 Die audiolinguale Methode

audiolinguale Methode

In Kapitel 1.3 wurde schon erwähnt, daß Hörverstehen im fremdsprachlichen Deutschunterricht lange Zeit eine vernachlässigte Fertigkeit war. Bis zur Einführung der audiolingualen Methode gab es keine nennenswerte Hörverstehensschulung. Dies lag hauptsächlich daran, daß die klassischen Fremdsprachen wie (Alt-)Griechisch und Latein als Bildungsgut unterrichtet wurden und nicht mit dem Ziel, eine „kommunikative Kompetenz"* der Lernenden zu erreichen. Zu den Lehrbüchern gab es auch keine Kassetten. Die einzige „Hörverstehensschulung" bestand im lauten Vorlesen des Textes durch den Lehrer, teilweise wurden auch die Vokabeln in der Zielsprache erklärt.

Die Erkenntnis, daß „lebende" Fremdsprachen in erster Linie mit dem Ziel gelernt werden, sie auch in konkreten Situationen anzuwenden, setzte sich nach dem Zweiten Weltkrieg immer stärker durch. Aufgrund lernpsychologischer Forschungen in den USA wurde die audiolinguale Methode entwickelt, die die Kommunikationsfähigkeit* in der modernen Umgangssprache in den Vordergrund stellte. Die audiolinguale Methode förderte das Hören (lat. *audire*) und das Sprechen (lat. *lingua* = Sprache). Seit dieser Zeit gehören Kassetten (bzw. damals Tonbänder oder auch Schallplatten) zur Standardausrüstung eines Sprachlehrprogramms. Ein Beispiel soll verdeutlichen, wie Ende der 60er, Anfang der 70er Jahre nach dieser Methode im Unterricht gearbeitet wurde.

Repräsentativ für die audiolinguale Methode ist das Lehrwerk *Deutsch als Fremdsprache* von Braun/Nieder/Schmöe, kurz *BNS* genannt. Der erste Band erschien 1967.

Aufgabe 26

Sehen Sie sich zunächst das Einführungsbild der Lektion 8 im ersten Band dieses Lehrwerks an.

Braun (1967), 46

Beantworten Sie dann folgende Fragen:

Wo wurde das Foto gemacht?

_____

Was für ein Auto ist das?

_____

Was ist passiert?

_____

Ist der Motor kaputt?

_____

Welche Personen sehen Sie?

_____

Was machen sie?

_____

Überlegen Sie sich nun, worüber die beiden Herren reden. Schreiben Sie die Themen und einige Sätze auf.

_____

_____

_____

_____

_____

Schreiben Sie anschließend einen kurzen Dialog zum Thema „In der Autowerkstatt".

_____

_____

_____

_____

_____

_____

Sie erinnern sich sicher an den kleinen Dialog *Woher kommen Sie?*, wo wir ähnlich vorgegangen sind. Zunächst wurde das Bild beschrieben, dann wurde mit Hilfe der Überschrift die Dialogsituation näher bestimmt. Hypothesen wurden aufgestellt, worüber die Personen wohl reden. Anschließend wurde ein möglicher Dialog skizziert. Dies waren Aufgaben vor dem Hören, und sie hatten das Ziel, die Hörszene inhaltlich und sprachlich vorzubereiten. Dann wurden die Fragen zur Hörszene gelesen, und erst danach wurde die Kassette abgespielt. Sie hatten den Eindruck, daß das Bild zu dem Dialog paßte, daß die Sprache der Dialogpartner einigermaßen natürlich klang und daß die Hörszene sinnvoll vorbereitet worden war.

Lesen Sie nun die folgenden Fragen, hören Sie die Hörszene an, und beantworten Sie dann die Fragen:

– *Wie ist der Unfall passiert?*
– *Wie lange dauert die Reparatur?*
– *Wann ist der Wagen fertig?*
– *Was kostet die Reparatur?*
– *Wer zahlt die Reparatur?*
– *Hat die Werkstatt die Ersatzteile da?*

Die Transkription zu Hörszene 11 finden Sie auf Seite 146.

Aufgabe 27
Hörszene 11

Hat Sie dieser Dialog überrascht? Wir nehmen an, daß sich kaum eine Ihrer Hypothesen im Dialog bestätigt hat, daß Sie keine Antwort auf Ihre Fragen gefunden haben, daß kaum eines der von Ihnen vorausgesagten Themen behandelt worden ist. Ist Ihr Weltwissen/Vorwissen über ein mögliches Gespräch nach einem Unfall in einer Werkstatt so falsch? Oder stimmt hier etwas nicht?

Aufgabe 28

> *Lesen Sie die folgenden Fragen, und versuchen Sie, diese zu beantworten. Sie können vorher die Hörszene noch einmal abspielen.*
> - *Wie viele Autos hat Herr Hartmann am Schluß?*
> - *Ist es wahrscheinlich, daß das Gespräch so in einer deutschen Werkstatt abläuft?*
> - *Ist das Deutsch der beiden Herren korrekt?*
> - *Welche Funktion hat die Hörszene, warum wurde sie geschrieben?*
>
> *Die Transkription der Hörszene 11 finden Sie auf Seite 146.*

Es hat sich gezeigt, daß das Bild zwar eine realistische Alltagssituation* darstellt, daß aber Bild und Text nicht zusammenpassen. Auch die Sprache ist problematisch. Zwar ist der Dialogtext in formell korrektem Deutsch, aber so würde man in Wirklichkeit nicht reden. Man spürt die grammatische Absicht: Die Nebensätze mit *wenn* werden eingeführt sowie *wenn ... dann* und *wann ... wenn*. Die Autoren haben versucht, möglichst viele Beispiele für *wenn*-Sätze in dieses kurze Gespräch hineinzubauen. Dadurch wirkt es unnatürlich und komisch.

Sie haben auch bemerkt, daß Ihre natürliche Hörerwartung nicht mit der Hörszene übereinstimmte. Zwar ging Ihre Hörerwartung in die richtige Richtung, doch die Lehrbuchtexte von damals wurden so stark nach einer Grammatik-* und Wortschatzprogression* geschrieben, daß der Realitätsbezug darunter litt und manchmal sogar grotesk entstellt wurde. Aber nicht nur die Sprache wirkt unecht, auch die Inhalte erscheinen aus heutiger Sicht merkwürdig: Wieso hatte die Frau von Herrn Hartmann und nicht er selber den Unfall? Wieso ist der *Motor kaputt,* obwohl nur der Kotflügel ein bißchen eingedrückt ist? Vielleicht weil den Autoren das Wort *Kotflügel* zu schwer zu sein schien? Wieso kauft Herr Hartmann einen neuen Wagen, obwohl der alte noch repariert werden kann? Wieso scheint er am Ende der Hörszene drei Autos zu haben (den Leihwagen, den kaputten und den neu bestellten Mercedes)?

Vielleicht finden Sie es in diesem Zusammenhang interessant, daß die Kritik an dieser Szene, die schon bald nach Erscheinen des Buches einsetzte, gar keine mangelnde Übereinstimmung zwischen Text und Bild feststellte, sondern den Autoren die bewußt oder unbewußt vermittelten „Landeskundeinformationen" vorwarf. Hier werde – so die Kritik – die Mentalität einer verhältnismäßig kleinen, sozial privilegierten Schicht („Wohlstandsbürger", vielleicht ein Firmenchef, Prestigedenken, patriarchalisches Denken usw.) dargestellt. In diesen Kreisen, so werde gezeigt, fährt m a n natürlich einen Mercedes (Firmenwagen); natürlich kann die Frau nicht anständig Auto fahren und baut einen Unfall (damals gab es noch viele Vorurteile gegenüber Frauen am Steuer); natürlich zahlt die Firma einen Leihwagen, und natürlich braucht der Chef einen schönen neuen Mercedes! Mit einer solchen Darstellung werde den Deutschlernenden aber ein falsches Bild von der Realität in der Bundesrepublik Deutschland vermittelt, denn die meisten Menschen dort fahren natürlich keinen Mercedes und müssen ihr Auto reparieren lassen. Auf diese Kritik haben die Autoren von *Deutsch als Fremdsprache* dann in der Neubearbeitung reagiert (siehe Seite 46).

Wenden wir uns nun aber wieder dem Unterricht von damals und insbesondere dem Hörverstehen zu.

Wie wurde damals mit einem solchen Text im Unterricht gearbeitet? Erinnern Sie sich noch? Oder haben sie damals noch nicht unterrichtet?

Aufgabe 29

Notieren Sie doch einmal, was Sie mit diesem Hörtext einschließlich Bild machen würden, wenn Sie mit diesem Buch unterrichten würden?

Entwerfen Sie eine Unterrichtsskizze.

_____

Zum ersten Band von *Deutsch als Fremdsprache* gab es damals ein Lehrerheft (Braun, 1968) und ein Lehrerhandbuch (Kirchhelle, 1973), in denen der methodische Ansatz des Lehrwerks sowie das Vorgehen im Unterricht detailliert beschrieben wurden.

> „Auf der Basis der gesprochenen Sprache führt das Buch in einen Wortschatz von ca. 800 Wörtern in die Grundstrukturen der deutschen Sprache ein und vermittelt in wirklichkeitsnahen Dialogen ... ein Bild vom heutigen Leben in Deutschland ... Gleichzeitig machen die Fotos ... die Schüler mit den Lebensverhältnissen bekannt ... Der sprachliche Ansatzpunkt ist der Dialog (kommunikative Sprache) ... Die Dialoge werden ‚zu Satzmustern' erweitert. Das nimmt dem Dialog etwas von seiner Lebendigkeit ... Der Sprachunterricht soll als erstes die praktische Fertigkeit des Hör-Verstehens und Sprechens vermitteln und einüben. Deshalb folgen dem Dialogtext der Lektionen einfache Hör-Sprech-Übungen (Drills) ... Jede Unterrichtseinheit bringt oben ein Foto und unten einen Alltagsdialog ... Das Foto veranschaulicht die Situation, der der Dialog zugeordnet ist. ... Das Hören des neuen Dialogs gibt dem Schüler die Möglichkeit, das Hörverständnis und die Kombinationsfähigkeit an Texten zu üben ..."

Braun (1968), 3–6

Das Vorgehen im Unterricht wird für diese Lektion folgendermaßen beschrieben:

Lektion 8

Ein Unfall

A 1. **Einführung des ersten Dialogs**
siehe Schema S. 4/5

A 2. **Einübung des Formalstoffs:**
wenn-*Sätze*

A 2.1. 1. *Tonbandübung:* S. 48, Nr. 1, 2.

2. Zwei Schüler aus der Klasse wollen heute abend zum Tanzen gehen. Der eine möchte seine Schwester mitbringen. Er fragt: Kann sie mitkommen?
L Sie ist hübsch.   *S* Ja, wenn sie hübsch ist.
nett, sympathisch, groß
intelligent, schlank, blond*

3. Die Schwester möchte aber ins Kino gehen. Sie fragt: Geht ihr mit?
L Der Film ist gut.   *S* Ja, wenn er gut ist, gern.
interessant*, schön, modern
neu, spannend*, aktuell*

Freie Reproduktion:
Ein Schüler möchte sein Auto verkaufen*. Er fragt:
Willst du mein Auto kaufen? Es ist schnell. –
Ja, wenn es schnell ist, kaufe ich es. etc.

4. Mit dem Auto lernen Sie schnell ein Mädchen kennen*. Sie fragen: Fahren Sie mit?
L Ich lade Sie ein.   *S* Ja, wenn Sie mich einladen, gern.
Ich nehme Sie mit.
Ich bringe Sie nach Haus.
Ich fahre Sie nach Haus.
Ich fahre Sie zurück.
Ich rufe Sie an.

Schema zur Erarbeitung der Lektionen

Dieses Schema der verschiedenen Lehrschritte in jeder Lektion hat sich an vielen Orten bewährt. Es liegt dem Handbuch zugrunde und wird zur Beachtung empfohlen. Abweichungen sind je nach besonderen Umständen möglich.

A 1. Einführung des ersten Dialogs (ohne Buch). Ziel: Schulung der Phonetik, der Intonation und des Hörverständnisses

A 1.1. Kurze Hinführung zur Dialogsituation

A 1.2. Dialog zweimal über Tonband synchron mit Dias vorführen

A 1.3. Verständnisfragen

A 1.4. Nachsprechen des Dialogs in wachsenden Satzeinheiten mit Erklärung der Wörter und Syntagmen

A 2. Einübung des Formalstoffs. Ziel: Festigung und sprachliche Verwendbarkeit des neuen grammatischen Stoffes

A 2.1. Systematisch aufgebaute Reihenübungen zum neuen Lehrstoff mit vor- oder nachgeschalteten Tonbandübungen (über Kopfhörer). Dazwischen freie Reproduktion, dialogische Übungen und Sprechübungen

A 3. Leseübung. Ziel: Wiedererkennen des Gehörten im Schriftbild

A 3.1. Anhören des Dialogs über Tonband bei geöffneten Büchern und leises Mitlesen

A 3.2. Mehrmaliges Lesen des Dialogs mit verteilten Rollen oder im Chor

Kirchhelle (1973), 4 und 43/44

Damals erfolgte meistens mit Hilfe des Bildes (Dia) eine kurze Hinführung zur Dialogsituation: *Was für ein Auto ist das?, Wo ist das?, Was hatte Herr Hartmann?*. Dann wurde der ganze Dialog mit sechs Dias vorgeführt. Danach folgten einige Fragen zum Globalverständnis*: *Wer hatte einen Unfall?, Was ist kaputt?, Was bestellt Herr Hartmann?*.

Anschließend wurde der Dialog noch einmal mit den Dias vorgeführt und weitere, meist detailliertere Fragen wurden gestellt: *Was braucht Herr Hartmann?, Ist Frau Hartmann verletzt?, Ist der Motor kaputt?, Was muß Herr Maier machen?, Wann kommt der Leihwagen?, Wann kommt der neue Wagen?*. Zum Schluß wurde der Text Satz für Satz nachgesprochen und unbekannte Wörter und Strukturen wurden auf deutsch erklärt.

In der audiolingualen Methode verlaufen alle Lektionen im Prinzip nach demselben Schema: Das Hörverstehen wird durch mehrfaches Abspielen eines Alltagsdialogs, durch Fragen und Antworten sowie durch Vor- und Nachsprechen geübt.

Folgende Elemente sind im Hinblick auf die Entwicklung des Hörverstehens in der audiovisuellen Methode wichtig:

- ➤ Es gibt in der kurzen Hinführung zum Text (Foto beschreiben) eine Vorbereitung für die anschließende Hörszene.

- ➤ Es gibt Alltagsdialoge, die von Muttersprachlern (meist Radiosprechern) gesprochen wurden. Allerdings wirken sie sehr künstlich, da sie um ein Grammatikpensum herum konstruiert sind und stark von der natürlichen Sprechüblichkeit abweichen.

- ➤ Es gibt Verständnisfragen zum Alltagsdialog, die allerdings immer erst nach dem Hören der Hörszene gestellt wurden. So konnten sich die Schüler nicht gezielt auf bestimmte Informationen konzentrieren. Außerdem erforderten die offenen Fragen immer schon eine gewisse produktive Sprechfertigkeit, obwohl Wortschatz und neue Strukturen erst nach den Hörverstehensfragen in der Nachsprechphase erklärt (bewußtgemacht) wurden. Immerhin wurde bei den Fragen schon zwischen Global- und Detailverständnis* unterschieden.

1978 wurde das Lehrwerk *Deutsch als Fremdsprache* überarbeitet. Dabei wurden das Foto und der Text dieser Lektion ersetzt.

Aufgabe 30
Hörszene 12

Sehen Sie sich das Foto an, und hören Sie die Hörszene 12.

Braun (1978), 56

Was wurde am Bild verändert?

_____

_____

Was wurde am Dialog verändert?

_____

_____

Steht weiter das Grammatikpensum im Vordergrund, oder handelt es sich um die Reproduktion einer natürlichen Hörszene?

_____

Die Transkription zu Hörszene 12 finden Sie auf Seite 146.

Wir möchten nun diesen Ausflug in die Geschichte des Hörverstehens mit einer Hörszene beenden, die 1981 von einem der bekanntesten deutschen Komiker und Zeichner geschrieben wurde, nämlich von Loriot (Vicco von Bülow). Offensichtlich hat Loriot auch Sprachunterricht erlebt, der vordergründig aus Alltagsdialogen bestand, aber in Wirklichkeit nur ein bestimmtes Wortschatz- und Grammatikpensum vermitteln sollte, das die Alltagsdialoge bis ins Groteske verkehrte.

Hören Sie sich die Hörszene an.

Falls Sie einmal ins Goethe-Institut kommen, können Sie dort auch das zugehörige Video anschauen und sich köstlich amüsieren.

Die Transkription zu Hörszene 13 finden Sie auf Seite 146.

Aufgabe 31
Hörszene 13

Loriot (1991), Videoprint

1.5.2 Die kommunikative Didaktik

Im vorigen Abschnitt haben wir einige Apekte der audiolingualen Methode kennengelernt. Diese Unterrichtsmethode wurde in den 70er Jahren durch die Entwicklung der kommunikativen Didaktik abgelöst. Dazu trugen die wachsenden internationalen wirtschaftlichen Beziehungen, die rasant sich entwickelnden Möglichkeiten weltweiter Kommunikation durch technische Medien und die steigende Mobilität der Menschen in Freizeit und Beruf entscheidend bei. Das Schlagwort *Kommunikative Kompetenz* bezeichnete nun als wesentliches Ziel des Sprachunterrichts, daß die Lernenden befähigt werden sollten, sich in den wichtigsten Situationen des Alltags und Berufs in der Fremdsprache kommunikativ, d. h. sprachlich angemessen, zu verhalten. Im Zentrum des Sprachunterrichts steht also nicht mehr das Sprachwissen* (z. B. die grammatischen Kenntnisse), sondern das Sprachkönnen*, d. h. die Anwendung der Sprache in konkreten Situationen.

Die audiolinguale Methode hatte hierzu schon einige Weichen gestellt: Man hatte versucht, den neuen Lernstoff in Alltagsgespräche einzubetten, man versuchte umgangssprachliche Elemente aufzugreifen, die Beherrschung von Alltagsdialogen* in der Fremdsprache war ein wichtiges Unterrichtsziel, Hören und Sprechen standen im Vordergrund.

Wir haben aber auch gesehen, daß die starre Ausrichtung auf eine Grammatik-Wortschatz-Progression dazu führte, daß die Dialoge unecht und komisch wirkten. Auch einer systematischen Schulung des Hörverstehens waren in der audiolingualen Methode enge Grenzen gesetzt, obwohl gerade das eines ihrer Hauptanliegen war.

Versuchen Sie, noch einmal stichwortartig die Defizite der audiolingualen Methode im Hinblick auf das Hörverstehen zu notieren.

_____

_____

Aufgabe 32

Was bewirkte nun die kommunikative Didaktik im Bereich Hörverstehen?

➤ Die kommunikative Didaktik befreite die Lehrbuchdialoge aus ihrer grammatischen „Zwangsjacke" und rückte die natürliche Sprachverwendung in Alltagssituationen in den Vordergrund.

➤ Sie lenkte den Blick auf die vielen unterschiedlichen Hörsituationen (und unterschiedlichen Textsorten), die im Alltag bewältigt und deshalb auch in den Fremdsprachenunterricht hereingeholt werden mußten.

➤ Sie entwickelte vielfältige Übungsformen (vor dem Hören, während des Hörens, nach dem Hören), die genau auf den jeweiligen Lernzweck abgestimmt waren.

➤ Vor allem aber: Die kommunikative Didaktik orientiert sich an den Lernenden selbst, ihren Fähigkeiten, ihrer Motivation, ihren Interessen, ihren Lernbedürfnissen.

➤ Dazu gehört auch die stärkere Aktivierung der Lernenden im Unterricht und der Abbau des Frontalunterrichts*. Das hat natürlich auch Konsequenzen für das Hörverstehen.

Für diejenigen, die sich ausführlicher mit den Zielen und Inhalten eines kommunikativ orientierten Deutschunterrichts* beschäftigen möchten, verweisen wir auf die Studieneinheit *Methoden des fremdsprachlichen Deutschunterrichts* von Neuner/Hunfeld.

Ebenfalls mit diesem Thema befassen sich folgende Titel:

Literaturhinweis

Neuner u. a. (1981): *Übungstypologie zum kommunikativen Deutschunterricht* und Edelhoff (Hrsg.) (1985): *Authentische Texte im Deutschunterricht.*

In den beiden folgenden Bänden finden Sie eine Sammlung von Themen, Situationen und Sprechintentionen für einen kommunikativ orientierten Unterricht in der Grundstufe.

Deutscher Volkshochschulverband/Goethe-Institut (Hrsg.) (1972): *Das Zertifikat Deutsch als Fremdsprache* und Baldegger u. a. (1980): *Kontaktschwelle Deutsch als Fremdsprache.*

Textsorten und Themen

Textsorten und Themen

Wir haben schon darauf hingewiesen, daß die audiolinguale Methode nur eine Textsorte für das Hörverstehen benutzte, und zwar Dialoge. Das genügt aber nicht. Denn es gibt viele unterschiedliche Hörsituationen und damit auch unterschiedliche (Hör-)Textsorten, die im Zielsprachenland vorkommen und auf die die Lernenden vorbereitet werden müssen.

Wir haben in dieser Studieneinheit schon dreizehn Hörszenen bearbeitet. Versuchen Sie nun zunächst, die Textsorten und die Themen dieser Szenen zu bestimmen. Danach wollen wir noch weitere mögliche Textsorten suchen.

Aufgabe 33

Ergänzen Sie die Textsorten und Themen im folgenden Raster:

Hörszene	Textsorte	Thema
1–3 Am Flughafen	Ansagen, Durchsagen, Dialoge, (privat und dienstlich)	Verabschiedung, Suchmeldung, Geschäftsreise, Tourismus, Paßkontrolle
4 In der Diskothek	Dialog (Privatgespräch)	
5/6 Auf der Fotomesse		

Hörszene	Textsorte	Thema
7 Teddy Panther		
8 Verabredungen		
9 Öffnungszeiten		
10 Monika und Susi		
11/12 In der Werkstatt		
13 Deutsch als Fremdsprache		

Überlegen Sie nun, welche Textsorten es noch im Bereich Hörverstehen gibt. Nennen Sie auch zu jeder Textsorte Themen, die für Ihre Lerner interessant sein könnten.

Textsorte	Themen/Inhalte
Radiowerbung	Rock-Tournee, Hi-Fi-Anlagen
Telefonansagen	Uhrzeiten, Fußballergebnisse, Aidshilfe

Es wurde schon erwähnt, daß die kommunikative Didaktik nicht nur möglichst viele in der Realität vorkommende (authentische)* Textsorten in den Unterricht hereinholt. Sie berücksichtigt bei der Auswahl der Themen und Inhalte auch die reale Lebenssituation und die Interessen der Lerner. Dazu gehört auch, daß das reale Hörinteresse der Lerner in einer bestimmten Situation oder zu einem bestimmten Thema in die Unterrichtsplanung einbezogen wird.

Interessen der Lerner

Aufgabe 34
Hörszene 14

Sehen Sie sich die folgenden Piktogramme an, und überlegen Sie, welche Informationen sie übermitteln. Hören Sie anschließend die Hörszene, und kreuzen Sie an, welche Service-Leistungen in diesem deutschen Zug angeboten werden.

nach: Formella (1990), 36

Die Transkription zu Hörszene 14 finden Sie auf Seite 146f.

Analysieren Sie nun die Hörszene.

– *Um was für eine Textsorte handelt es sich?*

– *Welches Thema wird behandelt?*

– *Unter welchen Umständen könnte der Text für Ihre Schüler relevant sein?*

– *Welche Informationen müßten dann Ihre Hörer unbedingt verstehen?*

Hörstile

Hörstile*

Auch an der letzten Hörszene kann man leicht nachvollziehen, was wir schon an mehreren Beispielen in den Abschnitten 1.4.1 und 1.4.3 gesehen haben: Man muß nicht immer jeden Text detailliert – man sagt auch total – verstehen.

Stellen Sie sich vor, Sie sitzen in Deutschland im Zug und haben Durst. Sie überlegen sich gerade, ob Sie irgendwo einen Hinweis gesehen haben, der angab, ob und wo man etwas zu trinken bekommt. Da hören Sie plötzlich eine Ansage des Zugpersonals. Ihr Ziel ist es jetzt nur zu erfahren, ob es etwas zu trinken gibt (ja, Minibar) und wo (Minibar kommt in die

2. Klasse). Wenn Sie dann in der 2. Klasse sitzen, brauchen Sie nur zu warten, bis der Minibar-Wagen kommt.

Es wäre wenig sinnvoll, bei dieser Hörszene und dieser Aufgabenstellung noch mehr zu erklären.

Auf die verschiedenen Hörstile – detailliertes (= totales), selektives (= selegierendes) und globales (= kursorisches) Hören – kommen wir im Kapitel 2.1.2 noch ausführlich zu sprechen.

Natürlicher Sprachgebrauch*

An dieser Stelle sollten wir uns noch einmal mit dem schwierigen Begriff der Authentizität*, der für das Hörverstehen wichtig ist, beschäftigen. Wir wollen hier jetzt nicht ausführlich die Unterschiede zwischen *authentisch, natürlich, dokumentarisch* usw. diskutieren. Uns geht es darum, aufzuzeigen, welche Art von Hörtexten, die Sie auch heute in Lehrmaterialien finden können, eindeutig nicht dem natürlichen Sprachgebrauch entsprechen und die Sie deshalb, wenn irgend möglich, nicht benutzen sollten. „Der Text sollte authentisch sein, er sollte sich, wie ein Schüler einmal forderte, ‚wie richtiges Deutsch anhören'. Zum ‚richtigen Deutsch' gehört, daß eine Unterhaltung wie eine Unterhaltung, ein Nachrichtensprecher wie ein Nachrichtensprecher und nicht alles zusammen wie ein typischer Lehrwerktext klingt … . Und schließlich gehört dazu, daß charakteristische Nebengeräusche einer Sprechsituation (z. B. einer Ansage auf dem Bahnhof) nicht sorgfältig ausgeblendet, sondern beibehalten werden". (Solmecke 1992, 10)

> *Hören Sie die folgenden sechs Hörszenen an, und überlegen Sie dabei, welche Hörszene der tatsächlichen Sprachverwendung in etwa entspricht und inwiefern sie gegebenenfalls davon abweicht.*
>
> | Hörszene | authentisch (ja/nein) | Begründung |
> |---|---|---|
> | a) Hauptschule | | |
> | b) Ausgang abends | | |
> | c) Schulbus | | |
> | d) Jens erzählt | | |
> | e) Verbotsschilder | | |
> | f) Der Anruf | | |
>
> *Die Transkriptionen zu Hörszene 15 a–f finden Sie auf Seite 147f.*

Aufgabe 35
Hörszene 15

Sie haben sicher gemerkt, daß es gar nicht so einfach ist, Hörszenen so zu produzieren, daß sie authentisch wirken. Inakzeptabel ist es aber, wenn das Sprechtempo zum Diktat verlangsamt wird oder wenn ungeübte Schüler schriftlich fixierte Texte als angebliches Interview ablesen und diese Hörtexte zum Hörverstehenstraining angeboten werden.

Aufgaben zum Hörverstehen

Die kommunikative Didaktik hat gezeigt, wie wichtig es ist, für das Hörverstehen neue Aufgaben zu entwickeln. Das gilt sowohl für die Vorbereitung als auch für die Überprüfung des Hörverstehens. Diesem Aspekt ist der folgende Hauptteil dieser Studieneinheit gewidmet.

2 Systematische Darstellung

Übungstypologie

2.1 Versuch einer Typologie von Übungen zum Hörverstehen

In diesem Teil der Studieneinheit möchten wir versuchen, Ihnen eine Typologie von Übungen zum Hörverstehen mit Beispielen vorzustellen. Eine solche Systematisierung kann Ihnen helfen, einen Überblick über verschiedene Übungsmöglichkeiten zu gewinnen und begründete Entscheidungen bei der Auswahl von Übungsformen zu treffen. Dieser Systematisierungsversuch soll Ihnen bei Ihrer Unterrichtsplanung behilflich sein und Ihnen Angebote für Ihr methodisch-didaktisches Vorgehen unterbreiten.

Möglichkeiten der Systematisierung

Texte und Aufgaben

Es gibt verschiedene Möglichkeiten, Übungen zum Hörverstehen zu systematisieren. Da sind zum einen die Hörtexte. Diese können wir z. B. nach Themen oder Textsorten (monologisch, dialogisch usw.) sortieren. Wir können sie auch unter dem Gesichtspunkt der Authentizität betrachten, also nach *authentisch, nicht authentisch* (d. h. für den Unterricht bearbeitet). Die Aufgaben zu den Hörtexten können wir z. B. nach den Hörstilen, d. h. nach extensivem oder intensivem Hören*, systematisieren. Mit dieser Frage hängen dann auch Fragen der Grammatikprogression, des Schwierigkeitsgrades von Wortschatz und Syntax im Hörtext eng zusammen. Gert Solmecke (1993) unternimmt noch eine andere Systematisierung. Er gliedert Übungen zum Hörverstehen nach einer Progression der Aufgabenschwierigkeit. Am Anfang einer solchen Progression stehen z. B. Aufgaben zum Wiedererkennen und Unterscheiden einzelner Laute (*Tier – Tür; -ig, -ich, -isch*), an ihrem Ende stehen dann analytische und produktive Aufgaben zu ganzen Texten.

Wir haben uns für eine Systematisierung entschieden, die sich auf den konkreten Umgang mit Hörtexten im Unterricht bezieht, d. h.,

wir unterscheiden nach Aufgaben,

➤ die vor dem Hören des Textes gemacht werden,

➤ die gemacht werden, während der Text gehört wird,

➤ die nach dem Hören des Textes gemacht werden.

Dies bedeutet nicht, daß andere Fragestellungen nicht auch berücksichtigt werden. Es bedeutet auch nicht, daß Übungen zum Hörverstehen grundsätzlich nach diesen Einteilungskriterien geordnet werden müssen, denn selbstverständlich gibt es Übungen, bei denen alle genannten Formen untereinander kombiniert werden können.

Aufgaben vorher während nachher

Mit dieser Einteilung geht es uns in erster Linie darum, methodische Schwerpunkte zu setzen: Wir werden Ihnen anhand von Beispielen und theoretischen Überlegungen zeigen, daß Aufgaben vor dem Hören eines Textes den Verstehensprozeß am intensivsten beeinflussen und steuern können, daß Aufgaben während des Hörens diese Funktion nur noch zum Teil übernehmen können und Aufgaben nach dem Hören überhaupt nicht. Letzteren kommt im Prinzip nur eine Kontrollfunktion zu: *Was haben die Schüler verstanden?*

Konkret heißt das: Wollen Sie das Hören üben, muß der Schwerpunkt Ihrer methodischen Überlegungen auf Aufgaben vor dem ersten Anhören des Textes liegen.

Aufgaben vor dem Hören

2.1.1 Aufgaben, die vor dem Hören gemacht werden

Diese Vorgehensweise soll anhand konkreter Aufgaben und Texte veranschaulicht werden. Dabei laden wir Sie wieder dazu ein, die Abfolge möglicher Unterrichtsschritte nachzuvollziehen (Simulationsphase) und dann darüber nachzudenken (Reflexionsphase). Dann wird begründet, wann und warum die Vorbereitung auf einen Hörtext besonders wichtig ist.

Assoziogramm Wortigel

• **Assoziogramm***

Die bisherigen Hörtexte, die Ihnen vorgestellt wurden, waren bis auf die Hörszenen 7 und 14 dialogische Texte. Bei dem folgenden Text *Das Fußballspiel* handelt es sich um einen sogenannten „monologischen" Text. Bei monologischen Texten muß der Schüler in die Lage versetzt werden, den Kernsatz, die Leitinformation oder den Handlungsablauf des Textes zu verstehen.

Allgemeine Informationen:

Assoziogramme (engl. *cluster* = Büschel, Traube, Haufen), auch Wortigel* und Wortspinne* genannt, haben sich im Rahmen des kommunikativen Ansatzes durchgesetzt und vielfach bewährt. Daß es sich nicht um reine Spielereien handelt, wird später noch ausführlicher begründet.

Ziel:

Vorbereitung auf den Hörtext, Motivation der Schüler, Einführung in die Thematik, Aktualisierung von vorhandenem Wissen in bezug auf das Thema.

Material:

Jeder Schüler benötigt ein Blatt Papier und einen Stift, der Lehrer einen Tageslichtprojektor* (oder die Tafel) und den Kassettenrekorder mit der Hörkassette.

---

1. Was fällt Ihnen spontan zu dem Wort „Fußballspiel" ein?
   Schreiben Sie Ihre Assoziationen* um das Stichwort herum.

Wenn Sie mit Kollegen zusammenarbeiten, dann notieren Sie bitte auch deren Assoziationen.

_____

_____

_____

_____

_____

_____

2. Hören Sie sich jetzt bitte den Text „Ein Fußballspiel" an. Unterstreichen Sie dann in Ihrem Assoziogramm alle Wörter, die für das Globalverständnis der Hörszene wichtig waren. Ergänzen Sie dann die Wörter, die ebenfalls wichtig waren, die Sie aber nicht notiert hatten.

Die Transkription zu Hörszene 16 finden Sie auf Seite 148.

Aufgabe 36

Hörszene 16

Bemerkungen:

Assoziogramme vor dem ersten Anhören des Textes können Sie mit der ganzen Klasse machen. Am besten lassen Sie jeden Schüler erst seine Assoziationen aufschreiben, damit auch jeder Schüler etwas zur Assoziationsrunde beitragen kann. (*Jeder schreibt bitte mindestens fünf Wörter auf, die ihm zu „Fußballspiel" einfallen.*)

Danach sammeln Sie die Assoziationen der Schüler an der Tafel. Dann erst wird der Text gehört.

Aufgabe 37

Welche Funktionen haben Ihrer Meinung nach diese Assoziationen? Was haben Sie an sich selbst beobachten können?

_____

_____

_____

_____

Der Lehrer hat auch die Möglichkeit, die Wortsammlung zu steuern. Falls in diesem Assoziogramm z. B. nur Begriffe wie *Tor, Elfmeter, Foul* usw. genannt werden, aber keine Namen, kann er gezielt nachfragen: *Kennen Sie deutsche Fußballvereine?, ... deutsche Spieler?* Andere Nachfragen könnten sein: *Wie lange dauert so ein Spiel?, Was macht das Publikum bei einem Spiel?*

Bei dieser Gelegenheit können auch neue Wörter eingeführt werden. Dabei kann man ohne weiteres auf die Muttersprache zurückgreifen: Die Schüler sagen das Wort, das ihnen fehlt, in der Muttersprache, und der Lehrer notiert das entsprechende deutsche Wort im Assoziogramm.

Aufgabe 38

Mit dem Assoziogramm haben Sie eine Übung vor dem Hören bearbeitet. Entwerfen Sie nun eine Übung, die die Schüler während des Hörens von Hörszene 16 machen können.

_____

_____

_____

_____

Aufgabe 39

Schauen Sie sich bitte die Hörtexte (Lehrwerk, Zusatzmaterial) an, die Sie im Unterricht benutzen.

Bei welchem Text würde sich die Arbeit mit einem „Assoziogramm" anbieten? Von welchem Begriff würden Sie ausgehen? Welche Assoziationen hätten Ihre Schüler wahrscheinlich bei diesem Begriff? Warum, glauben Sie, eignet sich der von Ihnen gewählte Text für diese Arbeitsweise?

Exkurs: Hörtexte und Lesetexte

Assoziogramme können grundsätzlich bei Hör- und Lesetexten, ja auch beim Schreiben (und Sprechen), eingesetzt werden. Überhaupt haben Hören und Lesen vieles gemeinsam, zum Beispiel die allmähliche Entstehung des Textes in der Zeit, die ständige Hypothesenbildung im Kopf des Lesers oder Hörers in bezug auf das, was kommt. Es gibt aber auch wichtige Unterschiede. Stellen wir diese Unterschiede einmal einander gegenüber:

Hören und Lesen: Unterschiede und Gemeinsamkeiten

L e s e n	H ö r e n
DIE SPRACHE	
meist überlegt, durchgeformt	oft spontan, „fehlerhaft"
komplexer Satzbau (Hypotaxen, d. h. eine Folge von Nebensätzen)	einfacher Satzbau (Parataxen, d. h. eine Folge von Hauptsätzen)
unabhängig von der gegenwärtigen Situation des Lesers	abhängig von der gegenwärtigen Situation des Hörers
STRUKTURIERUNGSHILFEN	
Leerstellen zwischen Wörtern	Pausen zwischen Wortgruppen
Satzzeichen	Pausen am Ende der Sätze
Absätze im Text	Pausen bei neuen Gedankenschritten
Text ist gegliedert, segmentiert: Groß-/Kleinschreibung, Layout, visuelle Hervorhebung (Schriftgröße)	Nicht gegliederter Strom von Lauten muß gegliedert werden: Stimmhöhe, Lautstärke, Betonung (Wort) und Intonation (Satz) helfen dabei. Mimik und Gestik helfen nur in Realsituationen.
Visualisierungen	Geräusche
Layout hilft bei Hypothesenbildungen.	Hypothesenbildungen anhand von Stimme, Geräuschen usw.
PROZESS	
Rhythmus und Tempo können selbst bestimmt werden; Zeit spielt eine untergeordnete Rolle.	Rhythmus und Tempo liegen fest; Zeitfaktor ist entscheidend (Information kommt und vergeht).
Die gesamte Information ist ständig präsent.	Die Information ist nur punktuell präsent.
Text(stellen) kann (können) mehrmals gelesen werden.	Text(stelle) kann meist nur einmal gehört werden.
Der Leser kann an einer Stelle verweilen.	Der Hörer muß dem Text folgen.
Der Text kann (erst einmal) überflogen werden.	Text kann nicht überflogen werden.

„Da im Hörverstehensvorgang das Speichern neuer Informationen und das ‚Erinnern', d. h. die Einordnung und Deutung aufgenommener Information, gleichzeitig verläuft – beides können wir im Leseprozeß zeitlich voneinander trennen –, ist das ‚Dekodieren'* authentischer fremdsprachlicher Hörtexte erheblich schwieriger als das Verstehen geschriebener Texte. Beim Leseprozeß können wir auch das Erfassen von Sinneinheiten – Wort, Satz, Abschnitt, Text – besser strukturieren und auseinanderhalten als dies mit den Ebenen, die den Hörprozeß strukturieren, möglich ist ... ."

Neuner (1988), 29

Diese Unterschiede haben Konsequenzen für die Textauswahl und das methodisch-didaktische Vorgehen: Hörtexte müssen einfacher, kürzer und redundanter* sein (d. h. ein Überangebot an Information enthalten) als Lesetexte, der Entwicklung von Verstehensstrategien muß besondere Aufmerksamkeit gewidmet werden, der Aufbau einer Erwartungshaltung und die Aktivierung des vorhandenen Wissens sind besonders wichtig.

Deshalb spielen Aktivitäten vor der Präsentation des Hörtextes mit nichtsprachlichen Verstehenshilfen eine entscheidende Rolle. Weil das so ist, und weil in den Lehrwerken solche Aktivitäten meist fehlen, werden wir diesen Aspekt besonders ausführlich behandeln.

Wie findet aber nun „das Speichern neuer Informationen" beim Hören und wie beim Lesen statt? Wie geschieht „das Erinnern" an diese neuen Informationen beim Hören und wie beim Lesen? Welche Konsequenzen hat das für die Textauswahl und das methodisch-didaktische Vorgehen?

Aufgabe 40

Füllen Sie stichwortartig das folgende Schema aus:

	Hören	*Lesen*
Speichern		
Erinnern		
Folgen für Textauswahl		
Folgen für methodisches Vorgehen		

Wenn wir vom Speichern und Erinnern beim Hörprozeß sprechen, kommt das Gedächtnis ins Spiel.

Exkurs: Wie funktioniert eigentlich unser Gedächtnis*?

Beim Hören (und Lesen) speichern wir nicht die lautlichen, grammatischen oder lexikalischen Informationen, sondern die semantischen*. Konkret heißt das: Wir speichern nicht ein Wort und die Aussprache eines Wortes, sondern seine Bedeutung, genauer: die Abstraktion dieser Bedeutung. Wir merken uns nicht das Wort *Baum*, sondern speichern die Abstraktion der Bedeutung von *Baum*. Bei größeren Textmengen bleibt uns gar keine andere Möglichkeit als zu abstrahieren, wir können uns nicht alle, nicht einmal die wichtigsten Wörter und Sätze, merken. Bei kleinen Hörtexten besteht genau diese Gefahr: Der Schüler versucht, den Text auswendig zu lernen, nachsagen zu können. Er abstrahiert also nicht die Bedeutung des Gehörten, sondern versucht, sich die Wörter zu merken.

Gedächtnis

Speichern von Bedeutungen

Machen wir es ein bißchen konkreter: Sehen Sie sich die folgenden Bilder an, und kreuzen Sie an, was nach Ihrer Meinung als „Baum" und was als „Stuhl" bezeichnet werden kann.

© Scherling

Aufgabe 41

Das Wort *Baum* ist das graphische oder/und lautliche Symbol für alles, was in der deutschen Sprache als *Baum* bezeichnet wird. Es enthält die wesentlichen Merkmale, die einen Baum zu einem Baum machen: einen Stamm und Äste (vielleicht auch noch Blätter); fehlt der Stamm oder gibt es keine Äste, spricht man im Deutschen nicht mehr von einem *Baum*. Fehlt z. B. der Stamm, so spricht man von einem *Strauch* oder einem *Busch* oder *Gebüsch*. Es gibt andere Sprachen, in denen das Vorhandensein eines Stammes oder von Ästen nicht das entscheidende Kriterium ist, sondern z. B. das *In-die-Höhe-wachsen*. Sie bezeichnen dann das, was in die Höhe wächst, mit einem bestimmten Wort.

Vorwissen / Weltwissen

An diesem Beispiel wird deutlich: Wir verstehen das, was in der Welt passiert, nicht als „unbeschriebenes Blatt", sondern auf der Basis unseres (eigen-)kulturell geprägten* Vorwissens/Weltwissens. Dieses Vorwissen ist eine Voraussetzung für jedes Verstehen.

Unser Wissen ist in sogenannten „Schemata" im Gedächtnis organisiert (vgl. dazu H. Mandl 1988, 123–160). Ein Schema* ist eine Art „Muster", das wir im Kopf haben, in unserem ersten Beispiel also die Vorstellung davon, was ein Baum ist. Diese Muster beziehen sich auch auf Ereignisse, Handlungen, Geschichten. Sie bilden riesige Netzwerke in unserem Kopf, mit deren Hilfe wir die Welt ordnen und interpretieren.

Schema

Ein weiteres Beispiel: Beim Hören der Sätze *Maria war zu Hans' Feier eingeladen. Sie fragte sich, ob ihm ein Drachen gefallen würde* wird für einen deutschen Hörer das Schema *(Geburtstags-)Feier, Geschenk* angesprochen, obwohl nirgendwo von einem *Geburtstagsgeschenk* für Hans die Rede ist (das Beispiel ist M. Minsky 1990, 259–272 entnommen). Verstehen bedeutet also, daß wir neu aufgenommene Informationen mit Hilfe von bereits vorhandenem Wissen (Schemata) analysieren und interpretieren können.

Wir verstehen also nicht nur das, was wir hören und lesen (*Maria war zu Hans' Feier eingeladen...*), sondern immer mehr, indem wir Sinn schaffen, Bedeutungen herstellen (bald wird eine Feier stattfinden, zu der Maria als Gast von Hans, dem Gastgeber, eingeladen worden ist). Im Kopf des Hörers, der solche Geburtstagsfeiern kennt, entsteht das „Geburtstagsszenario": feierlich, Dekoration, Festessen, Kuchen mit Kerzen, eingepackte Geschenke usw. Erst das (in Deutschland) geläufige Schema (Geburtstagsgeschenk) sorgt dafür, daß die beiden Sätze so verstanden werden können.

Schemata aktivieren

Abstrahieren

Wichtig ist nun beim Hörverstehen, daß bekannte Schemata aktiviert werden (z. B. über Aktivitäten vor dem Hören) und daß die Schüler lernen zu abstrahieren, denn Informationen werden um so besser behalten, je höher die Abstraktionsebene ist, auf der sie gespeichert werden.

Genauso wichtig ist aber, daß den Schülern vor dem Hören der fremdsprachigen Texte die kulturelle Prägung ihrer eigenen Schemata, mit denen sie an die Texte herangehen, bewußt wird. Sonst kommt es leicht zu Verstehensbarrieren.

Literaturhinweis

Es gibt ein empfehlenswertes, gut lesbares Buch, in dem die Ergebnisse der Gedächtnisforschung sehr anschaulich beschrieben sind: *Zur Rolle des Gedächtnisses beim Sprachenlernen* von Josef Rohrer (1978).

Die folgende Darstellung versucht zu veranschaulichen, wie wir uns die Verarbeitung von Informationen im Gedächtnis generell vorstellen können: Über unsere Sinne (2) nehmen wir ein Objekt/Objekte aus der Außenwelt (1) wahr und registrieren es/sie im sogenannten „sensorischen Informationsspeicher*" (3). Das im Langzeitgedächtnis* in Form von Schemata gespeicherte Wissen (7) versucht, die eingegangene Information (Muster, Stimulus) zu erkennen (4), bevor im Kurzzeitgedächtnis* wiederum mit Hilfe vorhandener Schemata gesucht, gefragt, konstruiert usw. wird (5), um schließlich das Objekt/die Objekte mental, d. h. geistig, darzustellen (6). In unserem Beispiel: Es handelt sich um eine junge Frau .... Selbstverständlich sind die Vorgänge in der Wirklichkeit viel komplexer, es gibt auch keine so klar voneinander unterscheidbaren und abgrenzbaren Speicher (sensorischer Informationsspeicher, Kurzzeitgedächtnis, Langzeitgedächtnis), wie sie hier zur Verdeutlichung dargestellt sind.

Kommentieren Sie das Modell in Ihren Worten in bezug auf den Hörprozeß.

Aufgabe 42

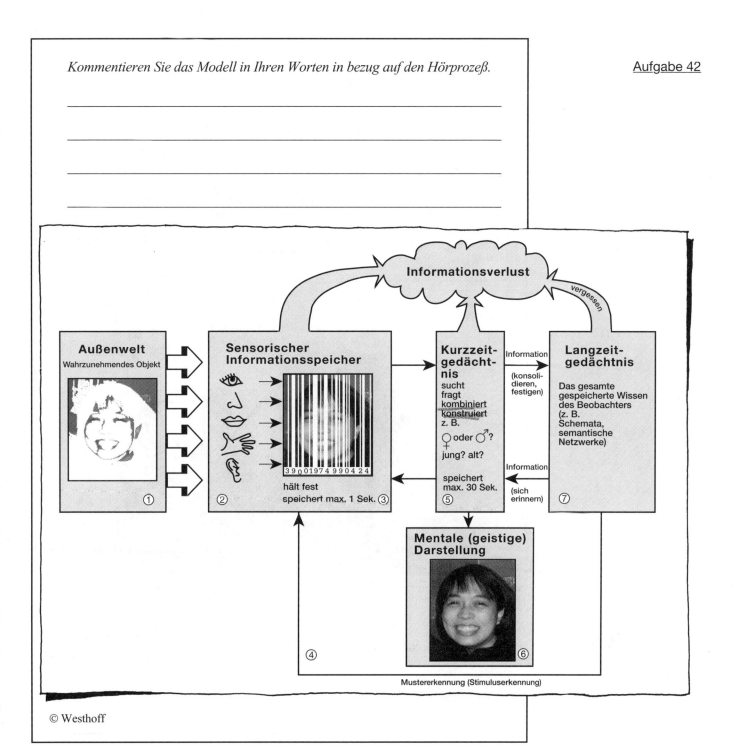

© Westhoff

- **Illustration 1: Einzelbild**

Einzelbild

Allgemeine Informationen:

Eine Illustration übernimmt vergleichbare Aufgaben wie das oben dargestellte Assoziogramm, legt aber die Situation durch ihre Konkretheit stärker fest. Gegenüber dem Assoziogramm hat eine Illustration den Vorteil, daß sie eine Situation, die nur gehört wird, „sichtbar" macht.

Visualisierung zur Vorbereitung

:

- Visualisierung der im Hörtext dargestellten Situationen.
- Vorentlastung wichtiger Begriffe und Redemittel.
- Motivierung der Schüler.
- Aufbau einer Erwartungshaltung/Hörerwartung.
- Aktivieren von Vorwissen.

Material:

Folie für Tageslichtprojektor (ist am besten, um die Illustration zu zeigen) oder Fotokopien der Illustration (1 Kopie reicht für 2–3 Schüler)

Aufgabe 43

> *Führen Sie für sich die Unterrichtsschritte 1 und 2 aus.*

Unterrichtsschritte:

1. Die Schüler schauen sich die folgende Illustration an und spekulieren über das, was da passieren könnte: *Was sagt der Mann in Uniform? Was sagen die beiden Angler?*

   Die Schüler sammeln mögliche Äußerungen (und schreiben anschließend einen kleinen Dialog).

Neuner (1986), 30

Hörszene 17 a und 17 b

2. Die Schüler hören nun den zugehörigen Text und beantworten die Fragen.

Die Transkription zu Hörszene 17 a und 17 b finden Sie auf Seite 148.

Aufgabe 44

> *Betrachten wir uns noch einmal die Unterrichtsschritte.*
>
> *Unterrichtsschritt 1:*
>
> *Wie wurden Ihre Schüler auf das Thema und die Situation vorbereitet? Welche Funktion könnte eine solche Arbeitsweise haben? Welche Aufgaben kann die Illustration übernehmen?*
>
> *Unterrichtsschritt 2:*
>
> *Warum wurde hier der Dialog unterbrochen? Welche Funktion hat diese Technik? Was leistet sie?*
>
> *Unterrichtsschritt 3:*
>
> *Was könnte man im Unterricht nach dem Hören des Dialogs machen? Planen Sie weitere Unterrichtsschritte.*

Wir haben diesen Text als Hörverstehensübung betrachtet und bearbeitet. Im Lehrbuch *Deutsch aktiv 1 A Neu* hat er eine andere Funktion: Er wird dort als situative Einführung für *ein – kein* benutzt. Deshalb ist diese Hörszene auch im Lehrbuch abgedruckt.

Dieser Dialog kann übrigens zu Übungszwecken gut in eine andere, vergleichbare Situation übertragen werden, z. B. : Im Kino: *Haben Sie eine Eintrittskarte?* In der Straßenbahn: *Haben Sie eine Fahrkarte?* usw. Dabei geht es dann allerdings um Sprechfertigkeit.

Exkurs: Antizipation*

Antizipation

Bei dem vorangegangenen Didaktisierungsvorschlag haben Sie das Verfahren der Antizipation kennengelernt.

Sie haben gesehen, daß man den Hörtext nicht immer in einem Stück abspielen muß. Um das Hörverstehen zu üben, kann man das Band zwischendurch einmal oder mehrmals stoppen und die Schüler spekulieren lassen, wie der weitere Verlauf des Dialogs sein könnte.

Diese Technik ist in diesem Fall auch durch den Lehrbuchdialog vorgegeben, dessen Ende offen ist. Der Hörtext endet mit *Einen Ausweis? Nein.* Anschließend müssen die Schüler das Ende des Dialogs erfinden (*Wie geht die Szene weiter? ... Was sagen sie? ... Was machen sie? ...*). Dieses Spekulieren über den weiteren Verlauf der Handlung, das auf diesem Lernniveau oft auch in der Muttersprache stattfindet, nennt man *Antizipieren*, das heißt: die (mögliche, wahrscheinliche usw.) Vorwegnahme des Textinhalts. Anschließend werden die (verschiedenen) Vermutungen der Schüler beim weiteren Abspielen des Bandes korrigiert (*Wer hatte recht?*).

Spekulieren über den weiteren Verlauf

Wir wollen auf dieses Verfahren noch etwas ausführlicher eingehen und folgende Fragen stellen:

> *Welche zwei Varianten der Antizipation kann man unterscheiden (ihre Kennzeichen)? Welche unterschiedlichen Aktivitäten ergeben sich für den Hörer? Welche Faktoren helfen dem Schüler, erfolgreich zu antizipieren? Wie ist dabei Ihre methodisch-didaktische Arbeitsweise (mit dem Kassettenrekorder)?*
>
> *Lesen Sie bitte die Punkte a) und b), und füllen Sie dabei stichwortartig das folgende Schema aus:*

Aufgabe 45

ANTIZIPATION

	Variante A	*Variante B*
Kennzeichen		
Aktivität des Hörers		

61

	Variante A	*Variante B*
Faktoren, die unter anderem beim Antizipieren helfen		
Arbeitsweise		

Erwartungshaltungen aufbauen

a) Das Antizipieren vor dem Hören eines Textes bzw. Textteils:

Dabei handelt es sich um den gezielten Aufbau einer Erwartungshaltung in bezug auf Inhalt, weiteren Verlauf und das Ende des Textes. Dabei sind verschiedene Faktoren behilflich:

– die Kommunikationssituation (wer redet mit wem worüber?)
– die Überschrift, das Thema, die Illustration, die Textsorte usw.
– das Wissen, das ein Schüler von der Thematik hat, seine Hintergrundinformationen und sein Vorwissen usw.

b) Das Antizipieren während des Hörens:

Dabei eilt der Hörer dem gehörten Text immer eine kleine Strecke voraus, er nimmt kleine Sinneinheiten vorweg. Neben den oben genannten Faktoren helfen ihm dabei die Satzmelodie, zusammengehörende Wortgruppen, logische Verbindungen, die bekannte oder vermutete Intention des Sprechers usw. Diese Fähigkeit kann dadurch geübt werden, daß das Band in kurzen Abständen gestoppt wird und

– die Schüler ihre ersten Vermutungen mit dem vergleichen, was sie gehört haben (Wo haben sie richtig spekuliert? Wo haben sie sich geirrt? Was sind die Gründe dafür?)

Vermutungen anstellen

– die Schüler auf der Basis des zuvor Gehörten Vermutungen darüber anstellen, was im nächsten Textfragment zu hören sein wird.

Neue Vermutungen werden also immer auf der Basis des bereits Gehörten und Verstandenen angestellt. Was hier über das Hören gesagt wird, gilt entsprechend für das Lesen. Dort können vergleichbare Übungsschritte durchgeführt werden, z. B. Text auf einer Folie präsentieren, mit einem Blatt Papier abdecken und schrittweise (Satz für Satz, Abschnitt für Abschnitt) lesen lassen usw.

Aufgabe 46

> *Gibt es in Ihrem Lehrwerk Illustrationen, die sich für eine solche Arbeitsweise einsetzen lassen? Läßt sich zu einem Ihrer Hörtexte eine Illustration finden oder anfertigen, um wie hier beschrieben zu arbeiten? Planen Sie einen entsprechenden Einstieg.*

Bildsalat

• **Illustration 2: Bildsalat**

Allgemeine Informationen:

Eine Sequenz von Bildern wird zerschnitten und in ihrer Reihenfolge verändert. Die Aufgabe lautet, sie in ihrer ursprünglichen Reihenfolge zu rekonstruieren. Man kann nun die Schüler auffordern, die Bilder in ihrer wahrscheinlichen Reihenfolge zu numerieren. Attraktiver ist es, die einzelnen Bilder auszuschneiden und von den Schülern in die richtige Reihenfolge legen zu lassen.

Ziel:

– Visualisierung* der im Hörtext dargestellten Situation,
– Vorentlastung wichtiger Begriffe und Redemittel,
– Motivierung der Schüler,
– Aufbau einer Erwartungshaltung/Hörerwartung,
– Aktivieren des vorhandenen Wissens/Weltwissens.

Material:

Je nach Arbeitsweise:

a) Arbeitsblatt mit einer Sequenz von Bildern,
b) Sets von je sechs Einzelbildern.

> *Lösen Sie die Aufgaben des Arbeitsblattes auf Seite 64.*

Aufgabe 47

Unterrichtsschritte:

1. Die Schüler ordnen die Bilder in der wahrscheinlichen Reihenfolge.
2. Dann hören sie das kleine Selbstgespräch und kontrollieren, ob ihre Reihenfolge stimmt.

Die Transkription zu Hörszene 18 finden Sie auf Seite 148.

Hörszene 18

Bemerkungen:

➤ Die Illustrationen geben Hinweise auf den Verlauf der Handlung in der Hörszene.
➤ Mimik und Gestik geben Hinweise über den Verlauf des Selbstgesprächs.
➤ Das Selbstgespräch enthält Floskeln, wie sie täglich in der Umgangssprache vorkommen. Dazu gehören auch unvollständige Sätze, Einschübe usw. Diese Merkmale sind typisch für spontan gesprochene Sprache und bereiten somit auf reale Alltagskommunikation vor.
➤ Mit der Aufgabe, die Teile der Illustrationssequenz in eine sinnvolle Ordnung zu bringen, müssen die Schüler einen möglichen Verlauf der Handlung konstruieren. Auf diese Weise werden sie auf die Hörszene eingestimmt.
➤ Im allgemeinen sollte im Anfängerunterricht das Sprechtempo relativ gering sein, ohne daß dadurch die Sprache gekünstelt oder lächerlich wirkt. Dann sollte die Geschwindigkeit langsam bis zum normalen Sprechtempo gesteigert werden (vgl. Erdmenger 1982, 347).
➤ Die Pausen zwischen den einzelnen Überlegungen des Sprechers verlangsamen insgesamt das Hörtempo der Szene und geben den Schülern die Möglichkeit, sich immer wieder erneut zu konzentrieren.

Exkurs: Präsentationsformen von Hörtexten

Präsentationsformen von Hörtexten

Zur weiteren Vertiefung wollen wir jetzt einen kleinen theoretischen Exkurs über verschiedene Präsentationsformen von Hörtexten anschließen.

> *Füllen Sie bitte während des Lesens der Seiten 66–68 das Raster auf dem Arbeitsblatt S. 65 aus.*

Aufgabe 48

Arbeitsblatt

1. *Ordnen Sie bitte die Bilder in der wahrscheinlichen Reihenfolge.*
2. *Hören Sie dann das kleine Selbstgespräch, und vergleichen Sie mit Ihrer Reihenfolge.*

A   B   C

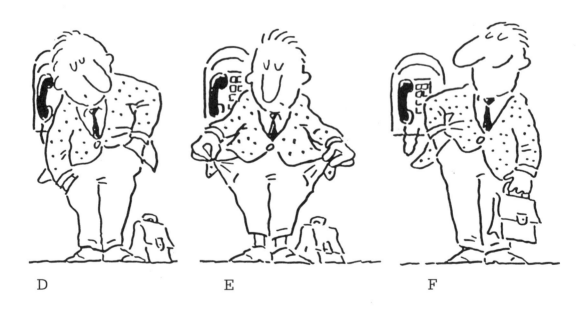

D   E   F

1	2	3	4	5	6

© nach: Lintas Hamburg (Postwerbung)

Arbeitsblatt

Präsentationsform	Vorteile	Nachteile
Hörtext mit Illustrationen/Fotos		
Hörtext mit Schriftbild		
Hörtext ohne Schriftbild		
Präsentation des ganzen Hörtextes		
Hörtextpräsentation in Abschnitten		
Hörtext auf einer Kassette		
Hörtext vom Lehrer gesprochen		

Hörtext mit Illustrationen/Fotos

In realen Kommunikationssituationen bekommt der Hörer in der Regel zahlreiche nichtsprachliche Informationen*, die ihm helfen, das Gehörte zu verstehen; zum Beispiel sind Mimik (der Wechsel im Ausdruck des Gesichts) und Gestik (die Gebärden, die Körperbewegungen, besonders der Hände und des Kopfes) wichtige Verstehenshilfen.

Die Illustrationen auf S. 64 zum Hörtext 18 vermitteln besonders anschaulich diese Körpersprache und eignen sich deshalb besonders als zusätzliche Vorbereitung. Allerdings sind Mimik und Gestik auch stark kulturspezifisch geprägt. Dieser Aspekt müßte entsprechend behandelt werden, um den Schüler nicht auf eine falsche Fährte zu locken.

Illustrationen und Fotos zeigen ohne Worte ein Stück Welt (Situationen, Umgebung usw.), das die Schüler kennen oder kennenlernen wollen. Die Sprache, die dazu gehört, müssen sie jedoch noch lernen. Das Bild ist dafür eine wichtige Hilfe, denn es bereitet das Verständnis des Hörtextes vor. Bilder können gleichzeitig wichtige landeskundliche Informationen vermitteln. Bild und Hörtext müssen jedoch zusammenpassen, da sonst die Erwartungshaltungen der Schüler in eine falsche Richtung gelenkt werden.

Hörtext mit Schriftbild

Einen Text hören und ihn gleichzeitig mitlesen bereitet zwar nicht unmittelbar auf reale Kommunikationssituationen vor, kann aber unter Umständen für bestimmte Lernschritte durchaus sinnvoll sein. So können die Schüler beispielsweise mit Hilfe des gelesenen Textes leichter lernen, die gehörten Wörter zu identifizieren (van Parreren 1969). Der gedruckte Text wird als Verstehenshilfe erfahren, bis eine gewisse Aneignung des Gehörten stattgefunden hat. Dann allerdings sollte auf das textgestützte Hören verzichtet werden.

Es gibt aber auch noch andere, unterrichtspraktische Gründe, die für das Mitlesen sprechen: Für Schüler und Lehrer ist es oftmals sehr anstrengend, sich durch einen Hörtext durchzuarbeiten; die Aufgabenstellungen sind häufig einseitig (richtig/falsch, Mehrwahlfragen usw.). Liegt der Text vor, kann man zusätzlich variieren. Die Schüler können in Gruppen oder still arbeiten, man kann Textabschnitte den Hörabschnitten zuordnen lassen, der Text kann nach der Hörphase wie ein Lesetext behandelt werden. Und bei alledem wird die Aufnahme- und Verarbeitungskapazität der Schüler nicht überfordert, die Schrift entlastet das Gedächtnis (Hüllen 1973).

Zwei Variationen dieser Präsentationsform bieten sich an:

a) Der Text wird vor dem Hören gelesen, dann wird der Text nur angehört.

b) Der Text wird während des Zuhörens mitgelesen.

Grundsätzlich besteht aber die Gefahr, daß der Lesetext muttersprachliche Sprachreaktionen auslöst. Der Lerner verbindet mit dem fremdsprachlichen Schriftbild seine muttersprachliche Aussprache (Hüllen 1969). Dies führt zu Interferenzen, die das Hören in der Fremdsprache zusätzlich erschweren.

Hörtext ohne Schriftbild

Es gibt in der Fremdsprachendidaktik unterschiedliche Ansichten darüber, ob ein Text nur gehört oder gleichzeitig mitgelesen werden soll. Es wurde schon darauf hingewiesen, daß die Präsentation eines Hörtextes ohne schriftlich vorliegenden Text auf Realsituationen vorbereitet.

Günther Zimmermann vertritt die Ansicht, daß beim Hören ohne Mitlesen die Aufmerksamkeit ganz auf das Hören selbst gerichtet werden kann, während beim gleichzeitigen Lesen und Hören das Lesen einen Teil der Aufmerksamkeit beansprucht, die dem hörenden Verstehen verlorengeht (Zimmermann 1969). Weiter vertritt er die Meinung, daß die Schüler beim Hören ohne Schriftbild Vertrauen in ihr Hörverstehen entwickeln können, d. h., daß sie durchaus in der Lage sind, auch das zu verstehen, was sie „nur" hören, während sie sich beim gleichzeitigen Lesen und Hören zu sehr daran gewöhnen, Bedeutungen nur zwischen gelesenem Text und Wortsinn herstellen zu können.

Viele Lehrer glauben aber, daß die Präsentierung des Hörtextes ohne Schriftbild für den Schüler eine Überforderung darstellt. Dieses Problem kann man aber dadurch entschärfen, daß man Verstehenshilfen (z. B. Bilder) dazu anbietet.

Präsentation des ganzen Hörtextes

Wird der Hörtext im ganzen ohne Unterbrechung präsentiert, besteht für die Schüler die Möglichkeit, sich in die Situation „einzuhören", einzuleben. Sie machen die wichtige Erfahrung, einen (längeren) Hörtext ohne Zwischenstopps in seinen wesentlichen Aussagen verstehen zu können. Ohne schriftliche Textvorlage nähert sich diese Präsentationsform dem Hören in realen Kommunikationssituationen und bereitet auf sie vor. Freilich wird hier eigentlich vorausgesetzt, daß die Schüler den Text sowieso schon verstehen. Sollen sie jedoch Hörverstehen üben, ist dieses Verfahren nicht so gut geeignet. Die Schüler fühlen sich sonst leicht überfordert, schalten ab und kapitulieren vorzeitig vor den Schwierigkeiten des Textes.

Bei dieser Präsentationsform muß der Text in den meisten Fällen sprachlich vorentlastet werden. Mit Hilfe von Illustrationen/Fotos/Assoziogramm usw. muß eine entsprechende Erwartungshaltung aufgebaut werden.

Hörtextpräsentation in Abschnitten

Im Anfängerunterricht ist es sehr sinnvoll, wenn der Hörtext in Abschnitten präsentiert wird. Dieses Vorgehen trägt dazu bei, daß die Angst langsam abgebaut wird und die Schüler die Gelegenheit bekommen, ihre Konzentrationsfähigkeit in der Fremdsprache systematisch aufzubauen. Es gibt ihnen die Möglichkeit, das zusammenzufassen, was sie bereits gehört haben und gegebenenfalls zu fragen, wenn sie etwas nicht verstanden haben. Sie als Lehrer können Ihre Schüler bestätigen in dem, was sie gehört haben, und ihnen Sicherheit vermitteln. Aber nicht nur das Verstehen verläuft in Abschnitten, sondern auch die Antizipation. Sie können beim Hören in Abschnitten Ihre Schüler immer wieder über das spekulieren lassen, was vermutlich weiter in dem Hörtext geschieht.

Mit diesem Verfahren kann man allerdings nicht globales/selektives Hören üben, außerdem entspricht es nicht dem Hörvorgang in Realsituationen, in denen nicht „gestoppt" werden kann.

Hörtext auf einer Kassette

In der Regel gehören heute zu jedem Lehrwerk Kassetten mit Hörtexten. Fast immer sind diese Texte speziell für den Fremdsprachenunterricht produziert, daher klingen sie häufig etwas künstlich. Der Text von der Kassette ist aber als Übungsgrundlage unerläßlich und bietet dem Lehrer einige Hilfen. Die Arbeit mit Kassetten hat vor allem den Vorteil, daß ein Hörtext an jeder Stelle, an der es Ihnen notwendig und sinnvoll erscheint, angehalten werden kann. Dadurch haben Sie die Möglichkeit, das Verstehen bei den Schülern zu überprüfen und zu sichern. Außerdem kann der Hörtext ein-, zwei-, dreimal vorgespielt werden, und für jedes Hören können neue Aufgaben von Ihnen bereitgestellt werden.

Schließlich gewöhnen sich Ihre Schüler auf diese Weise an verschiedene Sprecher (jung, alt, männlich, weiblich, Dialektfärbung usw.) und werden für das Verstehen gesprochener Sprache nicht von Ihrer Stimme abhängig.

Zu manchen Lehrwerken gehören inzwischen Schülerkassetten, mit denen die Schüler selbständig (zu Hause) üben können.

Es muß aber dabei gewährleistet sein, daß die Kassetten und die Geräte die Hörtexte in ausreichender Qualität wiedergeben, denn sonst erreicht man nur einen Abschreckungseffekt.

Hörtext vom Lehrer gesprochen

Sollten Sie über keinen Kassettenrekorder verfügen oder zusätzliche Hörtexte für Ihre Schüler bereitstellen wollen, können die Hörtexte selbstverständlich von Ihnen vorgetragen werden. In diesem Zusammenhang muß aber nachdrücklich darauf hingewiesen werden, daß jeder Satz, den Sie im Unterricht in der Fremdsprache sprechen, ein Teil des gesamten Hörerwerbs ist. Wenn Sie selbst den Hörtext sprechen, ist es wichtig, daß Sie sehr genau auf Intonation und Akzentsetzung achten. Die Vorteile in der Präsentation von Hörtexten durch Sie selbst liegen darin, daß

- ▶ Sie das Verständnis des Hörtextes durch Ihre Mimik und Gestik unterstützen können,
- ▶ Sie das Sprechtempo auf den Kenntnisstand Ihrer Schüler abstimmen können,

- Sie Pausen einlegen können, wann immer es Ihnen sinnvoll erscheint,
- Sie durch Kommentar oder Umformulierungen den Schülern eine zusätzliche Hilfe anbieten können.

Natürlich gibt es auch bei dieser Präsentationsform Nachteile. Die Schüler gewöhnen sich, wenn keine anderen Techniken verwendet werden, zu sehr an eine Stimme und Aussprache, ganz zu schweigen von der Tatsache, daß nicht jeder Lehrer die Phonetik und Intonation des Deutschen so gut beherrscht, daß sein Vortrag als Präsentation eines Hörtextes akzeptabel wäre.

Sie sehen: Alle Präsentationsformen haben Vor- und Nachteile. Für welche Präsentationsform Sie sich entscheiden, hängt von verschiedenen Faktoren ab:

- Vom Schwierigkeitsgrad des Textes: Je schwieriger der Text, desto wichtiger werden Vorentlastung, visuelle Hilfen (Illustrationen, Schriftbild) und Präsentation in Abschnitten.
- Von der Hörkompetenz Ihrer Schüler: Je kompetenter und erfahrener Ihre Schüler sind, desto eher können Sie auf schriftliche Textvorlage und Illustrationen verzichten, desto eher können Sie längere Texte ohne Zwischenstopps vorspielen.
- Von den Lernzielen und Aufgabenstellungen: Wenn Sie Ihre Schüler auf Realsituationen vorbereiten und die Hörkompetenz* Ihrer Schüler aufbauen wollen, müssen Sie auf eine Textvorlage zum Mitlesen als Verstehenshilfe verzichten. Es gibt kaum Realsituationen, in denen man mitlesen kann, was man hört, und nur durch viel „Nur-Hören" wird das Hörverstehen entwickelt.

Hörkompetenz

Hypothesen bilden

Wollen Sie, daß Ihre Schüler lernen, Hypothesen zu bilden? Wollen Sie, daß Ihre Schüler die Erfahrung machen, verstehen zu können, ohne alles verstanden zu haben? Dann müssen Sie ihnen längere Texte präsentieren, mit Aufgaben und Übungen, die extensives Hörverstehen zum Ziel haben, ohne daß die Schüler den Text mitlesen.

Aus alledem ergibt sich eine wichtige didaktische Konsequenz:

Hörtext ohne Schriftbild

Grundsätzlich sollte ein Hörtext zuerst ohne Mitlesen angeboten werden; erst in einem zweiten oder dritten Durchgang sollte den Schülern zusätzlich die Transkription des Hörtextes zur Verfügung gestellt werden, wenn Sie sich nicht dafür entschieden haben, ganz auf den schriftlichen Text zu verzichten. Letzteres sollten Sie allerdings nicht zum absoluten Prinzip machen.

Von Anfang an sollten Sie aber darauf achten, den einen oder anderen Hörtext auch nur einmal vorzuspielen. Auch das ist eine Vorbereitung auf Realsituationen, wo man zwar um Wiederholung bitten kann, wenn man etwas nicht verstanden hat, wo man in der Regel aber das Gesagte beim ersten Hören verstehen muß.

Bildgeschichte mit Text

• **Illustration 3: Text- und Bildsalat**

Allgemeine Informationen:

Bei den folgenden Illustrationen (Arbeitsblatt 1 und 3) handelt es sich um die vereinfachte Version einer Bildgeschichte von Marie Marcks, einer bekannten politischen Karikaturistin, die zahlreiche Bildgeschichten veröffentlicht hat (*Immer ich!*, *Die paar Pfennige!*), welche sich hervorragend für den Fremdsprachenunterricht eignen.

Ziel:

- Einführung in die Situation,
- Vorentlastung wichtiger Begriffe und Redemittel,
- Motivierung der Schüler,
- Aufbau einer Erwartungshaltung/Hörerwartung,
- Aktivieren von Vorwissen.

Aufgabe 49

Lösen Sie die Aufgaben der Arbeitsblätter 1–3 auf den Seiten 69–71.

Arbeitsblatt 1

Sehen Sie sich die fünf Illustrationen an.
- *Was ist das Thema dieser Illustrationen?*
- *Wie könnte die richtige Reihenfolge sein?*
- *Was sagen Mutter und Tochter?*

Reihen-folge	1	2	3	4	5
Bild					

nach: Marcks (1976), ohne Seitenangabe; gekürzt

Arbeitsblatt 2

Was sagt die Mutter?
Was sagt die Tochter?

	Mutter	Tochter
a) *Komm, steh auf!* *Es ist halb sieben!*		
b) *Das ist Erpressung!*		
c) *Diese Scheißschule!* *Ich geh' da nicht mehr hin!* *Da kannst du machen, was du willst!*		
d) *Was ist denn das für ein Ton?* *Wie redest du denn mit mir?* *Mach', daß du aus dem Bett kommst, aber schnell!*		
e) *Na, nun mach schon, sonst kommst du zu spät!*		
f) *Und du glaubst wohl, ich schreibe dir 'ne Entschuldigung?*		
g) *Wenn du keine Argumente mehr hast, wirst du autoritär!* *Du glaubst wohl, darauf reagier' ich?*		
h) *Ich geh' heute nicht in die Schule!*		

nach: Marcks (1976), ohne Seitenangabe

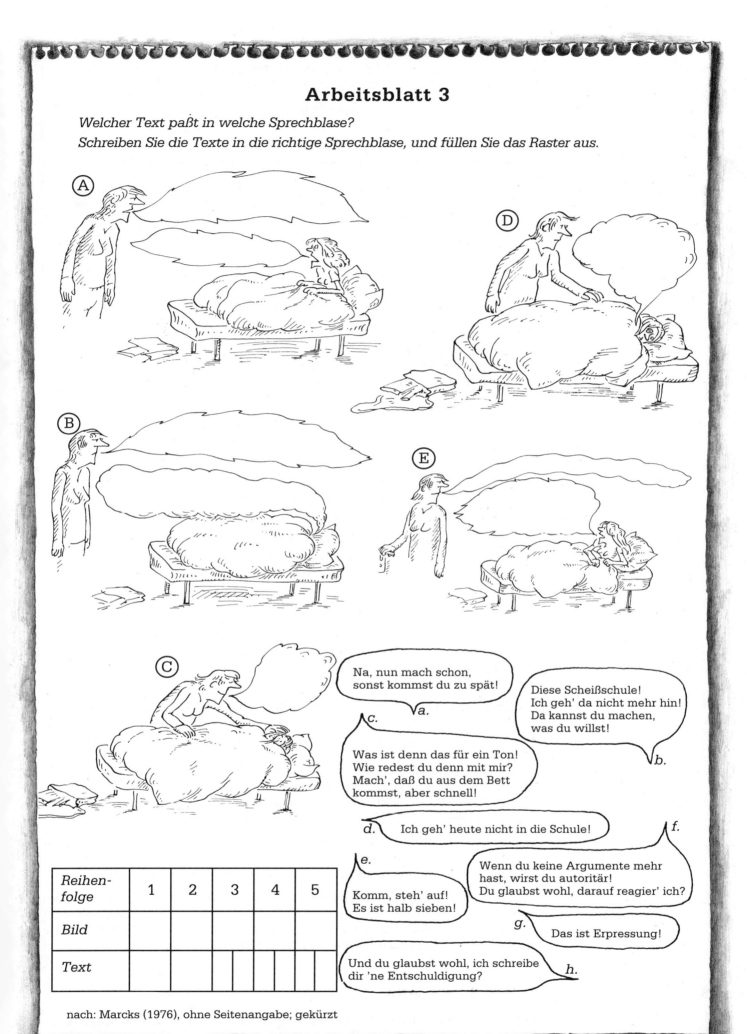

Hörszene 19

Hören Sie sich nun den Dialog zwischen Mutter und Tochter an. Haben Sie die Texte richtig zugeordnet? War die Reihenfolge der Bilder richtig?

Die Transkription zu Hörszene 19 finden Sie auf Seite 149f.

Aufgabe 50
Hörszene 20

Zu der kompletten Bildgeschichte von Marie Marcks ist der Dialog etwas länger. Hören Sie sich nun den kompletten Hörtext an, und überlegen Sie sich Aufgaben, die man beim Hören machen kann.

Die Transkription zu Hörszene 20 finden Sie auf Seite 149.

Bei dieser Übungssequenz ist es empfehlenswert, folgendes zu berücksichtigen:

a) Beim methodischen Vorgehen:

Es sollte nicht das Hauptziel der Übung sein, daß Ihre Schüler in den Arbeitsblättern unbedingt die der Hörszene entsprechenden Zuordnungen herausfinden. Entscheidend ist, daß sie mit dem Wortmaterial und der Dialogsituation vor dem ersten Hören vertraut gemacht werden.

Wir haben Ihnen drei Unterrichtsschritte vorgeschlagen:

- Die Beschäftigung mit den fünf Bildern (Thema bestimmen, mögliche Äußerungen der Mutter und der Tochter sammeln, eine Reihenfolge/einen Handlungsablauf diskutieren und festlegen).
- Die Beschäftigung mit dem Text, den Sprechblasen (*Wer könnte was sagen?*)
- Die Zuordnung der Sprechblasen zu den Zeichnungen.

Je nach Kenntnisstand Ihrer Gruppe können Sie natürlich schneller vorgehen und Schritte variieren. So können Sie z. B. alternativ den Schülern auch nur den Textsalat präsentieren oder sie einen möglichen Dialog schreiben lassen.

b) Im Hinblick auf das Thema:

Das Thema *Aufstehen* knüpft an eine den Schülern vertraute Situation an; damit hat jeder von ihnen in irgendeiner Form seine Schwierigkeiten (gehabt). Zwar ist das Thema auch kulturspezifisch interessant und landeskundlich geprägt (*Wie würden sich in Ihrem Land Mutter und Tochter in dieser Situation verhalten?*), aber es ist nicht in erster Linie unter diesen Gesichtspunkten ausgesucht worden.

Weltwissen

Wichtiger erscheint mir der Aspekt des „Weltwissens", das die Schüler einbringen können. Mit diesem Begriff verbindet man das Wissen, das jemand von der im Text oder im Bild dargestellten Welt hat: Jeder Schüler kennt das Thema *Aufstehen*; jeder Schüler hat die Erfahrung gemacht, daß es Situationen gibt, wo man lieber im Bett bleiben würde usw. Je mehr ein Schüler von dieser Welt weiß, desto vertrauter ist ihm der Inhalt des Textes. Überraschend, weil kulturell geprägt, wird für viele Schüler das Verhalten der Tochter sein. Aber vielleicht mag diese Information Sie beruhigen: nicht alle Töchter (in Deutschland) reagieren immer so!

Zum Weltwissen gehört auch die Sprecherrolle, d.h. Wissen über die Rolle, die die Sprecher im Dialog spielen. Die Rollen sind durch die Mutter-Tochter-Beziehung ziemlich eindeutig bestimmt; beide haben ein leicht erkennbares und gut vorstellbares Verhalten.

Dieses Wissen, das nicht erst durch langwieriges Vorbereiten verfügbar gemacht werden muß, ist eine wichtige Verständnishilfe. So wie das Wissen um die Merkmale einer bestimmten Textsorte das Verstehen erleichtern kann, gibt die Sprecherrolle den Schülern eine gewisse Sicherheit im Hinblick darauf, was sie erwartet (Erdmenger 1982, 348).

Satzkarten

• **Arbeit mit Satzkarten**

Im folgenden Abschnitt möchten wir Ihnen zeigen, wie man mit Satzkarten arbeiten kann. Dafür haben wir das Lied *Er wollte nach London* von Udo Lindenberg ausgesucht.

Allgemeine Informationen:

Die Arbeit mit Satzkarten bietet die Möglichkeit, auch mit anspruchsvolleren Texten im Anfängerunterricht zu arbeiten. Da die Satzkarten unterschiedlich gestaltet werden können (einfach, komplex, offen, ausführlich usw.), eignen sie sich ausgezeichnet zur Binnendifferenzierung*: Leistungsschwächere Schüler erhalten mehr Karten mit ausführlicheren Mitteilungen, leistungsstärkere Schüler erhalten weniger Karten mit knappen, komplexeren Mitteilungen.

Binnendifferenzierung

Ziel:

Vorentlastung des Textes, Einführung in die Thematik.

Material:

- Je einen Stapel Satzkarten für zwei bis vier Schüler.
- Kassettenrekorder und Hörkassette.

1. Fertigen Sie Kopien von Seite 73 und Seite 74 an, und schneiden Sie die Satzkarten aus.
2. Versuchen Sie, die Satzkarten so zu legen, daß eine Geschichte entsteht.
3. Schreiben Sie die Geschichte auf.
4. Hören Sie das Lied an, und vergleichen Sie mit Ihrer Geschichte.

Aufgabe 51

Hörszene 21

Satzkarten	
Er war 13 Jahre alt.	Da ist er zum ersten Mal von zu Hause weggelaufen.
Er stand dann nachts allein auf der Straße und hatte komische Gefühle.	Aber morgens um 7 hatte ihn sein Vater wiedergefunden.
Mit 15 ist er noch einmal von zu Hause weggelaufen.	Aber dieses Mal hatte er Glück.
Als er weit genug weg war, hat er mit zu Hause telefoniert.	Er sagte: „Alles klar, mir geht's gut."

Satzkarten	
Aber in Wirklichkeit war gar nichts klar, und er hatte auch kein Geld mehr.	Er suchte etwas, aber er wußte nicht, was er wollte.
Jetzt glaubt er, daß nicht nur die anderen schuld sind.	Er sagt, es ist wichtig, daß man selber etwas macht.
Zum Beispiel liest er jetzt viele Bücher, macht Meditation und spielt Saxophon.	

Geschichten erfinden

Unterrichtsschritte:

1. Arbeit mit Satzkarten:

Verteilen Sie die Satzkarten, und geben Sie Ihren Schülern folgende Arbeitsaufträge:

– Versuchen Sie, die einzelnen Sätze zu verstehen. Was sagen sie aus?
– Versuchen Sie anschließend, die Satzkarten so zu legen, daß mit Ihren phantasiereichen Ergänzungen eine interessante Geschichte entsteht.
– Schreiben Sie diese Geschichte auf.

2. Hören Sie nun das Lied an.

3. Sammeln Sie anschließend an der Tafel das, was die Schüler verstanden haben. Benutzen Sie dabei das folgende Raster:

Mit 13	Mit 15	Mit 19

Die Transkription zu Hörszene 21 finden Sie auf Seite 149.

Sie können auch mit den Bildkarten auf der folgenden Seite arbeiten:

Überlegen Sie, wie Sie die Arbeit mit den Bildkarten zusätzlich oder alternativ in den Unterrichtsablauf einbauen können.

Aufgabe 52

© Scherling

Bemerkungen:

Mit Hilfe der Satzkarten haben Sie nicht nur die Aufmerksamkeit Ihrer Schüler auf wesentliche Aussagen im Liedtext gelenkt, sondern Sie haben entscheidende Verstehenshindernisse aus dem Weg geräumt.

Lieder kann man gut zwei- bis dreimal vorspielen, und jedesmal verstehen die Schüler besser. Sie können aber auch gleich nach dem ersten Hören an alle Schüler die Frage stellen: *Was haben Sie verstanden?* Wenn Sie nun die Antworten an der Tafel sammeln, werden „Inseln des Verstehens*" sichtbar, d. h. jene Textelemente, die die Schüler aus dem „Meer von Lauten" identifizieren und verstehen konnten. So gewinnen die Schüler schrittweise sicheren Boden (eben jene „Verstehensinseln") und können schließlich die Einzeleindrücke zu einem Gesamtsinn verbinden: die Schüler verstehen etwas, ohne alles zu verstehen (vgl. Neuner, 1985, 131).

Inseln des Verstehens

Bis zu diesem Zeitpunkt haben die Schüler noch keine Textvorlage erhalten. Die Vokabeln, die sie durch die Satzkarten erworben haben, mußten schon recht schnell aktiv angewandt werden. Man könnte nun nach dieser Phase den Liedtext austeilen und vor dem erneuten Hören lesen lassen. Dazu die Aufgabe: *Welche Satzkarte paßt zu welchen Zeilen im Lied?* Da die Satzkarten eine vereinfachte Version des Liedtextes enthalten, ist diese Aufgabe gut lösbar.

Satzkarten zuordnen

Sie haben folgende Unterrichtsschritte simuliert:

1. Satzkarten lesen,
2. Satzkarten in eine bestimmte Reihenfolge bringen,
3. anhand der Satzkarten eine Geschichte schreiben.

Aufgabe 53

> *Schreiben Sie nun die nächsten Unterrichtsschritte auf. Was können Sie während und nach dem Hören im Unterricht machen?*
>
> _____
> _____
> _____
> _____

Lieder im Deutschunterricht

Exkurs: Lieder im Deutschunterricht

Zunächst möchten wir den Einsatz von Liedern im Deutschunterricht und die im Zusammenhang damit vorgeschlagene Arbeitsweise etwas ausführlicher begründen:

➤ Lieder sind eine wichtige Textsorte und eine wertvolle Unterstützung beim Lernen einer Fremdsprache.

➤ Die Arbeit mit Satz- und Bildkarten fördert die kognitiven Prozesse beim Spracherwerb.

➤ Lieder eignen sich besonders gut als Hörtexte, weil sie zum Zuhören produziert worden sind; sie sind also authentisches Hörmaterial. Allerdings sind authentische Texte meist auch schwierige Texte. Deshalb brauchen wir besondere didaktische Verfahren, um das Verständnis zu erleichtern. Zu diesen besonderen didaktischen Verfahren gehören alle Arten der Vorbereitung und Vorentlastung, wie z. B. Bilder, Satzkarten usw.

➤ Lieder können unter landeskundlichen Aspekten besonders interessant sein: Mit einem Lied kommen die Schüler unmittelbar in Kontakt mit der anderen Kultur, denn Lieder zeigen, wie in der anderen Kultur gesprochen, gesungen, gefühlt, gedacht, ja gehandelt wird.

Liedersammlungen für den Deutschunterricht

Für Deutsch als Fremdsprache gibt es inzwischen einige empfehlenswerte Liedersammlungen mit Kassetten, methodisch-didaktischen Hinweisen und Anregungen für Ihren Unterricht:

- Kröher (1988): *Liederreise*. Die Sammlung enthält 77 deutsche Lieder von früher bis heute aus verschiedenen Regionen des deutschsprachigen Raums. Auf der Tonkassette ist von allen Liedern die erste Strophe zu hören. Auch zum Mitsingen geeignet.
- Clemens u. a. (1986): *Ich bin neugierig, wie alles funktioniert. Lieder und Chansons für den Deutschunterricht*. Von Biermann bis Zupfgeigenhansel mit Vorschlägen für den Unterricht und grundsätzlichen Hinweisen zur Arbeit mit Liedern. Thematischer Schwerpunkt: Jugend.
- Pool Lifdu (1986): *Mein Gespräch, meine Lieder*. 12 Unterrichtsvorschläge zu Texten und Liedern deutschsprachiger Liedermacher mit konkreten Übungen und Arbeitsblättern.
- Pool Lifdu (1991): *Heute hier, morgen dort*. Fortsetzung von: *Mein Gespräch, meine Lieder*. Junge Literatur, Volkslieder, Rocksänger. Mit Didaktisierungsvorschlägen für verschiedene Alters- und Niveaustufen.
- Dommel/Sacker (1986): *Lieder und Rock im Deutschunterricht*. Praktische Unterrichtsmodelle für eine Behandlung des Themas mit Schülern.
- Bei Inter Nationes sind außerdem noch folgende Liedsammlungen erhältlich:
  Liedermacher in der Bundesrepublik Deutschland (M. Nyffeler),
  Volksmusik. Frühlingslieder und Bräuche (P. Pascal),
  Volksmusik. Ernte und Erntedankfest (P. Pascal),
  Das Wunderhorn. Eine Volksliedanthologie (S. Skudlik).

Schließlich finden Sie weiterführende methodisch-didaktische Hinweise zur Arbeit mit Liedern und Unterrichtsvorschläge bei B. Kast (1984 und 1985).

In der Reihe der Fernstudieneinheiten erscheint ferner ein Titel, der sich ausschließlich mit dem Thema *Lieder im Deutschunterricht* beschäftigt.

Fassen wir noch einmal zusammen, was wir zum Thema *Aufgaben vor dem Hören des Textes* erarbeitet haben. Tragen Sie während der Lektüre die wichtigsten Punkte stichwortartig in die folgende Tabelle ein:

Welche Ziele können mit Aktivitäten verfolgt werden, die dem Hörprozeß vorgeschaltet werden?

1. _____

2. _____

3. a) _____

   b) _____

   c) _____

4. _____

Aktivitäten vor dem Hören des Hörtextes verfolgen mehrere Absichten:
➤ Sie wollen die Schüler motivieren, neugierig machen auf den Hörtext.
➤ Sie wollen bei den Schülern eine Erwartungshaltung aufbauen: Aufgrund der durchgeführten Unterrichtsschritte hat der Schüler konkrete Erwartungen in bezug auf das, was

folgt; er erwartet einen bestimmten Text, eine konkrete Situation, eine inhaltliche Fortsetzung usw. ... Je konkreter diese Erwartungen sind, desto mehr können sie helfen, das, was folgt, besser zu verstehen.

sprachliche Vorentlastung

➤ Sie wollen den Hörtext vorbereiten und vorentlasten, d. h., Sie wollen Ihren Schülern die sprachlichen Mittel, inhaltliche und landeskundliche Informationen zur Verfügung stellen, die sie benötigen, um den Text so extensiv wie möglich und so intensiv wie nötig zu verstehen. Wichtig ist dabei, daß bei der sprachlichen Vorentlastung* das behandelt wird, was das Verstehen des Hörtextes möglicherweise erschwert bzw. ganz verhindert.

phonetische Vorentlastung

➤ Worüber noch nicht gesprochen wurde, was aber ebenso wichtig ist: In vielen Fällen, vor allem aber bei authentischen Texten, gibt es Verstehensschwierigkeiten auf der lautlichen Ebene, z. B. weil die Schüler einzelne Wörter/Wendungen oder Formulierungen aufgrund der Aussprache nicht verstehen. Vorentlastung bei Hörtexten heißt deshalb auch häufig phonetische Vorentlastung*.

Phonetische Vorentlastung können Sie mit unterschiedlichen Verfahren erreichen. Zum Beispiel

➤ indem Sie die Wörter/Wendungen, die Ihre Schüler der Aussprache wegen nicht verstehen können, wiederholt vorsprechen (und von den Schülern im Chor und/oder einzeln nachsprechen lassen),

➤ indem Sie kontrastive Übungen* anbieten, in denen (je nach den phonetischen Abweichungen des Deutschen von der Muttersprache der Schüler) die phonetischen Besonderheiten behandelt werden, die zu Verstehensproblemen führen (können),

➤ indem Sie Übungen mit ähnlichen Lauten (*Liebe – Lippe*) zusammenstellen. Auf diese Art Übungen werden wir im nächsten Teil ausführlicher zu sprechen kommen (Seite 89f.).

Dieses Thema können Sie in der Fernstudieneinheit *Phonetik und Intonation* vertiefen.

Aufgaben während des Hörens

2.1.2 Aufgaben, die während des Hörens gemacht werden

Im folgenden möchten wir Ihnen Aufgaben vorstellen, die während des Hörens gemacht werden können. Natürlich schließen textvorbereitende Übungen und Übungen während des Hörprozesses einander nicht aus, sondern sind in den meisten Fällen sinnvoll miteinander kombinierbar. Für Aufgaben während des Hörens gilt: sie dürfen nicht sehr viel Zeit in Anspruch nehmen bzw. müssen den Hörprozeß so begleiten, daß die Schüler dabei dem Hörtext folgen können.

Intensives und extensives Hören

Aufgabe 55

Tragen Sie bei der Lektüre der nächsten Abschnitte die typischen Kennzeichen des intensiven bzw. extensiven Hörens in das folgende Schema ein. Schreiben Sie nur Stichwörter auf.

Intensives Hören	*Extensives Hören*
_____	_____
_____	_____
_____	_____
_____	_____
_____	_____
_____	_____

Wir unterscheiden Aufgaben, die ein intensives, und Aufgaben, die ein extensives Verstehen voraussetzen. Beim intensiven Hören sind alle Informationen des Textes wichtig; es müssen in der Regel auch Details verstanden werden, um die Gesamtaussage richtig zu verstehen.

Intensives Hören wird parallel zur Terminologie des Leseverstehens auch als detailliertes* (= totales*) Hören bezeichnet.

intensives Hören

Beim extensiven Hören sind nicht alle Informationen des Textes (gleichermaßen) wichtig; der Text ist so redundant (er enthält Informationen im „Überfluß"), daß wenige zentrale Informationen genügen, um die Gesamtaussage zu verstehen.

extensives Hören

Beim extensiven Hören wird zwischen verschiedenen Hörstilen unterschieden. So nennt man selektives* (= selegierendes*) Hören, ein Hören, bei dem man aus dem Hörtext nur bestimmte, einen interessierende oder betreffende Informationen heraushören muß. Alles andere ist für den Hörer unwichtig und braucht nicht verstanden zu werden.

selektives Hören

Globales* (= kursorisches*) Hören bezeichnet einen Hörstil, bei dem die zentrale Information eines Textes verstanden werden muß, der sogenannte „rote Faden".

globales/kursorisches Hören

Versuchen wir, diese Unterschiede einmal an drei kurzen Hörszenen aufzuzeigen.

Hören Sie die drei Hörszenen nacheinander an, und entscheiden Sie, welcher Hörstil für welche Hörszene am angemessensten ist.
Begründen Sie Ihre Entscheidung.

Aufgabe 56
Hörszene 22 a, b, c

Hörszene	Hörstil intensiv	Hörstil extensiv global	Hörstil extensiv selektiv	Begründung
a) Nachrichten		X		
b) Verkehrsdurchsage	X			
c) Zugansage			X	

Die Transkriptionen zu Hörszene 22 finden Sie auf Seite 149.

Sie haben vermutlich die Aufgabe nicht ganz leicht gefunden. Unserer Meinung nach ist die Hörszene 22 b ziemlich eindeutig. Es handelt sich um einen Hörtext, der in einer konkreten Alltagssituation intensiv angehört werden muß. Der Hörer braucht fast alle Informationen, um gegebenenfalls eine Entscheidung treffen zu können.

Die Situation: Ein Autofahrer in Deutschland weiß, daß er gut daran tut, beim Fahren auf der Autobahn die Verkehrsdurchsagen im Radio zu hören, da es auf bestimmten Strecken und zu bestimmten Zeiten häufig Staus gibt.

Versetzen Sie sich gedanklich in die folgende Situation:
Sie fahren auf der Autobahn München – Salzburg. Mit dem allgemein bekannten Tonsignal wird die Verkehrsdurchsage eingeblendet. Was passiert nun?

Aufgabe 57

Lesen Sie den Text der Durchsage und die Reaktionen des Fahrers parallel:

Durchsage im Radio:	*Reaktion des Fahrers:*
Was wird gesagt?	**Was denkt/fühlt er?**
Achtung, Achtung, liebe Autofahrer, es folgt eine wichtige Verkehrsmeldung!	*(erhöhte Aufmerksamkeit) Vielleicht kommt was für mich? Der Verkehr ist ja ganz schön dicht.*
Stau auf der Autobahn München – Salzburg	*Mensch, das ist für mich! Hoffentlich ist es die andere Richtung!*
in Fahrtrichtung Salzburg	*Ne, so ein Mist, das ist meine Richtung, ich sag's ja ...*
von 20 km Länge nach einem Unfall	*Auch das noch! Das macht mindestens fünf Stunden Wartezeit. Hoffentlich komme ich da noch raus!*
Umleitung U 8	*Ach so, mal sehen, wo die anfängt.*
ab Holzkirchen.	*Ha, da hab' ich ja Schwein gehabt, dann fahre ich lieber über die Landstraße.*

Sie sehen, daß jede Information in der Durchsage für das Verhalten des Fahrers wichtig ist und Fragen bzw. Reaktionen auslöst. Man muß hier jedes Wort verstehen, wenn man nicht stundenlang im Stau stehen will.

Bei den beiden anderen Hörszenen ist es schon weniger eindeutig. Zwar ist klar, daß man nicht jedes Wort verstehen muß, aber ob ich jetzt selektiv oder global zuhöre, hängt ein bißchen vom Hörinteresse und von der Aufgabenstellung ab.

Wenn Sie im Zug sitzen und Durst haben, und plötzlich kommt die Durchsage des Zugpersonals, dann brauchen Sie nur *Minibar* und *kommt* (ins Abteil) zu verstehen, um die für Sie bedeutende Information zu verstehen. Sie hören also nur das heraus, was Sie wissen müssen, um Ihren Durst zu löschen. Sie hören selektiv, d. h., Sie wählen nur die Information aus der Hörszene aus, die Sie unbedingt brauchen (lat.: *seligere, selectus* = auswählen, ausgewählt).

Bei der Nachrichtensendung müssen Sie sich auch eine konkrete Situation vorstellen. Zum Beispiel: Sie sitzen morgens beim Frühstück und hören die Nachrichten im Radio, anschließend fahren Sie mit der U-Bahn zur Arbeit und treffen einen Kollegen. Was würden Sie Ihrem Kollegen über die Nachrichten sagen? Vermutlich etwa folgendes: *Hast du's heute*

morgen schon gehört? Der Pecunia ist tot, der von Maghrebinien.
Sie haben also das Wichtigste verstanden und weitererzählt. Sie brauchten nur den (bekannten) Namen des Generals (bzw. des Landes) wiederzuerkennen und *gestorben* zu verstehen, dann haben Sie den Text global verstanden.

Der Unterschied zwischen selektivem und globalem extensiven Hören wird oft weniger durch die Textsorte als durch das Hörinteresse definiert. Deshalb muß das Hörinteresse in der Aufgabenstellung berücksichtigt werden. Auch die Abgrenzung zwischen intensivem und extensivem Hören kann fließend sein und von der Aufgabenstellung abhängen. Wenn Sie z. B. auf der Autobahn München – Nürnberg fahren und obige Verkehrsdurchsage hören, werden Sie bis München – Salzburg aufmerksam zuhören und dann sagen *Glück gehabt!* Den Rest der Durchsage werden Sie sicher nicht so intensiv anhören, wie Ihr Kollege auf der Autobahn München – Salzburg.

Hörinteresse

In den meisten Hörtexten haben Sie viele unwichtige und sich wiederholende Informationen, die Sie nicht alle im Detail verstehen müssen. Diese Texte nennt man redundant, d. h., der Text liefert mit verschiedenen Formulierungen die gleiche Information bzw. ähnliche Informationen mehrmals (z. B. *Trauer – gestorben – nach langer schwerer Krankheit – Tod*). Andererseits ergibt sich Redundanz auch aufgrund des Weltwissens oder aufgrund der Erwartungen und Interessen des Hörers (*Was weiß ich schon? Was möchte ich wissen? Was interessiert mich?*). Auf das Thema *Redundanz* werden wir an anderer Stelle (S. 107) noch einmal zu sprechen kommen.

Redundanz

In der Praxis verläuft der Hörprozeß eher nach der Formel: so intensiv wie nötig und so extensiv wie möglich. Dabei ist der Intensitäts- bzw. Extensitätsgrad abhängig von den Zielen, die der Hörer verfolgt, und von der Textsorte. Dort, wo sein Interesse am Text klein ist, hört er extensiver; dort, wo er die Informationen vermutet, die er benötigt, hört er intensiver. Nur in Ausnahmefällen muß er alles verstehen; in den meisten Fällen genügt es, das Wichtigste zu verstehen. Deshalb liegt die Betonung auf Texten und Aufgaben, mit denen das extensive Hören geübt wird.

Bereits in einer frühen Phase sollten Schüler die Erfahrung machen, daß Texte Wichtiges und weniger Wichtiges enthalten, sollten sie z. B. die Schlüsselinformationen*, die in unserem Nachrichtentext vorkommen, selbständig heraushören können. Dabei könnte der Hörauftrag lauten: *Notieren Sie die drei wichtigsten Wörter des Textes. Vergleichen Sie die von Ihnen notierten Wörter mit denen des Nachbarn. Hat er vielleicht andere Wörter aufgeschrieben? Einigen Sie sich dann auf drei gemeinsame Wörter und versuchen Sie, Ihre Entscheidung zu begründen.*

Vielleicht sind Sie von diesem Vorgehen ein bißchen überrascht. Zum besseren Verständnis möchten wir Ihnen deshalb kurz beschreiben, wie häufig im Unterricht vorgegangen wurde: Man nahm die Transkription des Hörtextes, die sowieso meistens im Lehrbuch abgedruckt war, und unterstrich alle Wörter, die noch nicht „dran" waren oder von denen man meinte, daß die Schüler sie wieder vergessen hätten. Anschließend überlegte man sich, wie man alle diese Wörter in der Zielsprache erklären könnte, z. B. mit Hilfe sogenannter „Parallelgeschichten", in denen man die Wörter in einen inhaltlichen Zusammenhang brachte. Erst nach diesen – aufwendigen – Vokabelerklärungen wurde dann der Hörtext der Klasse vorgespielt und die bereits erwähnten offenen Fragen gestellt.

Sie merken, daß dieses Vorgehen zumindest bei extensivem Hören, das prioritär geschult werden muß, nicht gerechtfertigt ist, da nicht zwischen Wichtigem und Unwichtigem unterschieden wurde. Zu jener Zeit wurde jeder Text – ganz gleich, ob es sich um einen Lese- oder Hörtext handelte – intensiv bearbeitet.

> „Allzuoft wird in einem traditionellen Deutschunterricht dasjenige betont, was die Schülerinnen und Schüler nicht verstehen. Der Ausgangspunkt ist sozusagen ein negativer. Für Fremdsprachenlerner ist das nicht gerade motivierend.
>
> Dabei wäre es doch ganz einfach, den Spieß einmal umzudrehen und zu betonen, was die Schüler schon alles verstanden haben. Fremdsprachenlerner können nämlich rezeptiv in der Anfangsphase schon relativ viel leisten ... Hierzu müssen sie vier Dinge lernen:
>
> 1. Selbstvertrauen entwickeln;
> 2. Lernen, die Redundanz in gesprochenen Texten zu gebrauchen;
> 3. Lernen, Hypothesen zu bilden und bedeutungsorientiert zuzuhören;
> 4. Lernen, zielgerichtet zuzuhören."
>
> Bimmel (1992), 12

a) Beispiele für intensives Hören

Die ersten Höraufträge in diesem Abschnitt verlangen vom Schüler keine produktive Leistung in der Fremdsprache, sie sind nur nonverbal*. Der Vorteil besteht darin, daß es ausschließlich um das Hören geht, daß keine zusätzliche Schwierigkeit auftritt. Diese Aufträge sind deshalb auch besonders zur Kontrolle und zum Testen des Hörverständnisses geeignet: Es sind valide Formen der Kontrolle und des Tests, d. h., es spielen neben dem Hören keine anderen sprachlichen Aspekte eine Rolle, und es wird nur das kontrolliert bzw. getestet, was kontrolliert oder getestet werden soll.

Zahlen-Bingo

• Zahlen-Bingo

Allgemeine Informationen:

Bingo ruft der Gewinner eines ursprünglich englischen Spiels, der, ähnlich wie beim Lotto, alle Zahlen richtig hat. *Bingo* ist ein Glücksspiel – aber nicht nur. Man kann damit auch gut Hörverstehen üben und kontrollieren, und man kann Zahlen, aber auch Buchstaben und Wörter, damit üben. Die Idee findet sich in dem schönen und empfehlenswerten Buch *Mit Spielen Deutsch lernen* von Anne Spier (1983).

Ziel:

– Intensives Hören,
– Üben der Zahlen aus einem bestimmten Bereich, z. B. von 0 bis 20, von 21 bis 50, von 51 bis 70, von 71 bis 100 usw.

Material:

– Für jeden Schüler Papier und Stift,
– für den Lehrer ein Ansageblatt (siehe Kopiervorlage Seite 84).

Aufgabe 58

Probieren Sie das Zahlen-Bingo erst einmal selber aus.

1. Zeichnen Sie ein Quadrat oder ein Rechteck mit neun Feldern auf ein Blatt Papier.

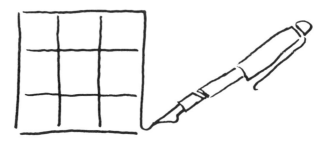

Spier (1983), 13; Zeichnung: Wagenführ

2. Tragen Sie nun neun Zahlen im Bereich 0–20 in jedes Kästchen ein. Ihr Arbeitsblatt könnte so aussehen:

nach: Spier (1983), 13; Zeichnung: Wagenführ

Hörszene 23 a

3. Hören Sie jetzt die Kassette an. Wenn Sie eine Ihrer Zahlen hören, kreuzen Sie sie bitte an. Wenn Sie alle Zahlen gehört haben, sagen Sie „Bingo" und stoppen das Band.

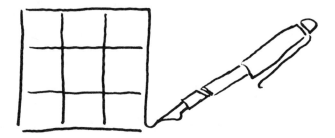

Die Transkription zu Hörszene 23 a finden Sie auf Seite 150.

Daß man bei diesem Spiel den Schwierigkeitsgrad und Schulungseffekt durch schnelleres Sprechen erhöhen kann, sehen Sie an der folgenden Hörszene mit Zahlen zwischen 80 und 100.

Die Transkription zu Hörszene 23 b finden Sie auf Seite 150.

Hörszene 23 b

Unterrichtsschritte:

1. Einführung der Zahlen, z. B. so, wie es das Lehrwerk vorsieht.
2. Erstes Üben der Zahlen.
3. Lassen Sie die Schüler ein Quadrat oder ein Rechteck mit neun Feldern auf ein Blatt Papier zeichnen (evtl. an der Tafel vormachen!).
4. Die Schüler tragen nun neun Zahlen in einem festgelegten Bereich in jedes Kästchen ein, z. B. 0–20 oder 20–50 oder 80–100 usw. Sagen Sie ihnen, daß sie jede Zahl nur einmal in ein Kästchen schreiben dürfen.
5. Lesen Sie nun neun Zahlen aus dem vorgegebenen Bereich vor. Wenn die Schüler eine Zahl hören, die sie in ihrem Quadrat eingetragen haben, kreuzen sie diese an. Derjenige Schüler, der als erster alle Zahlen gehört und angekreuzt hat, ruft *Bingo* und ist Sieger. Zur Kontrolle (und zur Übung) liest er seine neun Zahlen vor.
6. Wenn Sie sich eine Folie vom Ansageblatt (siehe S. 84) gemacht haben, dann können Sie jetzt Ihre Zahlen mit den Kreuzen für die ganze Klasse sichtbar machen.

Ansageblatt/-folie für den Lehrer/Schüler

Zahlen-Bingo

0	1	2	3	4	5	6	7	8	9
10	11	12	13	14	15	16	17	18	19
20	21	22	23	24	25	26	27	28	29
30	31	32	33	34	35	36	37	38	39
40	41	42	43	44	45	46	47	48	49
50	51	52	53	54	55	56	57	58	59
60	61	62	63	64	65	66	67	68	69
70	71	72	73	74	75	76	77	78	79
80	81	82	83	84	85	86	87	88	89
90	91	92	93	94	95	96	97	98	99

100

Buchstaben-Bingo

A	B	C	D	E	F	G	H	I	J
K	L	M	N	O	P	Q	R	S	T
U	V	W	X	Y	Z			Ä	Ö	Ü

Groß- und Kleinbuchstaben-Bingo

A	B	C	D	E	F	G	H	I	J	K	L	M	N
a	b	c	d	e	f	g	h	i	j	k	l	m	n
O	P	Q	R	S	T	U	V	W	X	Y	Z	Ä	Ö	Ü
o	p	q	r	s	t	u	v	w	x	y	z	ä	ö	ü	ß

Bemerkungen:

Fassen Sie den Bereich der wählbaren Zahlen – vor allem im Anfängerunterricht – nicht zu groß, also beispielsweise nicht von 0–100, denn es würde zu lange dauern, bis der erste Schüler alle Zahlen gehört und angekreuzt hat.

Der Bereich kann größer werden, je schneller Sie die Zahlen vorlesen können und je größer die Gruppen sind.

Das Spiel kann dadurch erschwert werden, daß die Zahlen in schnellem Tempo vorgelesen werden. Es muß auch nicht immer mit der ganzen Klasse gespielt werden, sondern eignet sich auch zur Binnendifferenzierung (eine Gruppe spielt Bingo, der Rest der Klasse macht etwas anderes).

Sie können auch ein Buchstaben-Bingo durchführen, ähnlich dem Zahlen-Bingo, nur werden hier neun Buchstaben (mit den Umlauten?) eingetragen. Sie können auch mit großen und kleinen Buchstaben üben, von A bis Z, von A bis K, von K bis Z usw.

> Überlegen Sie sich, wie man das Spiel mit Wörtern machen kann.

Aufgabe 59

Spielen Sie die Spiele mit einem Kollegen, mit Ihren Freunden, Ihrer Familie! Es macht Spaß – und man lernt dabei! Variieren Sie: Was passiert, wenn das Spielfeld weniger als neun oder mehr als neun Felder hat?

Exkurs: Progression*

Progression

Mit dem Hinweis, daß die Zahlen in unterschiedlich schnellem Tempo vorgelesen werden können, kommen wir auf ein Thema zu sprechen, auf das wir ein wenig ausführlicher eingehen möchten: die Progression.

Mit Progression bezeichnet man die Abfolge der Lehrziele und Lehrinhalte, zum Beispiel vom Leichten zum Schwierigen (vgl. Zimmermann 1980). Bei der Progressionsplanung muß daher eine Reihe von Faktoren beachtet werden. Zum Beispiel werden Hörtexte unter dem Gesichtspunkt des Sprechertempos ausgesucht. Es ist sicher einleuchtend, daß Sie den Schülern anfangs eher langsam und sehr deutlich gesprochene Hörtexte anbieten werden. Im Verlauf der Progression läßt sich nun das Tempo langsam bis zu einem normalen Sprechtempo steigern, an das sich die Schüler schrittweise gewöhnen können.

Sprechertempo

Bedenken Sie aber, daß ein langsam gesprochener Text sich trotzdem wie richtiges Deutsch anhören soll, nämlich wie das Deutsch eines langsam sprechenden Deutschen und nicht wie eine künstlich verlangsamte Diktatsprache.

Weitere Aspekte im Bereich der Progression sind:

– bearbeitete/konstruierte Texte versus authentische,
– kurze, informationsdichte Texte versus redundante (eine Information wird ausführlich umschrieben; zum Begriff Redundanz siehe S. 81 und 107),
– Texte mit vertrauter Thematik (aus der Erfahrungswelt des Schülers) versus Texte mit neuen (landeskundlichen) Inhalten,
– Texte ohne Hintergrundgeräusche versus Texte mit Geräuschen, die das Hören erschweren,
– einfache Aufgaben zum Ankreuzen versus komplexe analytische oder sprachproduktive Aufgaben*,
 usw.

Schließlich spielt im Bereich der Progression der unterschiedliche Interessen- und Leistungsstand der Schüler eine Rolle – nicht alle Schüler lernen gleich schnell und erfolgreich.

Differenzieren* können Sie in verschiedenen Bereichen. In unserem Beispiel geht es um Tempo- bzw. Niveaudifferenzierung: Schüler, die noch Zeit brauchen, um das angestrebte Niveau zu erreichen, können die Übung wie beschrieben durchführen, während sich andere mit einem anderen Thema beschäftigen.

Differenzierung

• Zahlen-Wort und Zahlen-Lotto

Eine weitere Möglichkeit, spielerisch das Hörverständnis der Zahlen zu üben, sind Zahlen-Wort und Zahlen-Lotto.

Zahlen-Wort

Zahlen-Wort

Auch bei dieser Übung sollte man sich jeweils auf bestimmte Bereiche (0–20, 20–50 usw.) beschränken oder Zahlen verwenden, die Ihre Schüler besonders üben müssen (z. B. 8, 18, 80, 68, 86).

Die Schüler bekommen ein Arbeitsblatt, wie zum Beispiel das folgende. Der Lehrer diktiert die Zahlen in der richtigen Reihenfolge. Die Schüler verbinden die neben den Zahlen stehenden Punkte mit einem Strich. Wenn sie die Zahlen richtig gehört und richtig verbunden haben, entsteht als Ergebnis ein Wort.

Aufgabe 60
Hörszene 24

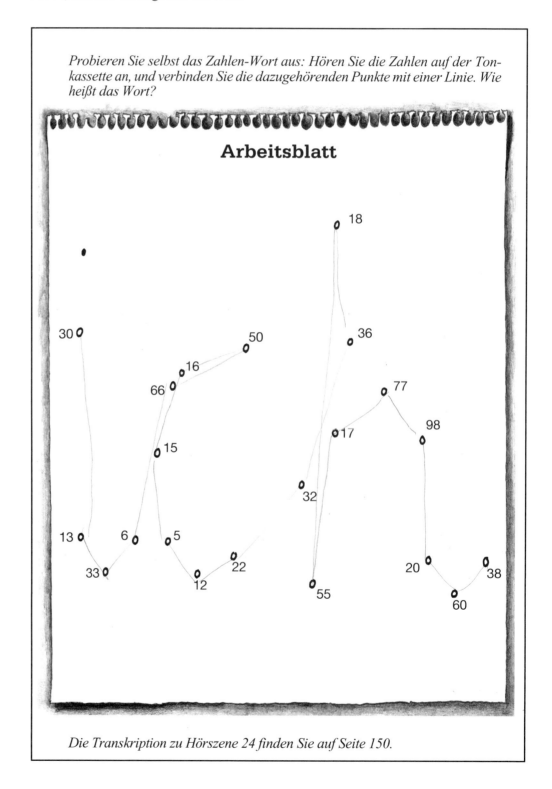

Probieren Sie selbst das Zahlen-Wort aus: Hören Sie die Zahlen auf der Tonkassette an, und verbinden Sie die dazugehörenden Punkte mit einer Linie. Wie heißt das Wort?

Die Transkription zu Hörszene 24 finden Sie auf Seite 150.

Bemerkungen:

Die Schüler können selbst Diktiervorlagen erstellen: ein Wort, einen Gegenstand mit Bleistift zeichnen, dann die markanten Stellen ankreuzen, mit Punkt oder kleinem Kreis und einer Zahl zwischen 0 und 100 versehen; danach Bleistiftstriche ausradieren. Mit dem Partner üben.
Auch dieses Spiel kann man mit Buchstaben durchführen.

Führen Sie eine Zahlen-Wort-Übung oder eine Zahlen-Gegenstand-Übung durch. Verwenden Sie vor allem die Zahlen, mit denen Ihre Schüler Schwierigkeiten haben (16, 30, 60? usw.).

Aufgabe 61

Zahlen-Lotto

Zahlen-Lotto

Allgemeine Informationen:

Zahlen-Lotto ist ein beliebtes Gewinnspiel in Deutschland, bei dem man viel Geld gewinnen kann. Den Schülern wird ein authentischer Text mit der Bekanntgabe der Lottozahlen vorgespielt.

Und so funktioniert das Lotto:

Der Lottoschein hat 10 Spielfelder. Man kann entweder 2, 4, 6, 8 oder 10 Spielfelder ausfüllen. Je mehr man ausfüllt, um so größer sind die Gewinnchancen, um so mehr muß man aber auch einzahlen. In jedem Feld kreuzt man 6 Zahlen und eine Zusatzzahl an. Die Zusatzzahl erhöht noch einmal die Gewinnchance. Mittwochs und samstags werden die Lottozahlen gezogen.

Das Spiel 77 ist ein zusätzliches Spiel. Wenn die auf dem Lottoschein abgedruckte Nummer gezogen wird, hat man gewonnen.

Ziel:

Intensives Hören eines authentischen Textes. Üben der Zahlen von 0 bis 49.

Material:

– Für jeden Schüler das Arbeitsblatt mit Zahlen-Lotto und einen Stift,
– für den Lehrer Kassette und Kassettenrekorder.

Unterrichtsschritte:

1. Präsentation der Zahlen von 0 bis 49.
2. Erstes Üben.
3. Der Lehrer erklärt die Arbeitsweise: sechs Zahlen von 0 – 49 im Lottoschein ankreuzen.
4. Die Schüler spielen Lotto: Sie kreuzen dreimal sechs Zahlen zwischen 0 und 49 auf dem Lottoschein an.
5. Vorspielen der Ansage der Lottozahlen. Die Schüler machen einen Kreis um jede gehörte Zahl.
6. Wer hat gewonnen? Wer hat eine angekreuzte Zahl mit Kreis, wer zwei ...?

Aufgabe 62

Hörszene 25

Spielen Sie Lotto: Kreuzen Sie (mit Bleistift) in mehreren Spielblöcken sechs Zahlen an.

Hören Sie dann die Ansage der Lottozahlen, und kontrollieren Sie, wie viele Richtige Sie haben.

Arbeitsblatt

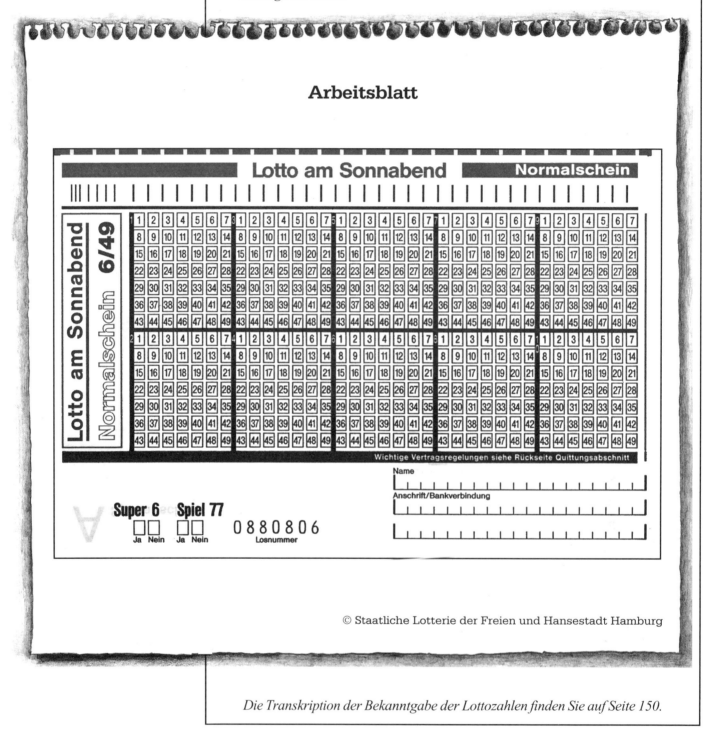

Die Transkription der Bekanntgabe der Lottozahlen finden Sie auf Seite 150.

Bemerkung:

Bei den bisherigen Zahlen-Übungen wurden immer nur Zahlen gehört und angekreuzt. Sie können die Lotto-Übung auch etwas abwandeln und die Zahlen hören und aufschreiben lassen.

Stellen Sie sich folgende Situation vor: Sie haben vergangene Woche Ihren Lottoschein ausgefüllt. Nun hören Sie die Ansage der Gewinnzahlen im Radio. Schnell nehmen Sie einen Zettel und schreiben die Zahlen auf.

> *Entwerfen Sie nun eine Übung, bei der Ihre Schüler einzelne Informationen (Uhrzeit, Ort, Datum, Sportergebnisse, Temperaturmitteilungen usw.) hörend verstehen und aufschreiben müssen.*
> *Denkbar sind folgende Situationen: Ihre Schüler sind am Bahnhof an der Auskunft und erkundigen sich nach einer Zugverbindung (Von wo fährt der Zug ab? Wo und wann müssen wir umsteigen? usw.).*
> *Entsprechende Hörtexte finden Sie auf der Kassette zu Kapitel 3, Hörmaterial zur Weiterarbeit (z. B. Hörszene 42 a – d).*

Aufgabe 63

Exkurs: Komponentenübungen*

Komponentenübungen

Die vorangegangene Übung, in der Ihre Schüler Zahlen hören und sie simultan aufschreiben mußten, wird auch als Komponentenübung bezeichnet. Eine Komponentenübung ist eine Übung, die einzelne Komponenten (einzelne Teile, einzelne Aspekte), die beim Hören eine Rolle spielen, herausgreift und speziell (isoliert) übt. Komponentenübungen gibt es besonders im phonetischen Bereich. Dabei werden einzelne Schwerpunkte, Akzente gesetzt, und durch Wiederholung prägen sich bestimmte Lautkombinationen ein. Günther Desselmann (1983, 6) hat solche Komponentenübungen vorgestellt, von denen wir uns einige ansehen wollen.

➤ Übungen im Erfassen von Lautbildern und im Zuordnen der Bedeutungen. Der Schüler soll sich an ein lautgerechtes und lautdifferenzierendes (= diskriminierendes*) Hören gewöhnen. Er erfaßt erst die Lautstruktur und spricht dann nach, z. B.:

Phonetikübungen
diskriminierendes Hören

offen, noch, Post, kosten etc.

Es werden gleiche oder ähnliche Phoneme ausgewählt:

Meer – Mädchen; wählen – sehen; Tee – nehmen.

➤ Übungen, die das gleiche Lautbild vorstellen:

Lehrer – Lehre – lehren – leer; Auto – Autor – Autobus – Automat.

➤ Übungen, die Wörter mit gleichem Stamm anbieten:

arbeiten – Arbeiter – gearbeitet – Arbeit.

➤ Übungen, in denen Wörter mit gleicher Lautgestalt, aber unterschiedlicher Bedeutung vorkommen:

Sie ist nicht böse. – Er ißt gern Schokolade.

➤ Übungen, in denen Wörter mit polysemantischer* (mehrfacher) Bedeutung auftreten:

Er setzt sich auf die Bank im Park. – Er wechselt das Geld auf der Bank.

Aufgabe 64
Hörszene 26

Hören Sie sich die folgenden Komponentenübungen aus dem Lehrwerk „Sprachkurs Deutsch", Bd 1, an:

1 ⊙⊙
Bitte hören Sie

o	a
Ober	→ aber
rot	Rat
oben	Abend
Rosen	Rasen

a	o
Rat	→ rot
Wahl	wohl
Rasen	Rosen
Ader	oder

6 ⊙⊙
Welches Wort hören Sie?

1. ☐ Bruder
   ☐ Brüder
2. ☐ Tuch
   ☐ Tücher
3. ☐ Schüler
   ☐ Schule
4. ☐ Füße
   ☐ Fuß
5. ☐ Grüße
   ☐ Gruß
6. ☐ fuhr
   ☐ für
7. ☐ suchen
   ☐ Süden
8. ☐ Uhr
   ☐ Tür

3 ⊙⊙
Welches Wort hören Sie?

1. ☐ aber
   ☐ Ober
2. ☐ Bad
   ☐ Boot
3. ☐ Sahne
   ☐ Sohn
4. ☐ Dom
   ☐ Dame
5. ☐ Wahl
   ☐ wohl
6. ☐ sah
   ☐ so
7. ☐ Rosen
   ☐ Rasen
8. ☐ rot
   ☐ Rat

7 ⊙⊙
Bitte hören Sie

i	ü
Tier	→ Tür
Kiel	kühl
vier	für
Frieden	früh

4 ⊙⊙
Bitte hören Sie

ü	u
die Bücher	→ das Buch
die Brüder	der Bruder
die Füße	der Fuß
die Grüße	der Gruß

u	ü
das Buch	→ die Bücher
der Bruder	die Brüder
der Hut	die Hüte
fuhr	für

Häussermann (1978), 147–148; gekürzt

Die Transkription zu Hörszene 26 finden Sie auf Seite 150.

Halten Sie solche Übungen für sinnvoll? Wo liegen die Lernschwierigkeiten Ihrer Schüler in bezug auf das (diskriminierende, lautunterscheidende*) Hören?

Ähnliche Übungen schlägt auch Ursula Hirschfeld vor. Einige davon möchten wir Ihnen vorführen. Hören Sie die vier Hörszenen auf Seite 91, und lösen Sie die Aufgaben.

Hörszene 27 a, b, c, d

Wenn Sie sich mehr für Probleme der Phonetik interessieren, empfehlen wir Ihnen die Fernstudieneinheit *Phonetik und Intonation*.

Aufgabe 65

a) Unterstreichen Sie, welchen Satz Sie hier hören.

1. Sie kommen. – Sie kommen?
2. Kommen Sie! – Kommen Sie?
3. Warten Sie hier! – Warten Sie hier?
4. Sie fahren nach Berlin. – Sie fahren nach Berlin?
5. Die Versammlung fällt aus. – Die Versammlung fällt aus?

b) Kreuzen Sie jetzt an, ob die Namen, die Sie hören, gleich oder verschieden sind.

	gleich	verschieden
1.	×	
2.		
3.		
4.		
5.		

c) Hören Sie nun die folgenden Wörter, und kreuzen Sie an, welche Silbe betont ist.

	1.	2.	3.	Silbe betont
1. Unterricht	×			
2. unterrichten				
3. Deutschunterricht				
4. Direktor				
5. Direktoren				

d) Kreuzen Sie nun an, in welchem Wort Sie den Laut [h] hören. Diese Übung kann man auch mit anderen Lauten, z. B. [b] oder [p], [d] oder [t] usw. machen.

	im ersten	im zweiten Wort
1.	×	
2.		
3.		
4.		
5.		

Hirschfeld (1992), 18

Die Transkriptionen zu Hörszene 27 a, b, c, d finden Sie auf Seite 150.

Aufgabe 66 — *Erstellen Sie einige Komponentenübungen, in denen typische Lernschwierigkeiten Ihrer Schüler geübt werden.*

Bemerkung:

Es soll an dieser Stelle nicht verschwiegen werden, daß es Fremdsprachendidaktiker gibt, die Komponentenübungen für problematisch, ja geradezu für schädlich halten. Diese Übungen hätten „mit Hörverstehen, wie es in der Realität gefordert wird, nichts zu tun; dort geht es darum, Texten Informationen zu entnehmen ... Beim Hörverstehen muß man von vornherein auf Gesamtzusammenhänge achten. Wer in dem Ganzen einzelnen Wörtern Aufmerksamkeit schenkt, kann nur den Faden verlieren. Die Blickrichtung der Schüler auf Wörter zu lenken, weist also genau in die falsche Richtung." (Arendt 1990, 490).

Wir halten diese Argumente nicht für überzeugend. Bei diesen Übungen wird ein Teilaspekt geübt, wird sprachliche Komplexität auf einen Aspekt reduziert – das kann hilfreich sein, kann das Ohr schulen, kann auf Hörschwierigkeiten aufmerksam machen. Wichtig ist jedoch, daß diese Übungen nicht auf Kosten von Hörtexten gehen, mit denen Inhalte angeboten werden. Wenn nach solchen Komponentenübungen wieder „Gesamtzusammenhänge", also Texte, behandelt werden, dann weisen sie genau in die richtige Richtung.

Hören und Zeichnen

• Visuelles Diktat*

Allgemeine Informationen:

Das visuelle Diktat läßt sich in sehr unterschiedlicher Form und unterschiedlichem Schwierigkeitsgrad im Unterricht einsetzen. Es erfordert wenig Vorbereitungszeit, kann immer auf den aktuellen Lernstoff bezogen werden und macht allen Beteiligten Spaß. Von den Schülern werden keine produktiven Leistungen erwartet.

Ziel:

– Je nach der Redundanz des Textes wird intensives oder extensives Hören vorausgesetzt,
– Üben der Präpositionen und Lokaladverbien (rezeptiv).

Material:

– Für jeden Schüler Papier und Stift,
– für den Lehrer eine Bild- und/oder Textvorlage.

Unterrichtsschritte:

1. Präsentation der Präpositionen und Adverbien des Ortes, die geübt werden sollen.
2. Erstes Üben der neuen Präpositionen und Adverbien.
3. Der Lehrer zeichnet einige Gegenstände an die Tafel, z. B.

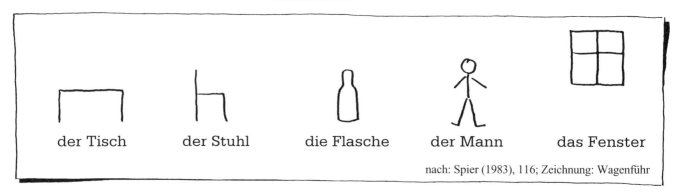

nach: Spier (1983), 116; Zeichnung: Wagenführ

4. Dann diktiert der Lehrer (nach einer Vorlage), wo die Gegenstände stehen sollen (z. B. *vor dem Tisch steht ein Stuhl* usw.). Langsam und mit Pausen diktieren, so daß die Schüler genug Zeit haben, die Gegenstände zu zeichnen.

5. Anschließend können die Schüler ihre Zeichnungen austauschen (jeder gibt sein Bild dem Nachbarn) und korrigieren, indem
   - der Text noch einmal gesprochen wird, und der Lehrer das Bild an die Tafel oder auf den Tageslichtprojektor zeichnet oder
   - das Bild gezeigt wird.

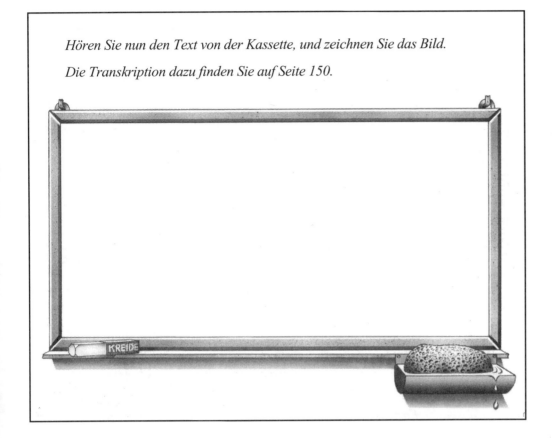

Aufgabe 67
Hörszene 28 a

Hören Sie nun den Text von der Kassette, und zeichnen Sie das Bild.

Die Transkription dazu finden Sie auf Seite 150.

Bemerkungen:

Wenn diese Übungsform den Schülern bekannt ist und es keine zu großen Ausspracheschwierigkeiten mehr gibt, kann auch ein Schüler eine Vorlage diktieren. Oder: Schüler arbeiten paarweise zusammen. Jeder hat eine Vorlage, die er dem anderen diktiert. Man kann auch in Partner- oder Gruppenarbeit* Vorlagen erstellen. Sie werden vom Lehrer korrigiert und dann den anderen Schülern diktiert. Wenn Fehler gemacht werden, kann das Diktat leicht variiert in der nächsten Stunde wiederholt werden.

nach: Spier (1983), 116; Zeichnung: Wagenführ

Hören Sie dazu als Beispiel die Hörszenen 28 b, c, d.
Die Transkriptionen finden Sie auf Seite 150f.

Aufgabe 68
Hörszene 28 b, c, d

Der Schwierigkeitsgrad des Hörtextes kann dadurch erhöht werden, daß der Text komplexer gestaltet wird und man das, was gezeichnet werden soll, in eine Rahmenhandlung einbettet.

Aufgabe 69
Hörszene 29

Hören Sie den Text, und zeichnen Sie das Bild.

Die Transkription zu Hörszene 29 finden Sie auf Seite 151.

Auf diese Weise wird nicht mehr das intensive Hören, sondern ein Hören nach der Formel „so extensiv wie möglich und so intensiv wie nötig" geübt.

Aufgabe 70

Schreiben Sie nun ein visuelles Diktat zu dem Stoff, den Sie gerade mit Ihren Schülern behandeln und der sich Ihrer Meinung nach für ein visuelles Diktat eignet. Das sind z. B. Zahlen, Verben der Bewegung, visuell darstellbare Adjektive (u. a. Farben), Gegenstände, visualisierbare Handlungen usw.

Visuelle Diktate eignen sich sehr gut für Partnerarbeit*. Meistens macht das den Schülern richtig Spaß. Aus diesem Grund wollen wir an dieser Stelle einen Exkurs zu dieser Sozialform des Lernens einschieben.

Partnerarbeit

Exkurs: Partnerarbeit

Aufgabe 71

Tragen Sie während der Lektüre des folgenden Abschnitts die wichtigsten Gesichtspunkte aus dem Text stichwortartig in die folgende Tabelle ein.

Welche Vorteile gegenüber dem Frontalunterricht hat Partnerarbeit?

1. _____
2. _____
3. _____
4. _____
5. _____
6. _____

> 7. _____
>
> 8. _____
>
> *Welche Rolle spielen Sie als Lehrer dabei?*
>
> 1. _____
>
> 2. _____
>
> *Welche Punkte finden Sie besonders wichtig? Bitte kreuzen Sie sie in Ihrer Tabelle an.*

Gegenüber dem sogenannten „Frontalunterricht", bei dem der Lehrer fragt und die Schüler antworten, haben gruppen- bzw. partnerbezogene Übungsformen einige Vorteile. Das gemeinsame Arbeiten und Üben fördert in der Regel die Motivation und führt zu mehr Kritikfähigkeit. Problemlösungen werden gemeinschaftlich erarbeitet, und die Schüler sind von dem Druck, dem Lehrer die (richtige) Antwort geben zu müssen, weitgehend befreit. Sie lernen voneinander und entwickeln dabei Bereitschaft zur Zusammenarbeit, werden entscheidungsfreudiger und lernen, ihr Organisationsvermögen zu entfalten. Mit einem Wort: Sie lernen in und mit dem Spracherwerb, Eigenverantwortung zu übernehmen; Partnerarbeit ist ein Schritt in Richtung autonomes Lernen*. Das bedeutet nicht, daß sich der Lehrer aus dem Unterrichtsgeschehen zurückzieht. Vielmehr kann er sich während der Partnerarbeit auf einzelne Gruppen konzentrieren und auftauchende Fehler registrieren, um sie gegebenenfalls anschließend mit der ganzen Klasse zu besprechen. So läßt sich auch das Argument, daß sich Fehler während der Gruppenarbeit verfestigen, leicht entkräften. Natürlich eignet sich Partnerarbeit für bestimmte Aufgaben besonders gut und für andere weniger. Einige Beispiele haben wir schon gesehen. Und wir werden noch mehr kennenlernen.

autonomes Lernen

Abschließend wollen wir Ihnen noch ein weiteres Bild vorstellen, das sehr gut als Vorlage für ein visuelles Diktat benutzt werden kann. Der Didaktisierungsvorschlag stammt von der Arbeitsgruppe Bordeaux (1981, ohne Seitenangabe). Sie können übrigens leicht viele geeignete Bilder bei bekannten Zeichnern – sicher auch aus Ihrem Land – finden. Wir nennen Ihnen hier nur Marie Marcks (Deutschland), Sempé (Frankreich) oder Quino (Argentinien) usw. Welcher Nationalität die Zeichner angehören spielt keine Rolle. Wichtig ist lediglich der Wortschatz, der bei der Bildbeschreibung, beim Hören und Zeichnen geübt wird. Und wichtig ist die Motivation der Schüler.

> *Hören Sie die Bildbeschreibung auf der Kassette. Versuchen Sie, beim Hören eine Zeichnung anzufertigen. Sie dürfen das Band stoppen, wenn es Ihnen zu schnell geht oder Sie sehr genau zeichnen wollen. Nehmen Sie besser ein gesondertes Blatt.*
>
> *Die Transkription zu Hörszene 30 finden Sie auf Seite 151.*

Aufgabe 72
Hörszene 30

Auch dieses Bild eignet sich sehr gut für die Partner- und Gruppenarbeit. Ein Schüler oder mehrere Schüler beschreiben das Bild für die anderen. Die Schüler, die zeichnen, dürfen natürlich zurückfragen. Am besten ist es, wenn die Zeichnung auf einen Karton geklebt wird. Sonst kann es passieren, daß sie durch das Blatt durchschimmert und die Schüler, die zeichnen, sie von hinten sehen. Die Schüler, die das Bild beschreiben, können auch eine Redemittelliste bekommen.

Aufgabe 73

Entwerfen Sie für das Bild aus Aufgabe 72 eine Redemittelliste.

Wenn man die Schüler das Bild selbst beschreiben läßt, so erreicht man bei diesem Beispiel wieder eine Verknüpfung mehrerer Fertigkeiten, nämlich Sprechfertigkeit bei den diktierenden und rezeptives Hören bei den zeichnenden Schülern.

Hier sehen Sie zwei Schülerergebnisse und im Vergleich dazu das Original von Sempé.

© Schüler Grundstufe 3, Göttingen 1990

Sempé (1961), 63

• **Orientierung auf einem Stadtplan**　　　　　　　　　　　　　　　　　Arbeit mit Stadtplänen

Allgemeine Informationen:

Mit einem Stadtplan kann man auf ganz verschiedene Art und Weise arbeiten. Dabei sollte man möglichst eine Stadt wählen, zu der die Schüler eine Beziehung haben, z. B. weil sie in ihrem Lehrwerk vorkommt (z. B. Hamburg in *Themen*, Berlin in *Themen neu*, Köln in *Deutsch aktiv*, Kassel in *Deutsch konkret* usw.), weil Sie gerade aus irgendeinem Grund aktuell ist (Olympiade in München, Öffnung der Mauer in Berlin usw.) oder weil sie in einem gerade behandelten Text eine Rolle spielt usw.

Wir haben uns aus ähnlichen Gründen für Bochum entschieden.

„Nach dem Weg fragen" ist z. B. eine häufig vorkommende Tätigkeit, bei der das Hör-　　nach dem Weg fragen
verstehen geübt wird. Dabei lassen sich intensives Hören und landeskundliche Informationen mit einer realistischen Situation verknüpfen. Eine solche Situation entspräche den Erfahrungen der Schüler, wenn sie z. B. im Rahmen eines Schüleraustausches in eine deutsche Großstadt kommen.

Ziel:

Anhand eines Stadtplans lassen sich gut Richtungsanweisungen wie *links, rechts, geradeaus*　　Wegbeschreibung
üben. Aber auch so wichtige Alltagsvokabeln wie *Kreuzung, abbiegen, weitergehen, sich befinden* und andere wichtige Redemittel (*die Straße überqueren, wie komme ich zum ...?*

usw.) können auf diese Weise geübt werden. Auch das Lesen eines Stadtplans und das Verstehen von Straßennamen sind wichtige Übungsinhalte.

Material:

Jeder Schüler benötigt einen Stadtplan und nach Möglichkeit unterschiedliche Farbstifte, mit denen er jeweils den Weg zu einem der angegebenen Ziele auf dem Stadtplan nachzeichnet (notfalls können die Strecken auch unterschiedlich eingezeichnet werden: mit einer Linie, gestrichelt, Wellenlinie, gepunktet).

Aufgabe 74
Hörszene 31 a, b, c, d

Beantworten Sie die Fragen auf Arbeitsblatt 2, S. 100. Hören Sie sich dann die vier Wegbeschreibungen an, und verfolgen Sie die Wege auf dem Stadtplan (Arbeitsblatt 3, S. 101). Der Ausgangspunkt für jede Wegbeschreibung ist der Hauptbahnhof. (Haben Sie ihn schon gefunden?)

Die Transkriptionen zu den Hörszenen 31 a, b, c, d finden Sie auf Seite 151.

Unterrichtsschritte:

Vor dem Hören:

1. Wiederholung der Richtungsangaben und der Verben zur Wegbeschreibung

2. Deutschlandkarte – Arbeitsblatt 1 (S. 99)

   Fertigen Sie eine Folie von der Karte der Bundesrepublik Deutschland an. Stellen Sie zusätzlich einige Fragen wie:

   Wie weit ist es von Bochum nach Bonn/Köln/Holland usw.?

3. Bilder von Bochum – Arbeitsblatt 2 (S. 100)

   Die Schüler schauen sich das Arbeitsblatt an und ordnen die Aktivitäten den Bildern zu. Fragen Sie die Schüler, was sie in Bochum machen möchten, wohin sie gehen wollen.

Übungen beim Hören:

4. Stadtplan – Arbeitsblatt 3 (S. 101)

   Die Schüler hören sich die Wegbeschreibungen an und zeichnen die Wege in den Stadtplan ein oder verfolgen sie mit dem Finger.

Arbeitsblatt 1

Deutschlandkarte

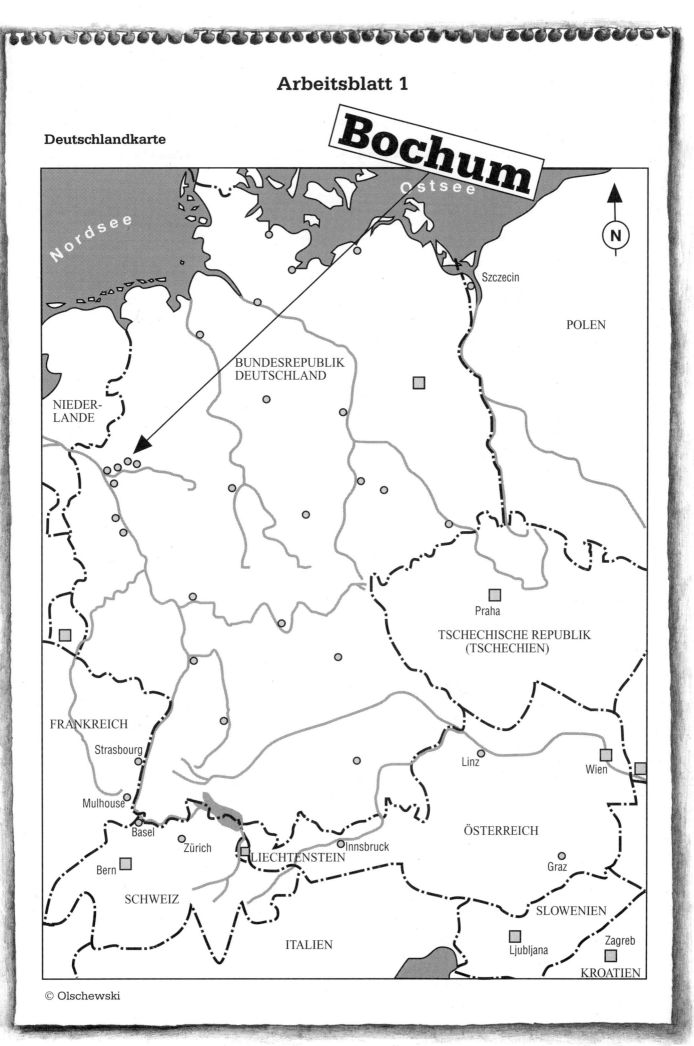

Arbeitsblatt 2

Besuch in Bochum

Welche Bilder/Zeichnungen gehören zu welchen Aktivitäten? Ordnen Sie zu.

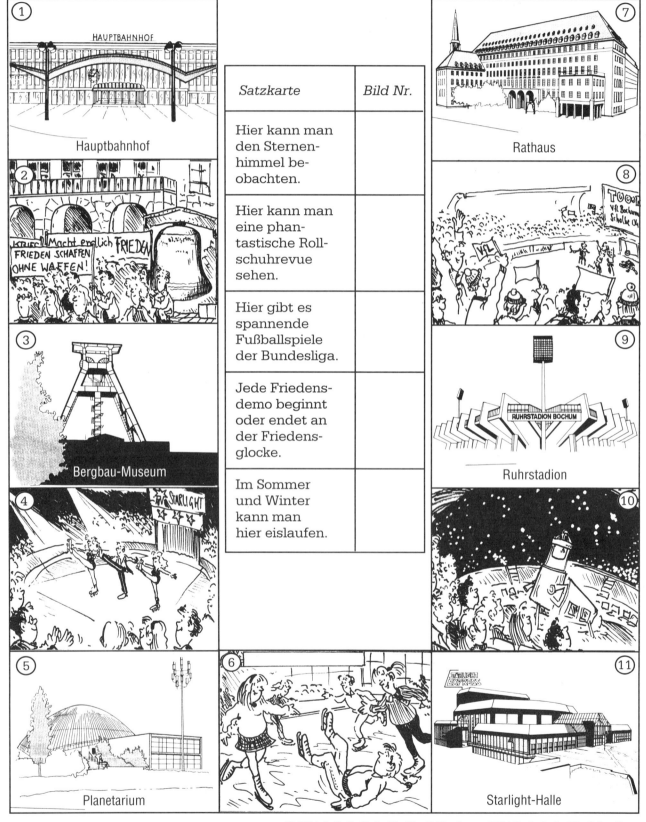

Satzkarte	Bild Nr.
Hier kann man den Sternenhimmel beobachten.	
Hier kann man eine phantastische Rollschuhrevue sehen.	
Hier gibt es spannende Fußballspiele der Bundesliga.	
Jede Friedensdemo beginnt oder endet an der Friedensglocke.	
Im Sommer und Winter kann man hier eislaufen.	

© Bild 1, 3, 5, 7, 9, 11: Stadt Bochum; Bild 2, 4, 6, 8, 10: Scherling

Arbeitsblatt 3

Stadtplan von Bochum

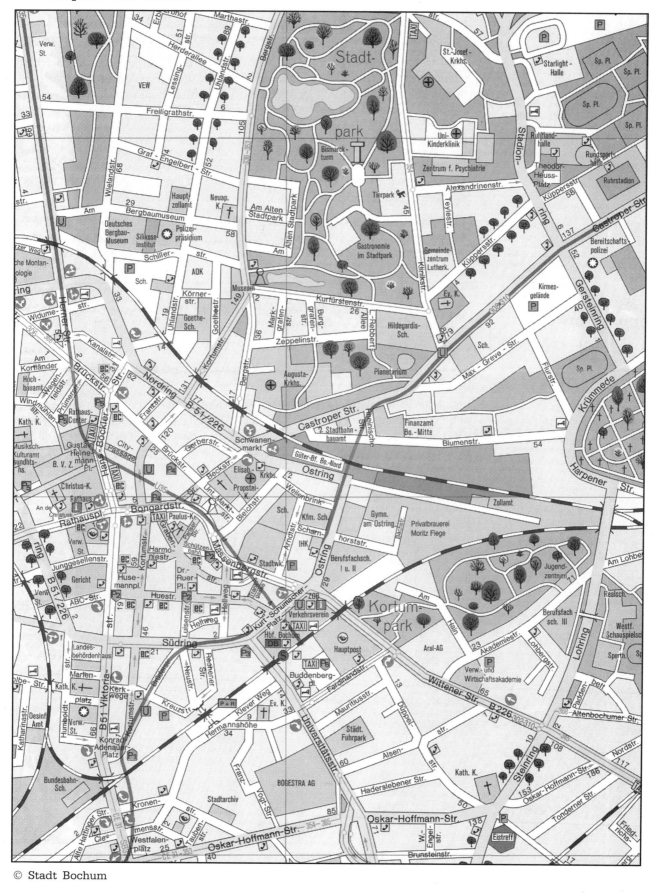

© Stadt Bochum

Bemerkungen:

- Das Lesen eines Stadtplanes entspricht weitestgehend einer authentischen Situation. Die Schüler lernen, sich mit Hilfe der Weganweisungen in der fremdsprachlichen Umgebung zu orientieren.
- Sie hören auf der Kassette die Aussprache von fremden Namen bzw. Straßennamen. Gleichzeitig lernen sie Wörter, die im Straßenverkehr wichtig sind.
- Diese Übung kann auch in Gruppenarbeit (bzw. Partnerarbeit) gemacht werden. Ein Schüler sucht sich ein Ziel auf dem Stadtplan aus, und die anderen (der andere) müssen (muß) seinen Richtungsangaben folgen. Zum Schluß kann sich das Ziel als „Überraschung" herausstellen (*Wo bist du?*). Die Schüler können also das gerade Gelernte untereinander sofort spielerisch anwenden. Die Übungen können schnell und einfach dem Niveau der Schüler angepaßt werden.
- Wenn Ihnen die Arbeit mit einem authentischen Stadtplan in der Anfangsphase als zu schwer erscheint, dann können Sie auch einfachere Übungen dieser Art vorschalten. Sie finden sie in verschiedenen Lehrwerken wie z. B. *Deutsch konkret*.
- Auf Arbeitsblatt 4 (S. 103) finden Sie ein Beispiel für eine einfache Wegbeschreibung. Mit solch einfachen Stadtplanskizzen können sich die Schüler in Partnerarbeit/Arbeitsgruppen gegenseitig visuelle Diktate geben und Wegbeschreibungen üben.

Aufgabe 75
Hörszene 32 a, b

> *Hören Sie die Hörszenen 32 a und b. Verfolgen Sie den Weg auf dem Stadtplan (Seite 101). Sind die Wegbeschreibungen richtig?*
>
> *Die Transkriptionen dazu finden Sie auf Seite 151f.*

Stadtrundfahrt

- Wenn Sie die Wegbeschreibung zu einer kompletten Stadtrundfahrt ausbauen, erweitert sich diese Übung vom intensiven Hören („Wege beschreiben und auf dem Stadtplan verfolgen") zu einer Übung im extensiven Hören („Stadtrundfahrt verfolgen und Strecke in den Plan einzeichnen").

Arbeitsblatt 4

Stadtplanskizzen

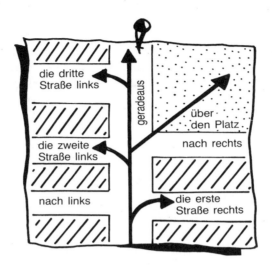

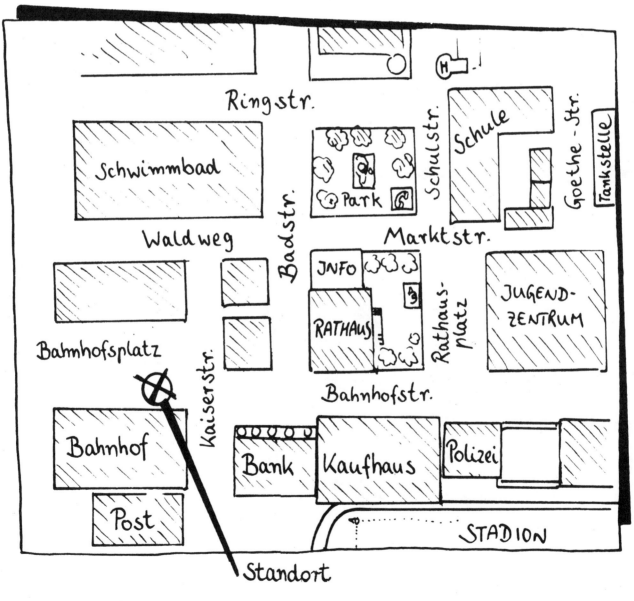

nach: Courivaud (1985), 100

Wortlisten

• Arbeit mit Wortlisten

Allgemeine Informationen:

Es gibt viele unterschiedliche Möglichkeiten, mit Wortlisten zu arbeiten (vgl. dazu Ur 1987, 83–93). Für welche Sie sich entscheiden, hängt vom Schwierigkeitsgrad ab, den Sie Ihren Schülern zumuten können.

Der Text, den wir Ihnen jetzt vorstellen möchten, stammt aus der Publikation *Sieben junge Leute stellen sich vor* mit authentischen Texten von Jugendlichen. Die Autoren haben über Inserate in Tageszeitungen Jugendliche aus allen sozialen Schichten gesucht, die über ihre persönlichen Lebensbedingungen und Zukunftsvorstellungen berichten sollten, denn solche persönlichen Berichte sind bei jugendlichen Deutschlernern sehr beliebt.

Ziel:

Die Schüler üben das intensive Hören: Sie müssen alle im Text vorkommenden Bezeichnungen für Zimmereinrichtungen verstehen. Sie zeigen, daß sie sie verstanden haben, indem sie die Begriffe auf einem Arbeitsblatt ankreuzen.

Material:

Jeder Schüler bekommt ein Arbeitsblatt, das die Begriffe, die im Hörtext genannt werden, und weitere, die im Hörtext nicht genannt werden, enthält.

Unterrichtsschritte:

1. Sie geben den Schülern eine kleine Einführung in den Kontext, in dem der Text spielt: *In dem folgenden Text hören wir ein Mädchen. Es heißt Meike und wohnt in einem kleinen Dorf im Norden von Deutschland. Meike ist elf Jahre alt. Sie beschreibt ihr Zimmer. Versuchen Sie sich vorzustellen, wie das Zimmer aussieht.*

2. Sie können Meikes Foto auf eine Folie kopieren und mit den Schülern auf der Folie Ideen für die Zimmereinrichtung sammeln.

Arbeitsblatt

Vorname: Meike

Name: Friedrichsen

Geburtstag: 13. März

Eggemann (1989), 11

3. Auch wenn das Thema *Zimmereinrichtung* im Unterricht schon behandelt wurde, kennen Ihre Schüler Wörter wie *Pinnwand* oder *Setzkasten* wahrscheinlich nicht. Diese Wörter kommen aber in dem Interview vor. Kopieren Sie deshalb die folgende Zeichnung auf eine Folie, und besprechen Sie mit den Schülern die Frage: *Was gibt es tatsächlich in Meikes Zimmer?*

© Scherling

4. Bevor die Schüler das Interview hören, sollten Sie die Wortliste mit ihnen durchgehen und die Aufgabe erklären. Teilen Sie die Arbeitsblätter aus, oder schalten Sie den Tageslichtprojektor ein: *Einige dieser Gegenstände werden in dem folgenden Text von Meike genannt, aber nicht alle. Kreuzen Sie bitte die Gegenstände an, die Meike erwähnt.*

5. Dann hören die Schüler das Interview.

Hören Sie nun das Interview, und kreuzen Sie (mit Bleistift) in dem folgenden Arbeitsblatt die Gegenstände an, die Meike erwähnt.

Die Transkription des Interviews finden Sie auf Seite 152.

Aufgabe 76
Hörszene 33

105

Arbeitsblatt

Wortliste

	Bett				Lampen
	Bild vom Pferd				Musikanlage
	Bilder				Papierkorb
	Blumen				Pinnwand
	Bücherregal				Plattenspieler
	Computer				Poster
	Drachen				Reitkappe
	Dusche				(kleine) Schränke
	Fernseher				Schreibtisch
	Fotos				Sessel
	Gitarre				Setzkasten
	Heizofen				Sofa
	Heizung				Stuhl
	Hocker				Teppich
	Kamin				Tisch
	Kassettenrekorder				Wanduhr
	Kleiderschrank				Waschbecken
	Kommode				Wecker
					Weltkarte

An dieser Stelle ist der Ort, noch einmal das Thema *Redundanz* aufzugreifen. Notieren Sie während der Lektüre des entsprechenden Abschnitts stichwortartig die wichtigsten Punkte.

Es gibt verschiedene Redundanzbereiche. Wodurch wird Redundanz in folgenden Bereichen erzielt?

auf der Wortebene: _____

_____

auf der Satzebene: _____

_____

beim Weltwissen: _____

_____

Aufgabe 77

Exkurs: Redundanz

Es wurde von uns bereits wiederholt darauf hingewiesen, daß ein Text im Prinzip einfacher wird, je mehr Redundanz er enthält, und daß ein Text schwieriger wird, je informationsdichter er ist. Enthält ein Hörtext nur wenig Redundanz, ist es wichtig, Übungen vor dem Hören des Textes einzuplanen, um Verstehen zu ermöglichen. Im vorausgegangenen Beispiel haben wir dem Hören des Textes einige Übungen vorgeschaltet: Wir haben über Meikes Zimmereinrichtung spekuliert, den Erfahrungshorizont der Schüler angesprochen, die Zimmereinrichtung anhand der Zeichnung besprochen. Dies alles war notwendig, da das Interview wegen seiner Informationsdichte und fehlenden Redundanz sonst nicht leicht zu verstehen gewesen wäre. Auch die Wortliste trägt – wie wir gesehen haben – zum Verstehen bei, weil sie das Gehörte mit dem Geschriebenen verknüpft.

Informationsdichte* heißt, daß sehr viele (neue) Informationen dicht gedrängt angeboten werden. Redundanz bedeutet das Gegenteil: Informationen werden im „Überfluß" angeboten.

Man kann Redundanzen u. a. auf der Wortebene, im Satzverlauf sowie beim Weltwissen unterscheiden. Auf der Wortebene kann sie sich z. B. auf Artikel, Substantive usw. beziehen, die mehrfach im Text wiederholt werden, also keine neue Information bringen. Wenn wir z. B. *die Kinder* sagen, so ist die Pluralendung *-er* zu 100 % redundant, da schon nach dem *die* deutlich wird, daß es sich um den Plural handelt. Bei *die Frauen* dagegen ist die Pluralendung *-en* eine wichtige Information.

Auf der Satzebene bezieht sich Redundanz zum Beispiel auf Konnektoren*, sogenannte „Satzverknüpfer". Ein Satz, der beginnt mit: *Mein Bruder war ein sehr fleißiger Schüler, während ich ...* braucht gar nicht weiter ausformuliert zu werden; wir wissen, was folgen muß. Alle weiteren Informationen sind redundant. Je mehr wir über die im Text dargestellte Welt wissen (Weltwissen), desto redundanter wird der Text für uns, desto besser verstehen wir ihn. Oder auf unsere Studieneinheit bezogen: Je mehr Sie schon über Hörverstehensübungen wissen, desto bekannter ist Ihnen „die Welt dieser Studieneinheit", desto einfacher wird sie für Sie.

Was bedeutet das nun für die Textauswahl und für die Arbeit mit den Texten? Hier gibt es zwei Möglichkeiten: Entweder man sucht einen Text, in dem viele Redundanzen enthalten sind, oder man entscheidet sich für einen informationsdichten Text, der durch Übungen vor dem Hören „redundanter" wird, indem man das Vorwissen/Weltwissen des Hörers vergrößert.

Redundanz

Informationsdichte

Hören und Bewegungen • **Bewegungsspiele**

Allgemeine Informationen:

Bei der im folgenden beschriebenen Art von Bewegungsspielen gibt es eine kollektive Kontrolle: Lehrer und Mitschüler sehen sofort, wenn ein (Teil-)Auftrag falsch ausgeführt wird, weil die Anweisungen nicht richtig verstanden worden sind.
Penny Ur, die diese Übungen im Rahmen von *Hörübungen mit Anweisungen* beschreibt, schlägt vor, Spielregeln einzuführen (Ur 1987, 77–78), z. B. daß Körperbewegungen nur ausgeführt werden dürfen, wenn zuvor ein vereinbartes Stichwort genannt worden ist (z. B. *Auf geht's!* oder *Los!*).
Im ursprünglichen Spiel scheidet jeder aus, der einen Fehler macht. Dieses Vorgehen ist aber im Unterricht nicht ratsam. Daher empfiehlt Penny Ur, daß die Schüler jeweils ihre falschen Reaktionen zählen und am Schluß derjenige gewinnt, der die wenigsten Fehler gemacht hat.

Ziel:

Üben von Begriffen und Redemitteln aus den Bereichen Körperteile und Körperbewegungen.

Unterrichtsschritte:

1. Sie erklären Ihren Schülern das Spiel.
2. Sie beschreiben die Körperbewegungen bzw. -haltungen, die die Schüler ausführen bzw. einnehmen sollen.

Aufgabe 78 ×/3.
Hörszene 34 a, b, c, d

> *Hören Sie dazu die Hörszenen 34 a, b, c, d.*
> *Die Transkriptionen finden Sie auf Seite 152.*

Bemerkungen:

– Diese Übung kann auch spontan und ohne jede Vorbereitung durch den Lehrer durchgeführt werden.

– Bei dieser Übung werden auch Adjektivendungen, Präpositionen und Possessivpronomen geübt.

– Mit dieser Arbeitsweise kann auch, wie Penny Ur hervorhebt, die Konzentration der Schüler verbessert werden.

Konzentrationsfähigkeit
– Es gehört zu den allgemeinen Erkenntnissen über die Probleme und Besonderheiten beim Fremdsprachenerwerb, daß die Konzentrationsfähigkeit in der Fremdsprache geringer ist als in der Muttersprache. Deshalb verdient die Steigerung der Konzentrationsfähigkeit eine besondere Aufmerksamkeit.

– Wird diese Übung häufiger eingesetzt, können auch einzelne Schüler die Anweisungen geben. So werden die Schüler durch Erfolgserlebnisse bestärkt und entwickeln mit der Zeit Selbstsicherheit in der Fremdsprache.

– Der Lehrer hat bei dieser Übung viele Möglichkeiten, nichtverstandene Anweisungen zu wiederholen und einzelne Wörter zu betonen.

– Sie können mit Ihren Schülern auch eine authentische Morgengymnastik mit flotter Musik durchführen. Das ist nicht nur eine gute Sprachübung, sondern bringt Schwung und Abwechslung ins Klassenzimmer.

Aufgabe 79
Hörszene 35

> *Hören Sie sich zum Beispiel die Radiosendung „Frühgymnastik" an.*
> *Können Sie sich vorstellen, diese im Unterricht mit Ihren Schülern einzusetzen?*
> *Planen Sie den Einsatz dieser Gymnastiksendung.*
>
> *Die Transkription der Sendung finden Sie auf Seite 152f.*

Wir haben dieses Beispiel dem Buch von Hubert Eichheim und Günther Storch *Mit Erfolg zum Zertifikat* (Übungsbuch) entnommen. Das Buch enthält eine große Auswahl von Trainingsaufgaben zum Hörverstehen, die direkt auf das *Zertifikat Deutsch als Fremdsprache*, die Prüfung zum Abschluß der Grundstufe, vorbereiten.

Wolfgang Butzkamm (1989, 173 f.) weist darauf hin, daß solche Bewegungsspiele eine lange Tradition haben. So finden sich Anfänge bereits 1880 bei F. Gouin in *L'art d'enseigner et d'étudier les langues* und 1925 in Palmers *English through actions*. Zahlreiche Übungsvorschläge enthält das *Teacher's guide-book* von James J. Asher (1977).

Literaturhinweis

Butzkamm (1989, 174) zitiert ein englisches Bewegungsspiel, das wir Ihnen – ein bißchen abgewandelt – zur Anregung auf deutsch wiedergeben wollen. Überhaupt eignen sich pantomimische Spiele sehr gut zur Übung des Hörverstehens und sind leicht auf viele Lebenssituationen übertragbar.

Hören Sie sich die Tätigkeitsbeschreibungen von der Kassette an, und führen Sie die Pantomimeübung durch.

Aufgabe 80
Hörszene 36

© Scherling

Die Transkription der Tätigkeitsbeschreibung finden Sie auf Seite 153.

Entwerfen Sie anschließend selber Pantomimeübungen, die für Ihre Schüler geeignet sind und zu Ihrem Lehrbuch passen. Wenn Sie diese Studieneinheit mit Kollegen durcharbeiten, spielen Sie die Übungen untereinander durch.

b) Beispiele für extensives Hören

extensives Hören

Zum sogenannten „extensiven Hören" eignen sich besonders Texte und Aufgaben, die den Schüler auffordern, etwas zu tun. Das heißt, der Schüler bekommt einen Arbeitsauftrag. Dieser Arbeitsauftrag kann verbal oder nichtverbal ausgeführt werden. Betrachten wir zunächst die verbalen Aufgabenstellungen.

• Verbale Aufgaben: Informationen in Raster eintragen

Raster ausfüllen

Allgemeine Informationen:

Bei der folgenden Aufgabe werden die Schüler aufgefordert, bestimmte Informationen aus den Hörtexten herauszuhören (= selektives Hören) und während des Hörens aufzuschreiben.

Die Kontrolle erfolgt nach dem Hören, indem der Lehrer die richtigen Lösungen an die Tafel schreibt bzw. die vorbereitete Folie auf den Tageslichtprojektor legt und die Ergebnisse zusammen mit den Schülern einträgt.

Die Hörtexte, die uns als Beispiel dienen sollen, gehören in den Kontext *Schule/Schulsystem der Bundesrepublik Deutschland* und sollten vorzugsweise dann eingesetzt werden, wenn dieses Thema in der Klasse behandelt wird. Voraussetzung ist, daß die deutschen Bezeichnungen für die Unterrichtsfächer bekannt sind.

Beginnen Sie zunächst mit zwei Interviews und machen Sie die anderen beiden Interviews etwas später.

Ziel:

Die Schüler sollen aus den Interviews bestimmte Informationen heraushören und stichwortartig in ein vorgegebenes Raster eintragen.

Material:

– Arbeitsblatt 1

Illustration des Schulsystems der Bundesrepublik Deutschland (Hauptschule, Realschule, Gymnasium, Gesamtschule); die Illustration ist eine Verkleinerung eines farbigen Plakats aus der Serie *Plakate zum deutschen Bildungssystem*, die Sie bei Ihrem Goethe-Institut bestellen können (Grauerholz 1989).

– Arbeitsblatt 2

Lesetexte: *Vier Schulwege*

– Arbeitsblatt 3

Vorbereitete Kopien mit dem Raster.

Unterrichtsschritte:

1. Betrachten Sie mit den Schülern die Illustrationen zum deutschen Bildungssystem (Arbeitsblatt 1, Seite 111), und bearbeiten/lesen Sie die *Vier Schulwege* (Arbeitsblatt 2, Seite 112).

2. Erklären Sie Ihren Schülern die Rastereinteilung (Arbeitsblatt 3, Seite 113), und geben Sie die Anweisung, während des Hörens des Interviews die Informationen jeweils in die entsprechenden Kästchen einzutragen.

3. Hören Sie nun das erste Interview an.

   Der Hörtext kann mehrmals vorgespielt werden. Bei jedem Durchlauf sollen die Schüler nur auf eine oder zwei Informationen achten. Das erleichtert den Hörauftrag.

4. Gehen Sie bei den folgenden Interviews genauso vor.

Aufgabe 81
Hörszene 37 a, b, c, d

Hören Sie selbst ein oder zwei Interviews, und notieren Sie die Angaben im Raster (Arbeitsblatt 3, Seite 113).

Die Transkription der Interviews finden Sie auf Seite 153f.

Aufgabe 82

Suchen Sie sich Hörtexte aus Kapitel 3 dieser Studieneinheit aus, und entwerfen Sie dann für Ihre Schüler ähnliche Rasterübungen. Dabei können Sie auch nach Schwierigkeitsgrad differenzierte Übungen ausarbeiten: nur wenige und einfache Informationsraster für schwächere, mehr und schwierigere Informationsraster für bessere Schüler.

Arbeitsblatt 1

Vorbereitung durch Grafik

Grauerholz (1989), 24

Arbeitsblatt 2

Vier Schulwege

Schulweg 1:

„Hans wird später einmal Bäcker", hat Tante Mathilde gesagt, als Hans drei Jahre alt war und im Sandkasten Brötchen aus Sand gebacken hat. „Hans wird einmal Bäcker, das war sein Großvater auch", hat sie gesagt, als er auf die Grundschule ging. „Sein Vater wollte nicht Bäcker werden, der wollte ja aufs Gymnasium – und jetzt ist er arbeitslos".

Ja, jetzt geht Hans in die Hauptschule. Vielleicht wird er Bäcker. Vielleicht auch nicht. Seine Berufschancen sind begrenzt. Aber mit zehn Jahren weiß man noch nicht, welcher Beruf später einmal der richtige ist.

Schulweg 2:

Inge war in der Grundschule sehr gut in Rechnen. Auch in den anderen Fächern war sie nicht schlecht – aber auch nicht besonders gut. „Also, ich rate Ihnen, Inge auf die Realschule gehen zu lassen", sagte die Klassenlehrerin. „Fürs Gymnasium ist sie in manchen Fächern zu schwach".

Jetzt geht Inge auf die Realschule. In Englisch hat sie eine Fünf. Und Deutsch? Gedichte findet sie langweilig. Hoffentlich bleibt Inge nicht sitzen. Vielleicht ist die Realschule doch zu schwierig für sie?

Schulweg 3:

Petra war schon auf der Grundschule die beste Schülerin. „Klar, Petra geht später aufs Gymnasium", erzählte ihr Vater stolz bei jeder Gelegenheit. „Sie wollte immer Tierärztin werden, aber jetzt ist sie unsicher. Sie möchte auf alle Fälle studieren, aber was? Sie weiß es noch nicht."

Schulweg 4:

Peter sitzt neben Angelika. Aber nicht immer. In Englisch besucht Angelika die A-Gruppe, Peter die C-Gruppe. Beide gehen auf die Gesamtschule, und in einer Gesamtschule sitzen gute und schlechte Schüler in einer Klasse. In einigen Fächern ist die Klasse in Leistungskurse aufgeteilt: die guten gehen in den A-Kurs, die weniger guten in den B-Kurs und die schwachen in den C-Kurs. „Ich bin froh, daß ich in diese Schule gehe", sagt Peter, „hier kann ich nämlich nicht sitzenbleiben".

In einer Gesamtschule bleibt kein Schüler sitzen. Und nach der Grundschule muß nicht gewählt werden, ob man auf die Hauptschule, die Realschule oder aufs Gymnasium geht.

Arbeitsblatt 3

Interview	1.	2.	3.	4.
Name	**Hans**	**Inge**	**Petra**	**Peter**
Schultyp				
Klasse				
Lieblings-fächer				
unbeliebte Fächer				
Abschluß				

Hören und Suchen

• **Nichtverbale Aufgaben : Einen Auftrag ausführen**

Allgemeine Informationen:

Eine mehr spielerische Form, extensives Hören zu üben, ist das nun folgende Suchspiel. Die Schüler haben eine Zeichnung mit Wegen, topographischen Punkten, Bauten usw. von einer Insel vor sich liegen. Die Aufgabe lautet: Sie müssen einen Schatz suchen. Die Wegbeschreibung für das Suchspiel hören Sie von der Kassette. Ursprünglich war dieses Suchspiel ein Preisrätsel auf der Kinderseite in der Illustrierten Stern (Nr. 34 vom 17.8.1978). Für das richtige Lösungswort waren Preise ausgesetzt. Sie könnten diesen Anreiz aufgreifen und einige Preise für die Schüler bereitstellen.

Ziel:

Der extensive Hörprozeß wird dadurch unterstützt, daß die Schüler die entscheidenden Informationen, die beim Auffinden des Schatzes helfen, erkennen und den Weg auf der vorliegenden Zeichnung verfolgen.

Material:

Für jeden Schüler eine Kopie des Inselplans.

Unterrichtsschritte:

1. Erklären Sie Ihren Schülern – wenn nötig – was ein Suchspiel ist.

2. Inselillustration

   Schauen Sie sich mit Ihren Schülern den Plan der Insel auf dem folgenden Arbeitsblatt an, und sprechen Sie mit ihnen darüber: *Was ist das für eine Insel? Was kann man auf der Insel alles machen?* usw. Auf diese Weise können wichtige Vokabeln eingeführt werden.

3. Erläutern Sie Ihren Schülern die Aufgabe. Zuerst hören Sie den Text mit den Orts- und Richtungsangaben von der Kassette. Die Aufgabe besteht dann darin, einen bestimmten Gegenstand zu finden; der Name dieses Gegenstandes ist das Lösungswort.

4. Jeder Schüler schreibt sein Lösungswort und seinen Namen auf einen Zettel. Die Zettel werden in einen Topf/eine Tüte geworfen und der Reihe nach gezogen. So ergibt sich bei richtigem Lösungswort die Reihenfolge der Preise.

Aufgabe 83
Hörszene 38

> *Hören Sie die Hörszene 38. Wo ist der Schatz? Um was für einen Schatz handelt es sich?*
>
> *Die Transkription dazu finden Sie auf Seite 154f.*

Arbeitsblatt

Die Schatzinsel

Auf der Insel ist ein Schatz versteckt. Das haben Hans, Inge und Peter durch einen Zufall in einem alten Buch entdeckt. Der Leuchtturmwärter weiß, wo der Schatz zu finden ist. Aber verrät er den Kindern das Geheimnis?

© Scherling

Bemerkungen:
- Der Hörtext ist relativ lang, aber auch relativ einfach, weil er sehr redundant ist: Wichtige Informationen werden wiederholt und erklärt, außerdem wird alles durch die Illustration veranschaulicht. Man braucht nicht alles zu verstehen, mit Sicherheit keine Details, sondern einzelne Schlüsselwörter (nämlich die einzelnen Stationen auf der Insel). Ein längerer Hörtext dieser Art ist eine gute Konzentrationsübung und kann ein wichtiges Erfolgserlebnis vermitteln: Der Schüler merkt, daß er auch in einer frühen Phase des Spracherwerbs einen längeren Text in seinen wesentlichen Aussagen verstehen kann. Die Redundanzen haben natürlich eine didaktische Funktion: Sie sind dem Schüler eine wichtige Verstehenshilfe. Redundanzen sind aber auch ein Kennzeichen der spontan gesprochenen Sprache.
- Längere Texte spielen beim Hörverstehen eine wichtige Rolle. Das hängt damit zusammen, wie unser Gedächtnis funktioniert und Informationen verarbeitet. Sie erinnern sich sicher: Wir speichern nicht ein Wort, sondern die Abstraktion der Bedeutung. Da der Speicher in unserem Gedächtnis begrenzt ist, bleibt uns bei größeren Textmengen gar nichts anderes übrig, als zu abstrahieren. Wir können uns nicht alle, nicht einmal die wichtigsten Wörter und Sätze merken, deshalb sind längere Hörtexte eine gute Schulung für globales Hörverstehen, d. h., wir behalten nur die Abstraktion dessen, was besonders wichtig ist.

Im Exkurs über das Gedächtnis auf Seite 57 wurden einige wichtige Gesichtspunkte zu diesem Thema ausführlich dargestellt. Dort finden Sie auch eine modellhafte Darstellung, wie wir uns die Verarbeitung von Informationen vorstellen. Bitte schauen Sie sich diesen Abschnitt noch einmal an.

Abstrahieren und Speichern

- Es wurde bereits darauf hingewiesen, wie wichtig es ist, daß die Schüler lernen zu abstrahieren, da Informationen um so besser behalten werden, je höher die Abstraktionsebene ist, auf der sie gespeichert werden. Das gilt in besonderem Maße für längere Texte. In seinem Buch *Zur Rolle des Gedächtnisses beim Sprachenlernen* schreibt Josef Rohrer über längere Hörtexte, sie

„zwingen uns von vornherein, die wesentlichen Bedeutungsmerkmale der gehörten Information zu abstrahieren und dabei die Träger der Information, die Laute und die Wörter, die Sätze und die grammatischen Bezüge, in Bruchteilen von Sekunden wieder zu vergessen."

Rohrer (1978), 39

Würden wir unsere Schüler dazu anleiten, sich auf die Informationsträger*, d. h. die Laute, zu konzentrieren oder würden wir ihnen dazu eine Möglichkeit geben, könnten sie die Bedeutung des Hörtextes nur schwer oder überhaupt nicht erfassen. Die Träger der Information müssen zwar erkannt und verstanden, aber auch sofort wieder vergessen werden. Wichtiges wird herausgefiltert, weniger Wichtiges oder Unwichtiges ausgesondert. Wie gesagt: Kurze Texte verführen dazu, alles behalten zu wollen; längere Texte bieten dazu keine Chance.

Konzentrieren

- Je länger der Text ist, den die Schüler hören, desto mehr müssen sie lernen, sich auf wichtige Aspekte zu konzentrieren, desto mehr müssen sie lernen zu abstrahieren, desto mehr müssen sie aber auch behalten. Oder mit anderen Worten: Je länger der Text ist, desto mehr Informationen müssen sie in ihrem Gedächtnis speichern. Die Speicherfähigkeit* des Gedächtnisses kann man aber trainieren.

Trainieren

Speicherübungen

Exkurs: Speicherübungen*

In der Fremdsprachendidaktik hat man sich vielfach Gedanken darüber gemacht, wie die Speicherfähigkeit (man spricht auch von *Hörmerkspanne*, englisch *memory span* oder *channel capacity*) im Gedächtnis des Schülers verbessert werden kann, wie er mit den Schwierigkeiten, denen er ausgesetzt ist (er ist ja dem Tempo und dem Schwierigkeitsgrad der Diktion des Sprechers ausgeliefert), fertig werden könnte. Zu diesem Aspekt hat Gabriele Neuf-Münkel, auf die wir uns im folgenden beziehen (*Wege*, Lehrerhandbuch, 14–15), theoretische Überlegungen angestellt und konkrete Übungsvorschläge vorgelegt.

Beim Hörvorgang muß der Schüler ein gerade gehörtes Wort (eine Wortgruppe, Tongruppe) mit den direkt vorangegangenen Wortgruppen (Tongruppen) in Verbindung bringen, um den Sinn des Gehörten zu erfassen.

Eine wichtige Rolle spielt dabei das Kurzzeitgedächtnis*, denn dort werden Tongruppen gespeichert und wichtige Informationen herausgehört, die dann im Gedächtnis festgehalten werden. Diese Fähigkeit ist beim Muttersprachler verständlicherweise wesentlich besser entwickelt als beim Fremdsprachenlerner. Deshalb ist es wichtig, daß Sie mit Ihren Schülern sogenannte „Speicherübungen" durchführen, d. h., daß Sie Ihren Schülern immer länger werdende Wortgruppen vorsprechen oder vorspielen. Ihre Schüler wiederholen mündlich diese Wortgruppen, die erst isoliert und dann zusammenhängend vorgesprochen werden. Verdeutlichen wir das an einem Beispiel:

Hören Sie sich die Beispiele auf der Kassette an.

Die Transkription der Beispiele (Hörszene 39 a, b) finden Sie auf Seite 155.

Aufgabe 84

Hörszene 39 a, b

Aber nicht nur Sätze, die nach und nach umfangreicher werden, sondern auch einzelne Wörter und Wortverbindungen können zu solchen Speicherübungen herangezogen werden. Wenn Sie Speicherübungen einsetzen, trainieren Sie nicht nur das Gedächtnis Ihrer Schüler, sondern Sie üben auch zugleich Intonationsmuster, die ebenfalls eine den gesamten Hörprozeß vorbereitende und entlastende Funktion haben.

Achten Sie bei solchen Speicherübungen bitte darauf, daß Sie

– die nachzusprechenden Wörter, Wortgruppen und Sätze nicht zu lang werden lassen,
– alle unbekannten Wörter vorab erklären, so daß die Schüler jedes Wort verstehen, das sie nachsprechen.

2.1.3 Aufgaben, die nach dem Hören gemacht werden

Aufgaben nach dem Hören

Den folgenden Hörtexten geht keine Vorbereitungsphase voraus. Diese wäre zwar möglich, aber es soll hier in erster Linie gezeigt werden, welche Schwierigkeiten überwunden werden müssen und was vor allem geübt wird, wenn die Aufgaben zum Hörverstehen nach dem Hören gemacht werden.

Solche Aufgaben können im Grunde erst dann eingesetzt werden, wenn die Schüler sich schon auf einen großen Textumfang konzentrieren können, denn sie müssen dem gehörten Text in seiner ganzen Länge folgen können. Auch die Behaltensleistung muß schon relativ groß und die Speicherfähigkeit in der Fremdsprache bis zu einem gewissen Grad entwickelt sein. Die Schüler müssen zudem in der Lage sein, Unwichtiges von Wichtigem zu unterscheiden.

In realen Kommunikationssituationen ist es üblich, auf Gehörtes schriftlich oder mündlich zu reagieren. Denken Sie nur an folgende Situationen:

▶ In jedem Gespräch wird gehört und gesprochen. Sie hören, was Ihr Gesprächspartner sagt und reagieren darauf: antworten, fragen, bestätigen, erzählen usw. In jeder Dialogsituation findet ein ständiger Wechsel der Hörer- und Sprecherrolle statt. Insofern sind Dialoge jeder Art (Rollenspiele usw.) immer auch Aufgaben, in denen der Schüler auf Gehörtes verbal reagiert. Seine Reaktion zeigt, ob er die Äußerung seines Partners verstanden hat.

▶ In verschiedenen Situationen muß auch schriftlich reagiert werden: Formulare müssen ausgefüllt werden (im Hotel, auf dem Campingplatz, in der Jugendherberge, bei Behörden usw.), nachdem man zuvor mündlich dazu aufgefordert wurde. Man macht Notizen (für sich, für Dritte), die Mitschrift* in der Fremdsprache kann für viele zu einer wichtigen Tätigkeit werden (Studium in einem deutschsprachigen Land).

In Unterrichtsmaterialien, in Lehrwerken sind Aufgaben stark vertreten, die verbal nach dem Hören (oder Lesen) gemacht werden sollen. Das sind z. B. „Fragen zum Text beantworten", „eine Stellungnahme zum Gehörten abgeben", „eine Zusammenfassung schreiben".

Am umstrittensten und sicher auch am problematischsten sind Fragen zum Text, die erst <u>nach</u> dem Hören gegeben werden: Der Schüler muß sich in diesem Fall den gesamten Hörtext intensiv anhören, er muß versuchen, sich alles zu merken, weil ja im Prinzip zu allem Fragen gestellt werden können. Das steht im Gegensatz zu unserer Auffassung, daß es beim Hören darauf ankommt, dem Text die wichtigsten Informationen zu entnehmen, also abstrahieren zu lernen.

dem Text Fragen stellen

Wichtiger noch als Fragen zu beantworten ist, daß der Schüler lernt, dem Text Fragen zu stellen. Diese Technik ist eine wesentliche Voraussetzung dafür, Antworten zu erhalten.

⇐

Gerard Westhoff hat sich in der Studieneinheit *Fertigkeit Lesen* intensiv mit der Problematik von Fragen zum Text beschäftigt und führt ein heftiges Plädoyer gegen diese Form der Textarbeit.

6 W-Fragen

• **Verbale Aufgaben: Die 6 W-Fragen***

Allgemeine Informationen:

Der folgende Hörtext wurde vereinfacht, um ihn in einer relativ frühen Phase des Unterrichts einsetzen zu können. Mit ihm wurde und wird in verschiedenen Institutionen gearbeitet, die ursprüngliche Quelle ist unbekannt.

Ziel:

Die Schüler konzentrieren sich auf einen handlungsreichen Hörtext und bekommen mit den 6 W-Fragen eine Strukturierungshilfe, die auf die wichtigsten Aspekte im Text aufmerksam macht.

Material:

Kassette und Kassettenrekorder.

Aufgabe 85
Hörszene 40

> *Hören Sie sich den Text an, und füllen Sie danach das folgende Raster aus.*
>
> *Die Transkription zu Hörszene 40 finden Sie auf Seite 155.*

Unterrichtsschritte:

1. Erklären Sie den Schülern das Raster von Unterrichtsschritt 3.

2. Die Schüler hören sich den Text an.

3. Die Schüler bearbeiten das Raster mit den 6 W-Fragen.

> *Beantworten Sie die 6 W-Fragen. Beginnen Sie mit „<u>Wer</u> hat <u>was</u> gemacht?".*
>
> *Wer?_____*
>   *hat*
> *Was?_____*
>
> *Wann?_____*
>
> *Wo?_____*
>
> *Wie?_____*
>
> *Warum?_____*
>   *gemacht?*

118

4. Die Schüler vergleichen ihre Antworten mit den Antworten ihres Nachbarn.

Bemerkungen:

– Im Gegensatz zu üblichen Fragen zum Text (*Wo wohnt die Frau?*, *Wann kommt sie nach Hause?*, *Wie heißt sie?* usw.) kann das 6 W-Schema bei den meisten Texten verwendet werden. Es ist für die Schüler eine Strukturierungshilfe, weist sie auf die wichtigsten Aussagen eines Textes hin. Im Anfängerunterricht spricht nichts dagegen, die 6 W-Fragen in der Muttersprache beantworten zu lassen.

– Wichtig ist der Hinweis auf *Wer?* (Subjekt, wichtigste Person des Textes) und *Was gemacht?* (Prädikat, was erlebt/macht/erfährt usw. sie?). Die anderen Fragen lassen sich dann relativ schnell beantworten.

– Das 6 W-Schema kann am besten allein oder in Partnerarbeit ausgefüllt werden. Danach können die Ergebnisse in der Gruppe oder in der Klasse besprochen werden. Wo das Schema eindeutig ausgefüllt werden kann, kann das Ergebnis auch an der Tafel/auf dem Tageslichtprojektor präsentiert werden, und die Schüler können selbst kontrollieren, ob sie es richtig ausgefüllt haben.

Weitere Möglichkeiten, mit den 6 W-Fragen zu arbeiten, finden Sie in der Studieneinheit *Fertigkeit Schreiben* von Bernd Kast.

• **Nichtverbale Aufgaben: Welche Aussagen treffen zu?**

Hörverstehen und Comics

Allgemeine Informationen:

Die bei Schülern sehr beliebte Textsorte Comic läßt sich auch hervorragend im Fremdsprachenunterricht einsetzen. Dabei kann man ganz unterschiedlich vorgehen.

Die folgende Übung ist in zwei Phasen eingeteilt. In der ersten Phase vor dem Hören des Textes werden die Schüler mit der Situation vertraut gemacht. Es handelt sich dabei um eine Bildsequenz aus *Hägar der Schreckliche*. Die Schüler sehen zunächst nur die Bildfolge ohne den Text der Sprechblasen. Sie bekommen die Texte, die sie dann den einzelnen Bildern zuordnen müssen, separat. Nach dieser Phase beginnt die eigentliche Hörübung. Den Schülern werden verschiedene kleine Dialoge und Kurzbeschreibungen vorgespielt, und sie müssen entscheiden, welcher dieser Texte dem Handlungsverlauf im Comic entspricht. Jeder einzelne Dialog/jede Kurzbeschreibung muß danach einem Comicbild zugeordnet werden.

Ziel:

In dieser Übung werden zwei Ziele verfolgt. Das erste Ziel besteht darin, daß die Schüler lernen, die Verstehenshilfe visueller Mittel zu nutzen: Mimik, Gestik, Körpersprache teilen etwas darüber mit, was Menschen sagen. Comiczeichner machen sich das zunutze, indem sie diese Ausdrucksmittel zeichnerisch übertreiben. Deshalb können in solchen Übungen bestimmte Redemittel so treffend bestimmten Bildern zugeordnet werden. Auf der Grundlage dieser Vorbereitung kann das eigentliche Ziel dieser Hörübung erreicht werden, d. h., die Schüler sollen anhand der Hörtexte ein globales Hörverstehen entwickeln, indem sie sprachliche Defizite* mit Hilfe nichtsprachlicher Informationen ausgleichen.

Material:

– Für jeden Schüler je eine Kopie des Comics und der Sprechblasentexte. Die Sprechblasentexte sollten auf einem separaten Blatt angeboten werden, damit sie auseinandergeschnitten und in die Bildfolge eingeklebt werden können.

– Für den zweiten Schritt benötigen die Schüler das vorgegebene Raster, in dem sie bei den gehörten Dialogen/Kurzbeschreibungen falsch/richtig usw. ankreuzen können.

Probieren Sie selbst die Übung aus.

1. Betrachten Sie den Comic (Arbeitsblatt Seite 121) ohne Text, und überlegen Sie, was hier wohl passiert.

Aufgabe 86

Hörszene 41 a–h

> 2. *Welcher Sprechblasentext paßt in welche Sprechblase?*
> 3. *Hören Sie die Hörszene 41 a–h, und füllen Sie das Raster aus.*
>
> *Die Transkriptionen der Hörszenen 41 a–h finden Sie auf Seite 155f.*

Unterrichtsschritte:

1. Die Schüler schauen sich den Comic ohne Text in den Sprechblasen an.
2. Die Schüler schauen sich die Sprechblasentexte an. Welcher Text paßt in welche leere Sprechblase?
3. Sie kontrollieren nun, ob die Zuordnungen passen, indem Sie die Schüler die Sprechblasen laut vorlesen lassen oder die richtige Lösung auf dem Tageslichtprojektor zeigen.
4. Die Schüler schauen sich nun auf dem Arbeitsblatt das Raster an und hören dabei ein paar kurze Texte. Nach jedem gehörten Text müssen sie die Entscheidung treffen, ob der Text der Situation, die in Bild und Text gestaltet wird, entspricht.
5. Nach dem letzten Hörtext erfolgt in der Klasse die Kontrolle, indem jeder Schüler sein(e) Ergebnis(se) vorträgt und die anderen mit Ihrer Unterstützung korrigieren bzw. bestätigen.

Bemerkungen:

- Dies ist zweifellos eine sehr unterhaltsame Art, in der man mit den Schülern globales Hörverstehen üben kann. Solche Übungen sind meistens sehr motivierend.
- Comics spielen in der Erlebniswelt der meisten Schüler nicht nur in der Bundesrepublik Deutschland, sondern praktisch in allen Kulturen eine Rolle. Auch wenn bestimmte Themen eine jeweils spezielle kulturelle Aufbereitung erfahren, so gilt doch der allgemein verbindende Aspekt dieser Textsorte. Von daher haben die Schüler keine besonderen Einstiegsschwierigkeiten.
- Ein anderer Aspekt bei dieser Übung ist das Einhören in Situationen, in denen Umgangssprache benutzt wird. Auch Stilmittel wie Schlagfertigkeit und Witz können auf diese Weise geübt werden.

Literaturhinweis

Wenn Sie weitere Comicbilder suchen, die mit Witz und Humor den Alltag darstellen, empfehlen wir Ihnen die *Bildergeschichten. Aufgaben und Übungen* von Diethelm Kaminski (vgl. Kaminski 1987).

Aufgabe 87

> *Versuchen Sie doch einmal, zu einer oder auch zu allen der drei folgenden Bildgeschichten auf den Seiten 122–124 selbst kleine Dialoge oder Texte zu schreiben. Wählen Sie dabei die Bildgeschichte aus, die Ihnen am besten gefällt.*

Arbeitsblatt

1. Was passiert wohl in dem Comic?

© KFS/Bulls 1985

2. Welcher Text paßt in welche leere Sprechblase?

3. Welcher Hörtext paßt zu dem Cartoon (Bild und Text)?

	a	b	c	d	e	f	g	h
Das ist richtig.								
Das ist falsch.								
Vielleicht richtig.								
Ich kann es nicht wissen.								

Bildgeschichte 1:

nach: Rauschenbach (1987), ohne Seitenangabe

Bildgeschichte 2:

Tischmanieren nicht verlieren

nach: Brown 1988, Hägar der Schreckliche, King Feature Syndicate/Bulls

Bildgeschichte 3:

Herbert
von G. Bri

© Gerhard Brinkmann; nach: Kaminski (1987), 36

2.2 Typologie von Hörübungen: Systematischer Überblick

Im folgenden wollen wir die von uns vorgeschlagene Übungstypologie mit den entsprechenden Aufgabenstellungen noch einmal im Überblick darstellen. Manche Aufgaben werden Sie in mehr als nur einer Rubrik wiederfinden. So kann man Zuordnungsübungen von Text und Bild z. B. sowohl vor dem Hören als auch nach dem Hören einsetzen. Schlüsselwörter können zur Einstimmung in das Thema und zur sprachlichen Vorentlastung vorgegeben werden, man kann sie aber auch während des Hörens mitlesen lassen. Richtig-Falsch-Aufgaben können bei längeren Hörtexten während des Hörens, bei kurzen Texten aber auch nach dem Hören gelöst werden usw.

Aufgaben, die vor dem Hören gemacht werden können

Ziel: Hinführung zum Thema, Motivation der Schüler, Aufbau einer Hörerwartung, Aktivierung des Vorwissens durch Aufbau einer Hörerwartung, Aktivierung des Vorwissens durch

— Assoziogramme (Signalwort, Signalsatz),
— visuelle Impulse (Illustration, Bild, Foto, Bildsalat, Video, Skizze usw.),
— akustische Impulse (Geräusche, Musik, Stimmen),
— Besprechung des Themas (Vorerfahrungen, Weltwissen der Schüler) in der Mutter- oder Fremdsprache,
— Vorgabe von Schlüsselwörtern (Strukturskizze, Wortgeländer, „roter Faden" durch den Text),
— Arbeit mit Satzkarten,
— Zuordnungsübungen (Bild – Text, Bild – Bild, Text – Text),
— richtige Reihenfolge herstellen (von Bildern, Texten usw.),
— Vorsprechen/Vorspielen einer sprachlich (und inhaltlich) vereinfachten Version des Hörtextes,
— Besprechung eines Lesetextes mit ähnlicher Thematik, Lesen einer inhaltlichen Zusammenfassung,
— phonetische Vorentlastung.

Aufgaben, die während des Hörens gemacht werden können

Ziel: Intensives Hören

— Einzelne Informationen (Namen, Ort, Zahlen: Bingo usw.) aufschreiben, Rasterübungen,
— Text mitlesen,
— Lückentext mitlesen und Lücken schließen,
— Mitlesen der Schlüsselwörter/des Wortgeländers,
— Arbeit mit (umfangreichen) Wortlisten (*Was wird tatsächlich gesagt?*),
— Beantworten von globalen W-Fragen (*Wer? Wo? Wann? Wie viele Personen?*).

Nichtverbal reagieren und handeln:
— visuelles Diktat, Körperbewegungen, Weg verfolgen: Stadtplan, Landkarte usw.,
— richtige Reihenfolge herstellen.

Ziel: Extensives Hören/selektives Hören

Nichtverbal:
— Mehrwahlantworten (Multiple-choice),
— Richtig – Falsch ankreuzen,
— Ja – Nein ankreuzen,
— Informationen zuordnen (z. B. durch Pfeile),

- Arbeit mit Wortlisten (nur einige wenige vorgegebene Wörter müssen herausgehört werden),
- einen bestimmten Auftrag ausführen.

Verbal:
- stichwortartiges Beantworten von globalen Fragen (*Wer? Wo? Wann? Wie viele?*),
- einzelne Informationen in Raster eintragen.

Aufgaben nach dem Hören

Aufgaben, die nach dem Hören gemacht werden können

Ziel: Kontrolle, Arbeit am Text

- Zuordnungsübungen (Text – Text, Bild – Bild, Bild – Text),
- Richtig – Falsch (kurze Hörtexte),
- Ja – Nein (kurze Hörtexte),
- Fragen zum Text: Raster mit 6 W-Fragen,
- richtige Reihenfolge herstellen (Wörter, Überschriften, Bilder),
- Raster ausfüllen.
- Welche Aussagen treffen zu?

Abschließend möchten wir noch auf zwei weitere Möglichkeiten, Hörübungen zu systematisieren, hinweisen, die in die vorliegende Studieneinheit nur am Rande einbezogen wurden. So schlägt Gerhard Neuner (vgl. Neuner 1985, 136) beispielsweise eine Stufung von Übungen zum Hörverstehen auf der Lautebene vor. Das betrifft sowohl die Unterscheidung von Einzellauten (Sie erinnern sich an die Komponentenübungen, die wir gemeinsam betrachtet haben) als auch das Erkennen und Abgrenzen von Tongruppen (Unterscheiden einzelner Wörter in Wortgruppen) und die Bedeutung von Intonationsmustern für das Verstehen.

Literaturhinweis

Detaillierte Ausführungen und zahlreiche Beispiele für Übungen enthält das Buch von Gert Solmecke *Texte hören, lesen und verstehen* (1993), das wir Ihnen zur weiterführenden Lektüre empfehlen möchten.

Progression nach Schwierigkeit der Aufgabenstellungen

Gert Solmecke nimmt in seinem Buch eine Stufung der Aufgaben zum Hörverstehen nach der Schwierigkeit der Aufgabenstellungen vor. Er geht von der Überlegung aus, daß der Grad der Schwierigkeit von Übungen zum Hörverstehen nicht so sehr von den Hörtexten selbst abhängt, sondern von der Art der Aufgabenstellung.

An den Anfang seiner Progression stellt er Aufgaben zum Wiedererkennen von Lauten, Intonationsmustern, Wörtern und Wortgruppen. Beim Anfänger liegt der Schwerpunkt bei nichtverbalen Aufgabenstellungen wie: identifizieren, ankreuzen, markieren.

Die zweite Stufe sind Aufgaben auf der Ebene des Verstehens, die keine sprachproduktiven Leistungen von den Lernenden erfordern. Zu ihnen rechnet er Ordnungs- und Zuordnungsaufgaben, Mehrwahlaufgaben, die Pantomime, Zeichnungen usw.

Die dritte Progressionsstufe stellen Aufgaben auf der Ebene des Verstehens dar, die wenig sprachliche Leistungen von den Lernenden erfordern. Das sind Aufgabenstellungen wie: Lückentexte ergänzen, Schlüsselinformationen zusammenstellen, auf eine Situation angemessen reagieren usw.

In der vierten und fünften Stufe schließlich werden erhöhte analytische und sprachproduktive Anforderungen an die Lernenden gestellt, und zwar bei Textinterpretationen, Bewertung von Meinungen usw.

2.3 Hörverstehen und andere Fertigkeiten

Hören und Sprechen und Lesen und Schreiben

Vor einiger Zeit noch haben Fremdsprachendidaktiker die Meinung vertreten, die Fertigkeiten müßten in der Reihenfolge: Vom Hören zum Sprechen zum Lesen und dann erst (wenn überhaupt) zum Schreiben und im wesentlichen getrennt voneinander angeboten werden. Lehrpläne und Unterrichtsmaterialien haben diese Forderungen aufgegriffen und umgesetzt. In audiolingualen und audiovisuellen Lehrmaterialien waren zum Teil wochen- oder gar monatelange Phasen vorgesehen, in denen die fremde Sprache nur über das Ohr (und das Auge) angeboten wurde.

Diese Position wird heute glücklicherweise nicht mehr vertreten, stattdessen spricht man von einer „Integration der Fertigkeiten*" und der „Arbeit in Fertigkeitsbereichen". Auch in dieser Studieneinheit haben wir an vielen Beispielen gesehen, daß das Hörverstehen eigentlich nie isoliert geübt wird, sondern mit anderen Fertigkeiten eng verknüpft ist.

Für die Integrierung der einzelnen Fertigkeiten im Unterricht sprechen eine Reihe von Gründen. Die wichtigsten fassen wir hier noch einmal zusammen:

a) kommunikative

An verschiedenen Stellen dieser Studieneinheit wurde darauf hingewiesen, daß die Ausbildung des Hörverstehens (natürlich) zum Ziel hat, die Schüler möglichst effektiv auf die Bewältigung späterer Realsituationen vorzubereiten. In einer realen Kommunikationssituation tritt man fast immer in interpersonellen Kontakt, d. h., es kommt zu einem Dialog zwischen einem oder mehreren Gesprächspartnern.

In einer solchen Situation findet ein permanenter Wechsel zwischen Hörer- und Sprecherrolle statt. Wenn man in der Rolle des Zuhörenden ist – sich also rezeptiv verhält – weiß man, daß man gleich eine Antwort geben wird, sich also produktiv verhält. Günther Desselmann, der Ihnen von den Komponentenübungen inzwischen bekannt ist, nennt diesen Vorgang „Hören im Dialog" (vgl. Desselmann 1983).

Es reicht also nicht aus, daß Ihre Schüler allein auf das Ziel des hörenden Verstehens vorbereitet werden, sondern die sprachliche Reaktion, die in solch einer interpersonellen Kommunikation* erwartet wird, muß ebenfalls vorbereitet werden.

Die Integration der Fertigkeiten Hören und Sprechen können Sie durch eine Reihe von Übungen erreichen. Wenn Sie in Ihrem Lehrbuch Dialoge finden, bietet es sich zum Beispiel an, diese zu variieren. Übungen mit Replikenpaaren sind ebenfalls eine große Hilfe, den Rollenwechsel Hörer – Sprecher vorzubereiten.

Selbstverständlich geht es nicht nur um eine Integration von Hören und Sprechen. Man kann einen Text hören und dann lesen oder hören und gleichzeitig lesen. Man kann zuhören und schreiben (Notizen machen) oder erst hören und dann dazu Schreibaufträge erteilen oder umgekehrt. Alle Varianten sind möglich und können sinnvoll sein.

b) lernpsychologische

Neurophysiologische* Forschungsergebnisse, das heißt Forschungen in bezug auf die Arbeitsweise unseres Nervensystems und Gehirns, haben gezeigt, daß beim Gebrauch einer Sprache verschiedene Zonen der Hirnrinde gleichzeitig aktiviert werden. Zwischen diesen Zonen gibt es intensive Wechselwirkungen, denn es existieren keine – wie früher fälschlicherweise vermutet – isoliert funktionierenden Hör-, Sprech-, Lese- und Schreibzentren im Gehirn. Zwar gibt es solche Zentren, aber sie „kommunizieren" lebhaft miteinander. Das heißt: Die einzelnen Sprachtätigkeiten sind eng miteinander verbunden und fördern sich gegenseitig (vgl. Apelt 1976, 37ff.).

Eine solche wechselseitige Förderung besteht z. B. darin, daß sich gehörte Sprache, Sprachlaute (Phoneme*) mit der geschriebenen Repräsentation des Gehörten (Graphemen*) verknüpfen. Dieser Prozeß verläuft parallel, das heißt: Man hört (und liest) und schreibt, was man hört. Auf diese Weise sind mehrere Sinneskanäle am Lernprozeß beteiligt, und man kann das Gelernte besser behalten.

Schauen Sie sich zu diesem Thema bitte auch die folgenden Studieneinheiten zu den anderen Fertigkeiten an: *Fertigkeit Lesen, Fertigkeit Sprechen, Fertigkeit Schreiben*.

c) motivationale

Hierbei geht es um die Motivierung der Schüler. Jeder Lehrer kann leicht die Erfahrung machen, daß eine Unterrichtsstunde mit vielen abwechslungsreichen Aktivitäten in den vier Fertigkeiten für die Schüler attraktiver und motivierender ist als eine Unterrichtsstunde, in der es nur um Hörtexte und Hörübungen geht.

d) unterrichtspraktische

Auch auf diesen Aspekt soll nur kurz hingewiesen werden, weil er für sich selbst spricht: Im Unterricht spielen alle Fertigkeiten eine Rolle, und viele Übungs- und Testformen können sowohl im Bereich Hörverstehen als auch in den anderen Fertigkeitsbereichen verwendet werden.

Die Frage, die immer wieder gestellt und beantwortet werden muß, lautet:

<u>Welche Aufgaben- und Übungsformen können für welche Fertigkeiten, für welche Lernprozesse und zum Erreichen und Überprüfen welcher Lernziele in welcher Kombination am effektivsten eingesetzt werden?</u>

Das klingt kompliziert, aber es wird ganz einfach, wenn man den Unterricht Schritt für Schritt plant und aufbaut.

Nun sind wir am Ende des Lehrtextes angelangt und hoffen, daß Sie Lust haben, die Materialien aus dem 3. Teil anzuhören und als Übung zu didaktisieren.

3 Hörmaterialien für die Weiterarbeit

Sie haben jetzt in den Teilen 1 und 2 sehr viele Hörtexte und Übungsformen kennengelernt und sollen nun in mehr oder weniger freier Anlehnung an die vorgestellten Hörmaterialien einige andere Hörtexte didaktisieren. Hierzu können wir Ihnen innerhalb dieser Studieneinheit nur eine sehr kleine Auswahl anbieten, geben Ihnen aber zusätzliche Hinweise auf leicht zugängliche Hörmaterialien, mit denen Sie ebenfalls weiterarbeiten können.

Die Textauswahl bezieht sich für die Grundstufe auf drei Fundstellen:

1. Publikationen des Goethe-Instituts,
2. Publikationen von Inter Nationes,
3. Hörszenen aus Lehrbüchern für Jugendliche.

Wir haben diese Hörszenen folgendermaßen ausgewählt:

— Sie sollen in der Grund- und Mittelstufe einsetzbar sein und Merkmale authentischer Hörszenen haben.
— Sie sollen dialogische Texte (Interviews, Gespräche usw.) und monologische Texte (Durchsagen, Berichte usw.) umfassen und schwerpunktmäßig Auswahlthemen behandeln, die jugendbezogen sind: z. B. Alltag, Freizeit, Taschengeld, Ferien usw.

Alle ausgewählten Hörszenen befinden sich auf der zugehörigen Kassette, weitere können Sie sich bei Inter Nationes oder über „Ihr" Goethe-Institut besorgen.

Folgende Leitfragen können bei den Didaktisierungen eine Hilfe sein:

1. Zielgruppe
   Für welche Altersgruppe ist der Text geeignet, und für welche Altersgruppe soll speziell Ihre Didaktisierung eingesetzt werden?

2. Sprachniveau
   Für welches Sprachniveau ist der Text geeignet, und in welcher Lerngruppe (Lernjahr, Stufe usw.) soll die Didaktisierung eingesetzt werden?

3. Hörstil
   Welcher Hörstil ist für den Text sinnvoll, und welchen Hörstil wählen Sie für Ihre Didaktisierung aus (globales, detailliertes, selektives Hören)?

4. Redaktion
   Welche redaktionellen Bearbeitungen halten Sie für den Hörtext für Ihre Zielgruppe und deren Sprachniveau für nötig (Kürzungen, Umformulierungen, Wörter/Begriffe ersetzen usw.)?

5. Übungen/Fertigkeitsverbund
   Entwerfen Sie zu den Hörtexten Übungen, die vor, beim und nach dem Hören gemacht werden sollen. Orientieren Sie sich ggfs. an den Beispielen in Teil 1 und 2. Welche anderen Fertigkeiten kann man ebenfalls im Zusammenhang mit der Hörszene und der Didaktisierung üben?

6. Lehrbuchbezug/Zusatzmaterialien
   Zu welcher Lektion in den von Ihnen benutzten Lehrbüchern würde die Hörszene passen? Welche Bilder und Texte würden gut zu dieser Hörszene passen?

A. Hörmaterialien des Goethe-Instituts

Das Goethe-Institut entwickelt u. a. auch Materialien zum Hörverstehen, die Sie über „Ihr" Goethe-Institut bekommen können. Fordern Sie hierzu den jährlich erscheinenden Publikationskatalog *Materialien des Goethe-Instituts* an, der alle lieferbaren Titel mit einer Kurzbeschreibung umfaßt und Auskunft über die Bestellmodalitäten gibt.

Aus folgenden drei Publikationen, die Hörtexte für Jugendliche enthalten, stellen wir Ihnen ein paar Beispiele vor:

- FORMELLA, Doris u. a. (1990): *Übungen für Selbstlerner – Hörverstehen.* München: Goethe-Institut.
- EGGEMANN, Werner u. a. (1989): *Sieben junge Leute stellen sich vor.* München: Goethe-Institut/Klett Edition Deutsch.
- MEIJER, Dick u. a. (1991): *Das sind wir. Leipziger Schüler berichten.* München/Den Bosch: Goethe-Institut/Malmberg.

Hörszene 42 a

Frankfurt Hauptbahnhof, hier Frankfurt Hauptbahnhof!
Achtung, auf Gleis 6 fährt ein Intercity 623 „Gambrinus" von Dortmund nach München, über Würzburg, Nürnberg, Augsburg. Ankunft 11.12 Uhr, Abfahrt 11.20 Uhr.
Die Wagen der ersten Klasse halten in den Abschnitten D und E, die Wagen der zweiten Klasse in den Abschnitten A, B und C.
Für diesen Zug ist ein Intercity-Zuschlag erforderlich.
Am Gleis 6 bitte Vorsicht bei Einfahrt des Zuges.

Hörszene 42 b

Frankfurt Hauptbahnhof, hier Frankfurt Hauptbahnhof.
Achtung, auf Gleis 7 fährt ein Eurocity 78 „Helvetia" von Zürich nach Hamburg-Altona. Über Fulda, Göttingen, Hannover. Ankunft 11.15 Uhr, Abfahrt 11.23 Uhr.
Die Wagen der ersten Klasse halten in den Abschnitten A und B, die Wagen der zweiten Klasse in den Abschnitten C, D und E.
Für diesen Zug ist ein Eurocity-Zuschlag erforderlich.
Am Gleis 7 bitte Vorsicht bei der Einfahrt des Zuges.

Hörszene 42 c

Achtung, Achtung, Intercity 624 „Bacchus" von München nach Dortmund, planmäßige Ankunft 16.39 Uhr, planmäßige Abfahrt 16.47 Uhr auf Gleis 6, wird voraussichtlich 7 Minuten später ankommen.
Ich wiederhole: Intercity 624 „Bacchus" von München nach Dortmund, planmäßige Ankunft 16.39 Uhr, planmäßige Abfahrt 16.47 Uhr auf Gleis 6, wird voraussichtlich 7 Minuten später ankommen.

Hörszene 42 d

Achtung, Achtung, Intercity 664 „Stolzenfels" von München nach Dortmund über Frankfurt-Flughafen, Mainz, Koblenz, Bonn, Köln, Hagen, planmäßige Ankunft 10.39 Uhr, planmäßige Abfahrt 10.47 Uhr, wird voraussichtlich 10 Minuten später ankommen. Ich wiederhole: Intercity 664 „Stolzenfels" von München nach Dortmund, planmäßige Ankunft 10.39 Uhr, planmäßige Abfahrt 10.47 Uhr, wird voraussichtlich 10 Minuten später ankommen.

Formella (1990), 95–97

Hörszene 43

W = Wolfgang / S = Swaantje

W: Ja. Swaantje, kannst du bitte einmal deinen Tagesablauf kurz darstellen? Wie sieht ein typischer Tag für dich aus?
S: Also morgens um 7.00 Uhr klingelt bei mir der Wecker. Dann stehe ich auf, gehe ins Badezimmer, zieh' mich an und frühstücke. Um Viertel vor acht gehe ich aus dem Haus zur Bushaltestelle. Um 8.00 kommt der Bus, fährt ungefähr 10 Minuten, denn um zehn nach acht fängt die Schule an. Und dann habe ich, je nachdem, je nach Stundenplan fünf oder sechs Stunden. Danach komm' ich mit dem Schulbus wieder nach Hause. Dann esse ich Mittag hier. Dann habe ich meist noch ein bißchen Freizeit oder mache ... fange gleich mit den Hausaufgaben an. Ja und abends um fünf kommt meine Mutter dann nach Hause. Und, ja, um 7.00 Uhr gibt es Essen, und abends wird halt noch Fernsehen geguckt, und zwischen halb zehn und zehn geh' ich ins Bett.

Eggemann (1989), 54

Hörszene 44

W = Wolfgang / T = Thorsten

W: Mmmh. Danke Thorsten. Kannst du bitte einmal kurz deinen Tagesablauf darstellen? Wie sieht ein typischer Tagesablauf für dich aus?
T: Ja, mmmh, morgens stehe ich meistens auf, geh' mit dem Hund, kurz danach wasch' ich mich, esse, zieh' mich an und fahr' dann zur Schule. Ja.
W: Wann stehst du auf?
T: Ja, um 6.00 meistens. Dann geh' ich auch gleich mit dem Hund. 'Ne gute halbe Stunde, ja, geh' ich zur Schule. Meistens hab' ich sechs Stunden. Bin gegen eins, halb zwei wieder hier zu Hause. Esse meistens, dann geh' ich noch mal mit dem Hund und komm' meistens nach Hause, dann leg' ich mich noch mal so 'ne halbe Stunde hin und relax ein wenig oder ich, ja, mach' dann gleich Schularbeiten, bzw. ich arbeite irgend etwas aus, und dann kommen am Abend meistens noch Aktivitäten, bzw. ich treffe mich mit Freunden.
W: Und wann gehst du ins Bett, so ungefähr?
T: Durchschnittlich 10 Uhr. Manchmal auch früher.
W: Mmmh, danke!

Eggemann (1989), 67

Hörszene 45

W = Wolfgang / M = Meike

W: Kannst du uns bitte einmal einen typischen Tag von dir vorstellen, was machst du da?
M: Ja, also meine Mama weckt mich um fünf vor sechs, und dann döse ich bis sechs, also so ein bißchen aufwachen und so. Dann gehe ich auf Toilette, und dann ziehe ich mich bis ungefähr fünf vor halb sieben um und manchmal auch 'n bißchen früher, es kommt ganz darauf an, ob ich mich beeile. Und dann esse ich Frühstück, und ungefähr bis 20 vor sieben, und Viertel vor sieben fährt bei uns der Bus. Und dann also gehe ich raus, um Viertel vor sieben, und dann steht da der Bus. Wir können das also gleich hier ... wir können aus dem Wohnzimmerfenster rausgucken, dann sehen wir ihn, ja und dann fahre ich mit dem Bus, ich glaub' so 'ne dreiviertel Stunde oder so. Dann bin ich so ungefähr eine dreiviertel Stunde vor Schulbeginn in der Schule, und die Schule fängt um zehn vor acht an. Und dann, ja dann klingelt es um 35 zum Vorklingeln, und dann sollen wir schon alle wissen, daß die Schule bald beginnt. Und dann klingelt es nochmal um zehn vor, und dann gehen wir alle in die Klassen. Wir haben so Pavillons.
W: Mmmmh, wie lange dauert denn der Schultag, wieviel Stunden hast du da?
M: Ja, so manchmal fünf und manchmal sechs, dreimal in der Woche sechs und dreimal fünf und einmal vier, am Samstag.
W: Kommst du dann nach der Schule gleich nach Hause?
M: Ja, also nach der Schule fährt ein Bus, aber nach der sechsten müssen wir immer noch zehn Minuten oder 'ne Viertelstunde warten, dann fährt er erst. Dann fährt er auch wieder so ungefähr 'ne dreiviertel Stunde oder 'n bißchen weniger, und dann bin ich hier zu Hause. Dann esse ich Mittag, dann mache ich Hausaufgaben, und entweder gehe ich zum Jugend-Rotkreuz oder zum Wintertraining vom Rudern, oder ich spiele mit jemandem und übe dann noch Gitarre nach den Hausaufgaben. Ja, und dann gehe ich so ungefähr halb acht ins Bett und darf noch bis Viertel vor acht lesen, und dann schlafe ich ein und dann – es geht immer so weiter, die ganze Woche durch.

Eggemann (1989), 22

Hörszene 46

W = Wolfgang / J = Jutta

W: Jutta, kannst du uns bitte mal einen typischen Tagesablauf von dir vorstellen?
J: Also ... ich stehe morgens um 6.00 auf, dann fährt der Bus um Viertel vor sieben.
W: Mmmmh, hast du vorher schon gefrühstückt?
J: Ja, gefrühstückt vorher. Und dann ist er ungefähr so in der Schule um Viertel nach sieben Uhr, und dann müssen wir noch warten. Um zehn vor acht fängt die Schule dann an, und dann haben wir meistens so, ja maximal so bis eins Schule. Dann fahre ich wieder nach Hause mit dem Bus, und hier mache ich dann so zwei Stunden Hausaufgaben ungefähr. Und am Nachmittag, da habe ich dann manchmal irgendwie, also gehe ich dann zum Rudern. Im Moment ist Wintertraining, jetzt im Winter, oder ich treff' mich eben mit Freundinnen oder fahre zum Konfirmandenunterricht.
W: Mmmmh. Und was machst du am Abend?
J: Ja, da sitze ich hier im Zimmer und hör' 'n bißchen Musik und erhole mich 'n bißchen vom Tag.
W: Ja, und wann gehst du durchschnittlich ins Bett?
J: Ja, also jetzt wurde das verlängert, sonst durfte ich immer bis acht und jetzt bis neun.
W: Jetzt bis neun.
J: Mmmmh.
W: Seit wann denn verlängert?
J: Also, seitdem ich mich beschwert habe, das war ungefähr so vor einer Woche, zwei Wochen ...
W: Und jetzt darfst du bis neun?
J: Ja.
W: Darfst du abends auch Fernseh gucken?
J: Ja.
W: Mmmmh.
J: Aber wir haben keinen, so richtig ... also wir haben manchmal immer ein Leihgerät, und ich mag es auch nicht so gerne, manchmal eben ...

Eggemann (1989), 39

Hörszene 47

W = Wolfgang / S = Sinje

W: Ja, Sinje, könntest du bitte einmal einen typischen Tagesablauf von dir beschreiben? Wann stehst du auf? Was kommt dann usw.
S: Aufstehen, also mein Wecker klingelt um 6.40 Uhr oder vielmehr, dann springt die Musik an, und dann kriege ich erstmal einen Schreck. Das krieg' ich jeden Morgen, weil ich noch so schön geschlafen habe. Und, ja, meistens ist mein Bruder auch wach und meine Mutter. Die schlafen nebenan. Und dann 10 Minuten später kommt meine Mutter rein und macht das Licht an. Meistens bin ich dann auch schon halb wach, steh' dann auf. Und dann hab' ich ein Badezimmer gleich neben meinem Zimmer. Das ist nur für mich. Und da wasch' ich mich dann. Und dann geh' ich runter. Und dann zieh' ich mich unten an. Und dann 'n bißchen eß' ich manchmal was, nicht immer, wenn ich keine Zeit habe oder so, wenn ich meine Sachen noch packen muß. Und dann ist mein Vater ... der steht meistens mit uns zusammen auf. Und der muß etwas früher los als ich. Meine Mutter ist dann hier und paßt auf den Kleinen auf. Und dann geh' ich los zum Bus, das ist, ja, zwanzig nach sieben ungefähr. Da muß ich ein Stück gehen, zwei Minuten vielleicht. Und, ja, dann fahr' ich mit dem Bus eine Viertelstunde bis nach Friedrichsort. Und dann hab' ich erst mal Schule. Vorher trifft man sich denn noch mal so, wir haben so einen Gemeinschaftsraum. Da warten wir meistens dann zusammen, und da erzählt man sich irgendwas, was gewesen ist oder so. Und, äh, dann gehen wir in den Unterricht. Und dann hab' ich sechs Stunden, meistens vormittags. Dann hab' ich eine dreiviertel Stunde Pause, und die Pausen zwischendurch dann natürlich auch. Und in der Freizeit kann man ... Es gibt Angebote da in der Schule, was man machen kann. Man kann fotografieren oder stricken oder nähen oder auch töpfern. Es gibt viele Angebote dort. Aber wir gehen meistens dann nach Friedrichsort rein und kaufen uns ein Eis oder sowas oder holen uns ein Brötchen. Dann reden wir miteinander. Manchmal singen wir auch zusammen oder sowas. Und dann hab' ich nachmittags dann noch einmal drei Stunden oft.
W: Und wann ißt du?
S: Ja, in den Pausen oder sonst, wenn ich nach Hause komme, dann hab' ich noch hier ein Mittagessen dann.
W: Wann ist das denn ungefähr, wann du nach Hause kommst?
S: Also, aus haben wir um Viertel vor vier. Dann fahr' ich, werd' ich vielleicht abgeholt oder ich fahr' mit dem Bus, dann bin ich also Viertel nach vier, halb fünf, spätestens zu Hause. Und dann eß' ich was. Und, ja, Hausaufgaben, wenn welche da sind, meistens habe ich keine Lust dazu und mache irgendwas anderes, hör' Musik oder lese ein bißchen oder mach' selber

Musik. Beschäftige mich mit meinem Bruder, das mach ich sehr gerne. Man kann so schön immer auf dem Boden sitzen, dann erzählt man ... erzähl ich mit meiner Mutter mir irgendwas, und er wuselt dann zwischendurch rum oder er kommt dann immer angekrochen. Ja, und dann guck' ich Fernsehen, ein bißchen. Da gibt es denn auch manchmal Zank, wenn ich dann was sehen will, was meine Eltern nicht sehen wollen. Und so gegen zehn denk' ich dann auch mal ans Schlafengehen so. Das ist zwischen zehn und elf meistens. Wenn ein Film länger geht, also dann etwas später. Aber eigentlich so gegen zehn. Dann putz' ich mir die Zähne unten und mach' mich fertig, und dann geh' ich wieder hoch und pack' mich ins Bett. Und dann lese ich hier meistens aber noch viel länger und bin dann ganz unausgeschlafen am nächsten Morgen.

W: Und dann schreckst du wieder auf, wenn die Musik anfängt zu spielen.

S: Dann wach' ich wieder auf, ja, ja.

Eggemann (1989), 83

Hörszene 48

W = Wolfgang / S = Sandra

W: Du wohnst mit deiner Mutter zusammen. Ja. Sandra, könntest du uns bitte einmal einen typischen Tagesablauf von dir schildern? Wie sieht das aus? Wann mußt du aufstehen, Frühstück usw. Wie lang ist dein Arbeitsweg und so etwas ...

S: Aufstehen tu' ich um fünf. Dann ziehe ich mich an und frühstücke bis um Viertel nach sechs. Dann fahr' ich mit dem Bus bis um zehn vor sieben. Dann ziehe ich mich auf der Arbeit um. Dann gehe ich arbeiten bis um Viertel nach drei, ja, und dann wieder nach Hause.

W: Mmmh. Und was machst du dann?

S: Wenn ich nach Hause komm?

W: Ja.

S: Essen ... essen.

W: Mhm, ja. Und ganz banal ... und dann?
Ach, noch vielleicht 'ne Frage nachgeschoben: mußt du das Essen selbst machen oder ...?

S: Soweit kommt das noch.

W: Mhm.

S: Nö, das macht meine Mutter.

W: Das macht die Mutter, ja. Ist deine Mutter denn berufstätig, auch so wie du?

S: Nein, meine Mutter ist arbeitslos.

W: Hast du selbst keine Angst davor, arbeitslos zu werden?

S: Für mich wäre das wohl anders als für meine Mutter. Weil, meine Mutter muß eine Familie ernähren, und das hab' ich nicht, ja, das Problem.

W: Mhm. Was hältst du denn überhaupt so von Arbeitslosigkeit? Ist das schlimm? Wie siehst du das?

S: Für die betroffenen Personen bestimmt. Und die anderen Leute, ich weiß nicht. Haben alle eine große Klappe rundherum aber ...

W: Mhm, und wie wirst du so mit der Arbeitslosigkeit deiner Mutter fertig? Ist das was, was ein Problem für dich ist oder nicht?

S: Es geht, mal so mal so. Manchmal ist es richtig beschissen. Und dann geht es wieder.

W: Ja, Sandra, kommen wir mal wieder zu deinem Tagesablauf zurück: Was machst du, wenn du gegessen hast? Legst du dich erstmal hin, um dich auszuruhen oder ... wie sieht es dann aus?

S: Das ist ganz unterschiedlich.

W: Mhm.

S: Je nachdem, was sich ergibt. Wenn ich was tun muß oder so, dann muß ich das halt machen. Wenn ich müde bin, geh' ich halt ins Bett.

W: Mhm.

S: Ich weiß nicht, das ergibt sich dann einfach so.

W: Mhm. Was ist denn so die durchschnittliche Zeit, wann du abends ins Bett gehst?

S: Wenn ich geschlafen habe nachmittags ... oh ... dann wird es spät. Ich guck' dann auch lange mit Muttern Fernsehen, weil ... sonst sehen wir uns ja nicht viel.

W: Mhm.

S: Mhm, halb elf, elf.

W: Mhm. Siehst du viel fern?

S: Nö, also weniger als der Rest der Familie.

W: Ja.

S: Weiß nicht.

W: So, wieviel Stunden denn pro Tag?

S: Nicht viel – drei höchstens – also das ist schon viel, ja.

Eggemann (1989), 95

Hörszene 49

W = Wolfgang / M = Meike

W: Was hast du denn für Interessen, für Hobbys?

M: Ja, also Jugend-Rotkreuz, das ist ... ja also da fahren wir auch am ersten Wochenende in den Ferien zu den Kreismeisterschaften. Da haben wir jetzt schon immer ganz viel geübt und so.

W: Mmmmh. Übt ihr da, wie man Verletzte birgt und wie man ihnen hilft?

W: Ja, wie man Verletzte ja, und wie man sie verbindet, und einen Sketch muß man da auch üben, und dann bin ich die Mutter. Ja.

W: Du hast doch sicher noch mehr Hobbys als Jugend-Rotkreuz?

M: Ja, also Gitarre und Rudern.

W: Du spielst noch nicht so lange Gitarre?

M: Ne, erst seit Weihnachten!

W: Aha.

M: Und, ja, rudern mag ich gerne und radfahren, malen.

W: Was malst du denn so?

M: Ach das ist immer verschieden, also so Köpfe oder so, wo nur ein Kopf drauf ist, das mag ich nicht so gerne.

W: Und beim Rudern, wie sieht es da aus? Ruderst du auch wie deine Schwester im Verein?

M: Ja! Ich bin genau im gleichen wie meine Schwester.

W: Ah ja, in Preetz auch, ne?

M: Ja.

W: Und im Moment habt ihr noch Wintertraining. Was bedeutet das?

M: Ja also, da üben wir so Kondition, also so Krafttraining und so und daß man nicht immer gleich schlapp wird, und da laufen wir vorher drei Kilometer, und dann gehen wir in die Halle und machen so einen Zirkel, also das einzelne Krafttraining und so.

W: Mmmmh.

M: Und dann mag ich auch noch gerne schwimmen.

W: Ja, mmmh.

M: Ja, und das haben wir auch von der Schule aus.

W: Hörst du auch gerne Musik Meike?

M: Ja! Nena mag ich so gerne.

W: Nena magst du gerne.

M: Ja!

W: Da haben wir vorhin ja schon drüber gesprochen.

M: Ja.

W: Nena findest du toll.

M: Ja.

W: Und gefällt dir ein Titel von ihr besonders?
M: Ach nö, eigentlich alle gleich.
W: Mmmh. – Und wie ist es mit der Lautstärke, darfst du auch mal so richtig aufdrehen, wenn du danach Lust hast?
M: Ja – ja, darf ich auch!
W: Mmmh!
M: Beim Geburtstag, also wenn wir Geburtstag haben, da können wir auch so richtig Remmidemmi machen. Also, das ist nicht so, daß man ganz leise sein muß und so, man kann hier ruhig im Haus so laut sein.

Eggemann (1989), 24

Hörszene 50

W = Wolfgang / S = Swaantje

W: Mmh. Welche Hobbys, welche Interessen hast du denn, Swaantje?
S: Ja, ich spiele zum Beispiel Klarinette auch sehr gerne.
W: Aha, wie lange denn schon?
S: Ich glaub' ein Vierteljahr.
W: Mmmmh.
S: Noch nicht länger. Also ich hab' gerade erst angefangen. Dann mag ich gerne malen, ich zeichne gerne. Dann … ich geh' gerne spazieren, faulenze gerne, höre gerne, sehr gerne Musik. Geh' auch gerne in Konzerte, wenn irgendwelche Sänger hier sind in Kiel, was ja nicht sehr oft der Fall ist. Und, ja, faulenzen und das ist eigentlich so, wenn meine Freundin da ist, spiele ich gerne mit der. Was heißt spielen, wir unterhalten uns, lesen Zeitschriften, und wir lachen halt auch sehr viel. Und wir gehen gerne auf Feten und in die Diskotheken und so … Und das macht dann, so sind die Hauptsachen, sind die hauptsächlichen Interessen so von mir.
W: Mmmmh, ja. Du hast also 'ne künstlerische Ader. Du spielst Klarinette, du malst und du hast hier einen Computer, bei dem wir gerade sitzen. Was machst du denn mit dem?
S: Ja also, da ich noch nicht viel von Programmaufstellen weiß und so richtig umgehen kann, spiele ich doch hauptsächlich. Aber ich versuche halt, in irgendwelche Programme reinzukommen oder Programme zu schreiben, was mir allerdings meistens noch mißlingt. Oder sonst habe ich vorgegebene Programme, die ich dann weiterleite oder umändere, so daß ich irgendwie ein eigenes Programm herbekomme. Aber ich versuche also, ich bin noch sehr am Probieren.
W: Mmmmh. – Du sagtest, daß du also, daß die Musik in den Discos, da kann sie ruhig mal laut sein. Gehst du denn ab und zu auch mal in die Discos?
S: Ja, also, das kommt des öfteren mal vor, wenn ich gerade Geld habe. Das liegt also auch am Geld, weil es nicht gerade billig ist. Und dann gehe ich auch abends dahin, und da macht mir auch die Musik nichts aus, weil … Man lernt mal Neue kennen, mal neue Leute und das ist halt auch ganz interessant. Und daher gehe ich auch gerne dahin.
W: Ja. Wie oft gehst du denn aus?
S: Ja. Es kann mal sein, einmal gar nicht im Monat, zweimal im Monat – je nachdem wie ich Geld habe.
W: Gehst du auch gern mal ins Kino?
S: Oh ja, das mag ich in letzter Zeit sowieso sehr gerne und – äh – es macht doch Spaß. Ich war zum Beispiel jetzt zum vierten Mal in einem und demselben Film.
W: Nämlich?
S: Dirty Dancing.
W: Aha!
S: Der hat mir sehr viel Spaß gemacht und auch immer mit anderen Leuten und …
W: Wie heißen die Schauspieler?
S: Patrick Swaezy und Jennifer Gray. Das sind also die, die hauptsächlich spielen.
W: Tanzt du selber auch gerne?
S: Ja, ich mach' Jazz-Dance, bzw. will jetzt wieder anfangen. Und so tanzen, das finde ich ganz toll, also ich finde den Film auch toll gemacht, und das reizt auch einen so, ein bißchen so etwas zu machen.

Eggemann (1989), 55/56

Hörszene 51

W = Wolfgang / T = Thorsten

W: Mmmmh. Welche Interessen, welche Hobbys hast du denn?
T: Ja, ich sitz' gern am Computer und versuch' mich in, ja, in Computerspiele reinzuknien, die man nicht gerade also knacken kann, und dann mach' ich auch ganz gerne selber irgendwelche Computerprogramme.
W: Was bedeutet das, ein Computerspiel zu knacken?
T: Also äh – zum Beispiel Computerspiele, die man so auf 'n Bildschirm spielt, und man möchte ganz gern in das Programmlisting rein, also in dem aufgezählt oder gezeigt wird, wie das Programm funktioniert, um sich da evtl. Tips noch rauszuholen oder irgendwie seinen eigenen Namen noch mit einzubringen und das dann wieder zu verschlüsseln. Und das ist, ja, so das Knacken von so 'nem Programm.
W: Mmmmh.
T: Normalerweise sagt man auch so 'n Hacker oder so …
W: Hacker, mmmh …
T: Ja.
W: Hast du noch mehr Hobbys, außer daß … der Beschäftigung mit dem Computer?
T: Ja, ich bin auch sehr gerne draußen. Ich gehe auch sehr gerne alleine irgendwie am Wasser, wenn es stürmt und schneit und so was, und ich fahr' auch irrsinnig gerne Rad bzw. ich treib' oft Sport.
W: Mmmmh – mmmmh. Tanzt du auch?
T: Ja, ich tanze, ich bin ziemlich weit im Tanzen. Ich müßte jetzt eigentlich langsam Turniertanz machen, aber ich habe im Moment noch keine Partnerin, die muß jetzt eine Saison erst mal aussetzen, und wenn die wieder mitmacht, dann tanze ich dann auch weiter.
W: Mmmmh. – Was macht dir denn am Tanzen Spaß?
T: Ja, das ganze Drumherum unter anderem und auch so der Bewegungsablauf und so was alles!
W: Mmmmh.
T: Auch, daß man sich – im Endeffekt ist es ja 'ne Sportart – und daß man sich bei dieser Sportart auch mal irgendwie adrett anziehen kann und so und nicht immer Sachen anzieht, die man dann nachher im Endeffekt durchschwitzt.
W: Ja. Wenn du einmal an eine Reihenfolge denkst bei deinen Hobbys, welches würdest du am liebsten machen, was machst du am liebsten?
T: Am liebsten ja – am liebsten gehe ich irgendwie mit dem Hund allein am Wasser spazieren, wenn es stürmt oder so …
W: Ja.
T: Allgemein, wenn draußen ziemliches Unwetter herrscht, dann bin ich sehr gerne draußen.
W: Ja. Äh – was zieht dich an, ist es, daß du dann alleine bist?
T: Ja, ich hab' mir auch schon Gedanken darüber gemacht, aber ich glaube es beinah', daß man irgendwie, ja, mit der Natur wieder, äh ja … die Natur halt mal …
W: Mmmmh.
T: … zu spüren bekommt.

Eggemann (1989), 68/69

Hörszene 52

W = Wolfgang / S = Sandra

W: Ja, was hast du denn so für Hobbys, Sandra?
S: Mein Garten.
W: Dein Garten? Hast du hier schon irgendwo einen Garten?
S: Ja, in Suchsdorf, Kleingärtnerverein. Werbung!
W: Ja. Und was wird da angepflanzt?
S: Noch gar nichts. Hab' ich ganz neu gekriegt.
W: Ja, aha. Und was möchtest du da pflanzen?
S: Ah, viel. Stachelbeeren, Johannisbeeren, Gemüse. Für meine eigene Küche nachher, Kräuter und sowas.
W: Mhm.
S: Bißchen Rasen, Gartenteich.
W: Sandra, du hast sicher noch mehr Hobbys als eben den Garten. Was, was machst du denn am zweitliebsten? Und was kommt dann, ja?
S: Das kann ich gar nicht so aufgliedern. Das is ... das sind alles Sachen, die ich so gern mach'. Lesen hin und wieder mal schreiben, wenn es sein muß. Stricken, zeichnen.
W: Was zeichnest du gern?
S: Buntstiftzeichnung.
W: Ja, mhm.
S: Wenn ich viel Zeit hab'.
W: Und stricken, ist das so Pullover, Schals und so?
S: Im Moment eine Patchwork-Decke.
W: 'Ne was?
S: 'Ne Patchwork-Decke.
W: Ach, 'ne Patchwork-Decke, mhm, ja. Und so, darf ich dich mal fragen, wie sieht's mit dem Ausgehen aus? Gehst du oft aus?
S: Eigentlich nicht.
W: Mhm. Und wenn so ... wenn du ausgehst, ist es dann 'ne Disco oder Kino oder irgend 'ne Veranstaltung, meinetwegen Konzert oder sowas. Wo gehst du gern hin?
S: Ah, Konzerte finde ich ganz gut. Kino geh' ich des öfteren, Disco überhaupt nicht, zumindest nicht hier in Kiel.
W: Ja.
S: Lieber im Ausland.
W: Aha, warst du schon mal im Ausland, Sandra?
S: Oh ja.
W: Wo denn?
S: Ich hab' Belgien gesehen, Holland gesehen, Portugal, ja.
W: Mhm, und da macht's mehr Spaß in die Disco zu gehen?
S: Ja.
W: Mhm. Wie haben dir denn die Städte gefallen, in denen du warst?
S: Gut.
W: Ja.
S: Ja.
W: Aha.
S: Wirklich gut.
W: Kann man auch sagen, daß es dir irgendwo am besten gefallen hat, oder waren dir alle gleich fremd, neu, aufregend?
S: Schön, mal was anderes zu sehen.
W: Mhm.
S: Das kann ich ja nicht sagen, vieles habe ich ja noch nicht gesehen.
W: Ja, mhm.
S: Kann ich wirklich nicht sagen, was mir am besten gefällt.

Eggemann (1989), 97

Hörszene 53

W = Wolfgang / S = Sinje

W: Ja, okay. Kommen wir mal zu deinen Interessen, deinen Hobbys, Sinje. Was hast du denn für Hobbys und für Interessen?
S: Ja, Musik, in Richtung selber machen. Also, ich spiele Geige, ich habe Gesangsstunden. Und auch Musik hören, eben ganz viel.
W: Selber machen ... Schreibst du auch selbst mal ein Stück oder ein Lied?
S: Ich habe das öfter versucht, aber das klappt nicht so ganz. Ich beschränke mich dann doch mehr auf das Abspielen. Wenn ich also selber was schreiben soll, dann sind das Texte, die ich mache.
W: Und was machst du so am liebsten?
S: Was ich am liebsten mache?
W: Ja.
S: In meinem Zimmer sitzen, rausgucken, Musik hören oder lesen.
W: Gehst du auch ab und zu mal aus?
S: Ja, ich gehe mal ganz gerne ins Kino oder Billard spielen. Das ist so ein allgemeines Hobby unseres Jahrgangs, daß wir öfter mal Billard spielen gehen.

Eggemann (1989), 85

Hörszene 54

W = Wolfgang / J = Jutta

W: Jutta, du hast ja auch sicher kleine Ausgaben so. Wie finanzierst du das denn? Bekommst du Taschengeld?
J: Ja, ich bekomme 15 Mark ...
W: In der Woche?
J: Im Monat.
W: Im Monat. Und ja, also so kleine Ausgaben ... Ich vernasche eigentlich sehr viel so. Wenn ich bummeln gehe in der Stadt, in Kiel zum Beispiel, so 5 Mark, die sind immer extra. Das ist natürlich schon ein Drittel des Taschengeldes dann.
W: Ist das meiste, ist das das, wofür du das meiste Geld ausgibst, fürs Naschen?
J: Ja – also in letzter Zeit eigentlich nicht mehr so doll. Aber ich gebe schon viel Geld aus zum Naschen.
W: Mmmmh, und hast du dir auch schon mal selbst nebenbei etwas dazuverdient?
J: Ja, hier so, manchmal für meinen Vater, mal Rasen gemäht oder so. Und dann hatt' ich schon mal 5 Mark so verdient, aber sonst eigentlich noch nicht.
W: Wie sieht es denn mit dem Ausgehen aus? Bist du schon mal ausgewesen?
J: Ja, also hier im Dorf sind manchmal so kleine Discos so, wenn irgendwie ein großes Fest ist, Kinderfest, und das ist eben nur so dörflich. Da durfte ich dann schon mal hin. Und jetzt, seitdem ich jetzt vierzehn bin, darf ich ja auch vom Gesetz her schon bis 10 Uhr. Und da ist eben einer aus unserem Dorf, die fahren immer nach Kiel. Und da bin ich dann mal mitgefahren.
W: Ja. Wie lange durftest du da wegbleiben?
J: Ja, bis zehn eben.
W: Bis zehn.
J: So wie es eben ...
W: Bis zehn hier vor der Haustür oder bis zehn da, wo in Kiel Schluß war?
J: Bis zehn da, und dann wartete meine Mutter. Die war meistens schon ein bißchen früher da, und die hat eben noch ein bißchen geguckt, und dann wurden wir abgeholt.

W: Ah ja, mmmh. Hat's dir denn Spaß gemacht?
J: Ja, ich find' das toll!
W: Du warst in der Disco?
J: Ja.
W: Wie ist es denn da? Erzähl mal!
J: Also, ich hab' mir das nicht so richtig vorgestellt. Ich bin dann natürlich auch gleich begeistert von so etwas Großem und so. Und da waren dann so viele Lichtorgeln und eben so ein bißchen Nebel noch so. Und viele Leute, da wurde man öfters mal angestoßen … Aber sonst war es schön.
W: Und dann wird wild getanzt?
J: Ja.
W: Aha! Was kostet so ein Abend in der Disco?
J: Ja, der kostet 5 Mark. Kann ich mir aber nicht immer leisten.
W: Eintritt oder wie?
J: Eintritt ja. Und manchmal denn …
W: Man muß ja auch was trinken, sonst verdurstet man ja.
J: Ja, das macht natürlich so 10 Mark so, aber dann lasse ich das Trinken lieber mal ausfallen.

Eggemann (1989), 41/42

Hörszene 55

W = Wolfgang / T = Thorsten

W: Ja! – Thorsten, wenn wir nochmal so einen Blick in dein Zimmer werfen, da ist ja ein Terminal, ein Computer-Terminal und es ist eine HiFi-Anlage da, du hast sehr viele Platten, du hast auch sehr viele Kassetten, diese Dinge kosten doch alle erheblich Geld. Wie finanzierst du denn das?
T: Meistens von meinem Taschengeld.
W: Ja. Wieviel Taschengeld bekommst du denn?
T: Im Monat bekomme ich 50 Mark und meistens pro Wochenende, wenn ich irgendwie eine Disco besuche oder so etwas, dann bekomme ich auch meistens nochmal 10 Mark.
W: Mmmmh. Aber diese Dinge sind doch recht teuer. Mit 50 Mark Taschengeld, kann ich mir vorstellen, kann man sowas nicht bezahlen. Kriegst du dann von deinen Eltern, wenn du einen Wunsch hast, einen Zuschuß, oder wie sieht das aus?
T: Jaaa – eigentlich nicht, aber manchmal besuche ich auch meine Oma bzw. ich bin öfters mal bei meiner Oma, und die meint ja, hier bekommst du noch mal ein bißchen Geld oder so, obwohl ich das meistens nicht immer annehme. Ja und dann finanziere ich das daraus. Dann haben auch sehr viele Leute – von denen bekomme ich auch noch Geld, also die haben bei mir Schulden und so, und dann wenn ich mal irgendwo hingehe und sowas sehe … Ich plan' auch immer, was ich mir kaufe. Ich gehe nicht in den Laden: ich möchte jetzt gerade das haben. Ich hab' so 'ne halbe Liste da, und die Sachen möchte ich unbedingt haben, und danach gehe ich dann auch kaufen.
W: Mmmmh. Wie sieht das denn überhaupt aus mit dem abends Ausgehen. Gehst du oft abends aus? Wie oft?
T: Also normalerweise bin ich immer jeden Samstag ausgegangen. Das waren ungefähr eineinhalb Jahre, aber jetzt hab' ich auch so langsam keine Lust mehr.
W: Mmmmh. Wo bist du denn hingegangen?
T: Ich bin meistens in eine Tanzschule gegangen. Tanzschule Gemind. Das war abends immer so 'ne Art Disco. Da hab' ich hin und wieder auch mal gearbeitet. Also abends leider unentgeltlich. Ich hab' da 'n paar Freigetränke und so bekommen und ansonsten bin ich, ja, immer ins „Spizz" gegangen oder ins „far out". Das sind ja …
W: Das sind Lokale, wo man tanzt?
T: Ja, direkt ja!
W: Discos oder … ?

T: Ja, Discos, genau, Discos ja!
W: Wenn du ausgehst, wo gehst du am liebsten hin: ins Kino, in die Disco, zu 'ner Veranstaltung?
T: Ja, am liebsten zu 'ner Veranstaltung oder zu irgendwelchen Bekannten oder Freunden da, irgendwie 'ne Feier oder Fete oder sowas.
W: Mmmh. Hast du viele Freunde?
T: Ja, mein Freundeskreis ist ziemlich groß.

Eggemann (1989), 69

Hörszene 56

– Mein Name ist Katja, ich bin 15 Jahre alt, und ich wurde hier in Leipzig geboren. Leipzig, das ist die größte Stadt in Sachsen. Sachsen ist ein neues Bundesland und liegt in der ehemaligen DDR. Und die Schule ist eine besondere Schule, und zwar ist es eine Spezialschule für Sport, und ich hoffe, daß ich in vier Jahren an dieser Schule mein Abitur machen kann.
– Katja, könntest du uns mal bitte erzählen, wie bei dir so ein ganz normaler Tag abläuft?
– Ja, also ich stehe so gegen um sechs auf und verlasse dann so gegen sieben das Haus in Richtung Schule. Im Sommer fahre ich meistens mit dem Rad zur Schule, da brauche ich so ungefähr 'ne halbe Stunde, und im Winter oder vor allem im Winter fahre ich mit der Straßenbahn, da brauche ich dann manchmal sogar bis zu einer dreiviertel Stunde. Ich esse Mittag auch in der Schule und gegen drei ist die Schule dann meistens zu Ende, also ich bin so um halb vier meistens wieder zu Hause.
– Ja, was passiert dann am Nachmittag, also wenn du die Schule mehr oder weniger glücklich hinter dich gebracht hast?
– Ja, also ich tanze sehr viel, und da gehe ich zweimal in der Woche abends trainieren und dann natürlich meinen Hobbys nachgehen, also Musikhören und Lesen ist das vor allem. Ja und früher, das ist jetzt zum Glück nicht mehr so, waren auch die FDJ-Versammlungen nachmittags – nicht sehr oft – aber sie waren, und da mußte man dann leider hingehen. Ich hab's immer sinnlos gefunden, wenn man da zwei Stunden oder drei Stunden rumgesessen hat und irgendwas sagen mußte. Na ja, es war meistens nicht so was, was man als Freizeitbeschäftigung ansehen würde.
– Ja, was machst du denn eigentlich sonst am Abend?
– Ja, ich bin sehr gerne mit meinen Freunden zusammen, und mit denen gehe ich oft in Discos oder durch die Stadt oder ins Kino, das mache ich wirklich sehr gerne.
– Und zu Hause dann?
– Ja, auch wieder Musikhören und Lesen.
– Ja, magst du eigentlich das Fernsehen?
– Nicht so, weil ich habe irgendwie eine Abneigung gegen Fernsehen. Das ist nicht darauf gegründet, daß mein Vati jetzt irgendwie immer das gleiche oder was anderes gucken will als ich, das ist einfach … irgendwie sinnlos finde ich das meistens. Die Nachrichten, das ist das Aktuelle. Das erfährt man, das braucht man und ansonsten ist es doch meistens so – Zuschauerbeschäftigung, mehr für die Leute, die Langweiler sind, die nichts zu tun haben. So finde ich das immer.
– Ja, und wann geht denn bei dir dann im wahrsten Sinne des Wortes das Licht aus?
– Ja, so meistens sollte es gegen zehn ausgehen, aber es wird doch später und das gefällt meinen Eltern natürlich nicht, aber ich probiere eigentlich immer vorzuverlegen bzw. meistens eben doch erst nach zehn.
– Völlig verständlich! Schönen Dank dir Katja, daß wir einen kleinen Einblick in deinen Tagesablauf haben konnten.
– Bitte schön!

Hörszene 57

– Also, ich bin der Stephan, ich wohne im Zentrum von Leipzig, ich wohne in einem Vierfamilienhaus. Meine Wohnung, die hat fünf Zimmer, jeder von uns, also mein Vati, meine Mutti und ich, wir haben jeder ein Zimmer. In meinem Zimmer sieht es oft sehr chaotisch aus. Ich habe viele Poster in meinem Zimmer hängen, ich habe unter anderem auch mein Fahrrad und mein Skateboard in meinem Zimmer stehen und dadurch ist immer ein ziemliches Chaos.

Mein Hund, der ist aber auch in meinem Zimmer, und deswegen muß ich auch oft aufräumen, weil meine Mutti da oft nachguckt. Ich kann mit meinem Hund aber gleich hinter unserem Haus schön spazierengehen. Wir haben da einen großen Park, wo ich da auch mal ungestört sein kann. Und mit meinem Hund gehe ich eigentlich sehr oft raus, da er ziemlich klein ist und noch sehr viel Auslauf braucht. Ich gehe in dieselbe Schule wie Katja und gehe sogar in dieselbe Klasse ...

Hörszene 58

– Katja und Stephan, hat sich eigentlich jetzt auch im Besonderen nach der Wende irgend etwas in bezug auf eure Freizeitgestaltung verändert? Habt ihr jetzt bessere oder vielleicht in dieser oder jener Hinsicht schlechtere Möglichkeiten?

– Also, ich würde sagen, wir haben jetzt bessere Möglichkeiten, obwohl sich so groß nichts verändert hat. Die besseren Möglichkeiten sind eigentlich vor allem Kino und so. Früher war Kino – na ja, wenn mal ein guter Film lief, mußte man ewig warten, bis man mal eine Karte bekommen hat, und jetzt kommen gute Filme am laufenden Band. Es sitzen meistens wenig Leute drin. Es ist bloß eben etwas teurer geworden, der Eintritt. Also ist da die finanzielle Seite eher zu betrachten, die sich verändert hat.

– Und wie siehst du das, Stephan?

– Ja, also ich würde auch sagen, daß mal – der Hauptfaktor ist Kino, natürlich auch Theater und so was, hat sich auch ... na ja, da bin ich nicht so bewandert auf dem Gebiet. Discos, also Diskotheken und so was, hat sich eigentlich nichts geändert, da wird immer noch das gleiche gespielt, höchstens noch so die Raumgestaltung. Aber Kinos sind eigentlich erstmal das, was sich am meisten im Kulturellen geändert hat.

Hörszene 59

– Speziell für euch gesehen. Was sind nun eure ganz besonderen Freizeitinteressen, eure Lieblingsbeschäftigungen oder Hobbys?

– Na, so bei mir war's vor der Wende eigentlich so – das hängt zwar mit der Wende nicht so zusammen – aber ich war im BMX-Training, also Bicycle – Motocross, da sind wir mit solchen speziellen Rädern eben im Gelände gefahren. Das hat sich dann aber mehr oder weniger aufgelöst, da unser Trainer auch weggegangen ist. Tja, und dann kam halt die Wende, und danach habe ich angefangen zu skaten. Lange, auch schon vor der Wende habe ich gesurft, und das mache ich jetzt auch noch. Das mache ich jetzt schon bald 5 Jahre. Aber mit dem Skaten habe ich eben angefangen, na so vorm Jahr ungefähr jetzt, mit einem ganz einfachen Board, habe mich dann immer weiter gesteigert, na ja, und jetzt geht's schon so einigermaßen.

– Und bei dir, Katja?

– Ja, also ich mache nach wie vor Tanzen, das hab' ich vor der Wende gemacht, und das mach' ich auch jetzt noch und eben in einem Tanzensemble, wie ich schon sagte, und da trainiere ich zweimal in der Woche. Wir haben auch Auftritte, und unser Publikum sind vorwiegend Studenten. Und die Tanzgruppe, die besteht auch vorwiegend aus Studenten und Schülern.

Meijer (1991), 40–46, gekürzt

B. Hörmaterialien von Inter Nationes

Inter Nationes publiziert ebenfalls regelmäßig Materialien zum Hörverstehen, die Sie kostenlos mit den zugehörigen Kassetten bekommen können. Fordern Sie hier ebenfalls den jährlich erscheinenden Publikationskatalog *AV-Programm, Tonband, Video, Dia* an, der alle lieferbaren Titel mit Kurzbeschreibungen umfaßt und Bestellformulare enthält: Inter Nationes, Audiovisuelle Medien, Kennedyallee 91–103, 53175 BONN

Für den Unterricht mit Jugendlichen geeignete Hörszenen finden Sie besonders in folgenden Titeln:

– BEILE, Werner/BEILE, Alice (1981): *Sprechintentionen, Modelle 4.*
– BEILE, Werner /BEILE, Alice (1982): *Sprechsituationen aus dem Alltag* II., Teil, Modelle 5.
– BEILE, Werner/BEILE, Alice (1983): *Themen und Meinungen im Für und Wider, Modelle 6.*
– BEILE, Werner/BEILE, Alice (1987): *Deutsch einfach 1.*
– BEILE, Werner/BEILE, Alice (1987): *Deutsch einfach 1. Freie Fassung.*
– BEILE, Werner/BEILE, Alice (1992): *Alltag in Deutschland.*
– FORSTER, Michael/BAUER, Hans-Ludwig (1974): *Hörverständnisübungen für Fortgeschrittene.*
– BAUER, Hans-Ludwig u. a. (1982): *Atmosphärische Hörszenen für Anfänger.*

Hier einige Beispiele:

Hörszene 60

Stichwort: Taschengeld

2 A: Hier nun die Meinung von Schülern

Vera: Ich finde, Taschengeld ist notwendig.
Birgit: Und die Höhe des Taschengelds kommt darauf an, wieviel das Kind von seinem Taschengeld bezahlen muß.
Martin: Ich muß mir vom Taschengeld die Hefte und alles Schreibzeug für die Schule selbst kaufen.
Friedrich: Ja, ich zum Beispiel, brauch' das nicht. Also, dafür bekomm' ich aber etwas weniger.
Vera: Ich muß das auch machen, ich muß auch meine Schulhefte davon bezahlen …
Es ist sehr schwer, irgendwie die Höhe des Taschengeldes festzulegen. Es kommt auch auf die Eltern an, wieviel die dem Kind geben können. Meistens hat man ja noch Geschwister, und dann müssen die auch was bekommen …
Martin: Ich spare das manchmal und kaufe mir irgendwann was Großes, und manchmal gebe ich es allerdings auch sofort aus für Kino, Eis usw.
Friedrich: Im Augenblick, spare ich auch für eine größere Anschaffung. Also, ich spare für 'ne Stereo-Anlage …
Sprecher: Na, was meinst du, wieviel?
Martin: Ich meine zweiunddreißig Mark oder so was, daß man so für jede Woche acht Mark zur Verfügung hat für alles.
Vera: Ja, aber dann mußt du aber deine Schulsachen davon bezahlen, finde ich … Das liegt auch viel daran, wieviel der Vater geben kann und die Geschwister – wie gesagt – und … und auch wieviel man – äh – ausgibt.
Martin: Ich finde die acht Mark schon für einen Fünfzehn- bis Sechzehnjährigen ganz angemessen.
Friedrich: Ich würd' sagen, das ist ziemlich schwer festzulegen, aber, äh, es sollte jedenfalls eine ständige Steigerung, äh, erfolgen mit dem Alter.

Beile (1983), 24

Hörszene 61

Wolfgang: Hallo, sag mal, haste mal 'n Kaugummi für mich?
Petra: Ne du, Kaugummi hab' ich wirklich nicht mehr.
Wolfgang: Oh, das ist aber schlecht. Sag mal, fährste jeden Morgen mit dem Bus hier zur Schule? Ich seh' dich jeden Morgen hier stehen, ne.
Petra: Ja, ich fahr' jeden Morgen. Ich seh' dich hier auch.
Wolfgang: Oh, und wir haben uns noch nie getroffen?
Petra: Tja, so'n Pech, ne.
Wolfgang: Tja, da muß man ma' dringend was gegen tun. Wo gehste 'n abends so hin?
Petra: Ja, is' verschieden, ne, entweder auf 'ne Fete oder in die nächste Pinte oder so.
Wolfgang: In welche Pinten gehste 'n du so?
Petra: Ja, was weiß ich, in 'nen Kaktus, in 'nen Apfel oder was es eben so gibt, verschiedene …
Wolfgang: Ja, prima, da geh' ich auch öfters hin. Da können wir uns irgendwann in der nächsten Zeit mal treffen.
Petra: Ja gut, von mir aus.
Wolfgang: Oh, klasse.

Beile (1981), 24

Hörszene 62

Birgit: Ja, Hans-Jörg, ich wollt' dich mal fragen, wann ich meine Platte denn wiederkriege?
Hans-Jörg: Ach ja, das hab' ich total vergessen, die, äh, die hab' ich nun an 'nen Freund weiterverliehen, und jetzt muß ich den erst mal morgen in der Klasse fragen, wann der mir das wohl, wann der mir die wohl wiedergeben kann.
Birgit: Ja, ich wollt' die Schallplatte eigentlich ganz gerne wiederhaben, weil ich wollte die meiner Freundin leihen, die hat die nicht, und die möchte sich die auf Cassette überspielen.
Hans-Jörg: Ja, okay, ich werd' morgen dran denken und werd' ihn mal mahnen, daß er das mitbringt, dann werd' ich das selber mal mitbringen.

Beile (1981), 58

Hörszene 63

9.2 Interviews über Ferienpläne

Interviewerin: Was machst du denn dieses Jahr in den Ferien?
Student 1: Ich fahre an die Nordsee. Auf die Insel Langeoog.
Interviewerin: Mit dem Auto?
Student 1: Ja, wir fahren bis an die Küste mit dem Auto, und dort müssen wir es dann stehen lassen, weil auf der Insel selber dürfen keine Autos fahren.
Interviewerin: Warst du schon mal auf der Insel?
Student 1: Nein, noch nie.
Interviewerin: Und wie lange fahrt ihr?
Student 1: Zwei Wochen.
Interviewerin: Wo fährst du dieses Jahr in den Ferien hin?
Studentin 1: Ich fahre dieses Jahr in die Türkei, nach Istanbul.
Interviewerin: Du meinst, du fliegst in die Türkei?
Studentin 1: Ja, genau.
Interviewerin: Bleibst du in Istanbul?
Studentin 1: Ja, zwei Wochen.
Interviewerin: Und warum?
Studentin 1: Ich möchte gerne mein Türkisch verbessern.
Interviewerin: Wo fährst du dieses Jahr in den Ferien hin?
Student 2: Ich fahre dieses Jahr in den Schwarzwald.
Interviewerin: Allein?
Student 2: Nein, ich reise mit einer Jugendgruppe.
Interviewerin: Und fahrt ihr mit dem Auto oder mit dem Bus?
Student 2: Nein, wir machen eine Bustour dorthin.
Interviewerin: Und wie lange bleibt ihr?
Student 2: Wir bleiben drei Wochen.
Interviewerin: Na, dann wünsch' ich euch, daß das Wetter hält.
Student 2: Das hoffe ich auch.
Interviewerin: Wo fährst du dieses Jahr in den Ferien hin?
Studentin 2: Ich fahre mit meinen Eltern nach Österreich in die Berge.
Interviewerin: Zum Wandern?
Studentin 2: Ja.
Interviewerin: Verstehst du dich so gut mit deinen Eltern, daß du's zwei Wochen mit ihnen aushältst?
Studentin 2: Ich will es hoffen.
Interviewerin: Und wo fährst du dieses Jahr in den Ferien hin?
Studentin 3: Ich fahr' nach Sachsen.
Interviewerin: Warum ausgerechnet nach Sachsen?
Studentin 3: Ich hab' Verwandte in Eilenburg, das ist in der Nähe von Dresden.

Interviewerin:	Ach so. Fährst du mit dem Auto oder mit dem Zug?
Studentin 3:	Ich fahr' mit dem Zug dahin.
Interviewerin:	Und wie lange bleibst du?
Studentin 3:	Drei Wochen. Aber ich werde auch in die Sächsische Schweiz fahren.
Interviewerin:	Was machst du dieses Jahr in den Ferien?
Student 3:	Ich kann dieses Jahr leider gar nicht wegfahren.
Interviewerin:	Oh, finanzielle Gründe?
Student 3:	Nein, nein, ich hab' keinen Urlaub bekommen.
Interviewerin:	Oh, das ist schade.
Student 3:	Richtig.
Interviewerin:	Aber da kann man wohl nichts machen.
Student 3:	Genau.

Beile (1992), 97/98

Hörszene 64

Tanja: Ich war mit meinen Eltern im Kino, und als wir nach Hause kamen, da konnten wir unseren Hausschlüssel nicht finden. Wir fragten uns, wie wir reinkommen sollten. Ich, wir fanden eine Leiter und stellten sie ans Küchenfenster und machten das Küchenfenster auf. Das ging mit einem Taschenmesser. Als das Fenster auf war, hörten wir Stimmen, und wir haben uns gefragt, ob da womöglich Diebe im Haus sind. Mein Vater nahm einen Spazierstock, und ich nahm meine Wasserpistole, und dann gingen wir ganz vorsichtig auf die Wohnzimmertür zu. Wir machten die Tür auf, und die Stimmen waren immer noch zu hören. Und dann guckten wir uns an, fingen an zu lachen. – Wir hatten das Radio angelassen.

Beile (1987), 58

Hörszene 65

Eine Geschichte erzählen: Persönliches Erlebnis

Ich war fünfzehn Jahre alt, glaube ich. Ich wollte einen Hund haben. Meine Eltern waren dagegen.
Es war Winter und abends ziemlich früh dunkel. Ich ging jeden Abend joggen, um mich fit zu halten. Ich fand einen Hund. Er war ganz schwach und guckte mich so hilflos an.
Wir hatten eine alte Holzhütte im Garten. Es ging nie jemand hinein. Ich trug den Hund im Dunkeln nach Hause. In der Hütte gab es einen kleinen Karton. Dort legte ich den Hund hinein.
Ich holte ihm Wasser und etwas zu fressen aus der Küche. Das Tier hatte sehr großen Hunger. Es hat seit Tagen nichts zu fressen gehabt. Jeden Tag brachte ich dem Hund Wasser und Futter. Jeden Abend sagte ich meinen Eltern, daß ich joggen gehe. Ich ging mit dem Hund spazieren.
Ich ging in die Holzhütte. Mein Hund war ganz schlank geworden. Neben ihm im Karton lagen sechs kleine Hunde.
Mein Hund hatte viel mehr Hunger. Ich mußte viel mehr Futter besorgen. Meine Eltern merkten, daß etwas in der Küche fehlte. Mein Vater folgte mir in die Holzhütte und sah die Hunde …
Ich durfte den großen Hund behalten. Ich mußte die kleinen Hunde alle verkaufen, als sie groß genug waren. Ich habe pro Stück zwanzig Mark bekommen. Ich hatte Glück. Das war viel Geld. Damit konnte ich viel Hundefutter kaufen.

Beile (1987), 117

Hörszene 66

Weiße Mäuse

Also, als ich ungefähr zehn Jahre alt war, wollte ich unbedingt ein Haustier haben. Aber meine Eltern wollten das nicht. Aber ich wollte einfach ein kleines Tier haben. Also ging ich heimlich in die Tierhandlung und kaufte zwei weiße Mäuse für eine Mark das Stück.
Ich versteckte sie in einem Karton in meinem Zimmer, und ich nahm heimlich Brot aus der Küche, um sie zu füttern. Tja, und plötzlich hatte ich zwölf weiße Mäuse. Meine Mutter sagte zwar, daß es in meinem Zimmer so komisch rieche, und sie machte dann die Fenster immer weit auf, aber sie dachte natürlich nie an weiße Mäuse. – Na ja, es blieb nicht bei zwölf weißen Mäusen. Bald waren es fünfzig.
Eines Tages fraßen die Mäuse ein Loch in den Karton, und als ich aus der Schule kam, waren überall weiße Mäuse in meinem Zimmer – im Bett, auf dem Schrank, hinter meinen Büchern, vor dem Spiegel, unter meinem Kopfkissen. Und dann kam meine Mutter ins Zimmer, sah die weißen Mäuse und schrie und schrie und schrie.
Na ja, die weißen Mäuse mußten natürlich sofort weg. Ich holte mir einen Karton, fing die Mäuse ein und nahm sie am nächsten Tag mit in die Schule. Und da verkaufte ich sie auf dem Schulhof für fünfzig Pfennig das Stück.
Na ja, und weil das ganz preiswert war, waren sie alle schnell verkauft. Und ich hatte fünfundzwanzig Mark in der Tasche. Und das war damals viel Geld.

Beile (1987), 112/113

C. Hörszenen in DaF-Lehrwerken für Jugendliche

Wenn Sie weitere Hörübungen speziell für Jugendliche suchen, finden Sie z. B. in folgenden Lehrwerken Hörszenen, die zur Schulung des Hörverstehens geeignet sind:

– NEUNER, Gerhard u. a. (1983): *Deutsch konkret*. Berlin/München: Langenscheidt.

Dieses war das erste in Deutschland speziell für Jugendliche im Ausland entwickelte DaF-Lehrwerk, das Hörverstehensübungen für den kommmunikativen Deutschunterricht enthielt.

Eines der jüngsten DaF-Lehrwerke für Jugendliche, das eine wahre Fundgrube für zielgruppengerechte Hörszenen und Übungen darstellt, ist:

– BIMMEL, Peter u. a. (1991): *So isses 1*. Den Bosch: Malmberg.

Diese und andere Lehrwerke für Jugendliche finden Sie sicher in der Bibliothek „Ihres" Goethe-Instituts.

Hier ein paar Beispiele:

Hörszene 67

3B1: Letztes Jahr …

Ich bin jetzt vierzehn. Letztes Jahr war ich mit Heinz befreundet. Und er hat auch in Fischbach gewohnt, und wir sind in dieselbe Schule gegangen. Aber seit einem Jahr wohnt er nich' mehr in Fischbach. Sein Vater hat in einer anderen Stadt eine neue Stelle bekommen … , die ist … , und des is' Mainz. Und des is' 270 Kilometer entfernt von Nürnberg!
Na, Heinz is' nachmittags oft bei mir gewesen: Wir haben zusammen Hausaufgaben gemacht oder Tischtennis gespielt. Und manchmal is' Kalle noch dazugekommen – und hat seine Gitarre mitgebracht.
Ich hör' mir gerne Platten an, und Heinz hat fast alle Platten von den Beatles, die ich besonders gern mag. Im letzten Jahr hatt' ich in Englisch eine Zwei und in Mathe eine Vier. Und dieses Jahr hab' ich mich etwas in Mathe verbessert.
Wir sind viel miteinander spazierengegangen, Heinz und ich. Und wir haben geredet und geredet, das war nie langweilig! Kalle is' manchmal mitgegangen, aber meistens hatt' er mehr Lust zum Tischtennisspielen oder zum Radfahren.
Ich habe Heinz noch nich' vergessen … und schreibe ihm oft. Aber Mainz is' so weit weg!

Neuner (1987), 102

Hörszene 68

6A2: Neu in der Klasse

a) Elke Menter, 15

Elke Menter ist neu in Klasse 8A. Sie erzählt über sich:

Ja, ich heiße Elke Menter und bin 15. Wir, das heißt meine Familie, meine Eltern, mein Bruder und ich, haben bis Weihnachten in der Nähe von Darmstadt gewohnt, in einem ziemlich kleinen Dorf. Mein Vater ist Mechaniker. Der hat seit Anfang des Jahres einen Job bei VW in Baunatal bei Kassel bekommen. Der ist viel besser, und da verdient er mehr.
Wir wohnen jetzt gleich hier um die Ecke, ganz in der Nähe der Goethe-Schule. Also, am Anfang war das schon komisch, so in der Stadt wohnen; ich meine: so mitten drin, lauter Häuser und Autos und so, und man kann überhaupt nicht raus, und radfahren soll ich auch nicht mehr, weil's angeblich zu gefährlich ist in der Stadt. Natürlich hat das auch seine Vorteile, wenn man in der Stadt wohnt. Ich hab' zum Beispiel nur fünf Minuten zur Schule, zu Fuß. Vorher bin ich mit dem Schulbus zur Schule gefahren, da mußte ich jeden Tag um halb sieben aufstehen. Oder wenn man schnell was einkaufen muß, da sind in der Stadt alle Geschäfte gleich in der Nähe.
Ich hab' zwar schon eine Freundin in der neuen Klasse, aber meine richtigen Freundinnen, das sind noch immer die Freundinnen in Darmstadt. Manchmal hab' ich schon noch ziemlich Heimweh. Deshalb war ich seit Weihnachten schon zweimal in Darmstadt. Auch meine alte Schule hab' ich wieder besucht.
Mein kleiner Bruder, der hat da weniger Probleme. Der geht jetzt in die 6. Klasse, in die gleiche Schule wie ich, und hat schon eine ganze Menge Freunde. Die spielen am Nachmittag immer zusammen Fußball.
Die neue Klasse finde ich schon ganz gut, vor allem die Klassenlehrerin, Frau Bebel. Die ist unheimlich freundlich und macht auch einen spannenden Unterricht. Aber mit dem Mathelehrer, mit dem Bürger, da habe ich gleich Schwierigkeiten gekriegt.

Mathe habe ich noch nie richtig leiden können!

Neuner (1987), 102/103

Hörszene 69

b) Jörg Steinmetz, 14

Jörg Steinmetz ist seit dem Beginn des Schuljahres wieder in der 8A. Er war ein Jahr lang mit seinen Eltern im Ausland.
„Rocky-Magazin" hat sich mit Jörg unterhalten.

○ Jörg, du warst ein Jahr weg und bist jetzt wieder in deiner alten Klasse. Hat sich in der Klasse etwas verändert?
● Ja, erst mal sind wir jetzt weniger Schüler, ich glaub', so um 27. Dann haben wir jetzt andere Lehrer. Also, insgesamt gefällt's mir jetzt in der Klasse und in der Schule ganz allgemein besser als früher.
○ Wieso?
● Na ja, vielleicht liegt es auch daran, daß wir jetzt alle ein bißchen älter und nicht mehr so kindisch wie früher sind.
○ Du sagst, du findest die Schule jetzt interessanter als früher. Was interessiert dich denn jetzt besonders?
● Geographie. Das hat mit unserer Reise zu tun. Ja, und Englisch. In der 6. Klasse war Mathe mein Lieblingsfach, aber ich finde jetzt Englisch genauso wichtig wie Mathe.
○ Das kommt wahrscheinlich davon, daß du gemerkt hast, wie wichtig Englisch ist, wenn man im Ausland herumreist. Ihr wart jetzt ein ganzes Jahr lang weg. Wo wart ihr denn?
● In Djakarta. Das ist die Hauptstadt von Indonesien. Mein Vater arbeitet für Siemens. Er ist Techniker. Die haben dort mit dem Fernsehen zu tun gehabt. Aber was er da genau gemacht hat, das kann ich nicht sagen.
○ Was ist dir denn an Indonesien besonders aufgefallen? Was war denn ganz anders als hier in Deutschland?
● Ja, zuerst mal, daß das Klima ganz anders ist. In Djakarta ist es das ganze Jahr über warm, immer zwischen 25 und 35 Grad. Und es ist fast immer sehr feucht und schwül. – Djakarta ist auch viel größer als irgendeine Stadt in Deutschland. Das kann man sich gar nicht vorstellen!
○ Seid ihr viel gereist in dem Jahr in Indonesien?
● Ja, fast immer mit den Flugzeug, weil das solche Entfernungen sind.
Einmal sind wir nach Sumatra geflogen, und dann haben wir mit dem Landrover eine Fahrt durch den Urwald gemacht. Das war schon sehr aufregend. Angeblich gibt es da noch Tiger! Wir haben aber keinen gesehen.
○ Und was war am anstrengendsten auf der ganzen Reise?
● Also für mich war das der lange Heimflug. Über 20 Stunden – zuerst nach Singapur, dann nach Bombay in Indien und dann nach Frankfurt! Da war ich am Ende ganz schön geschafft!
○ Vielen Dank, Jörg. Tschüs!

Neuner (1987), 103

Hörszene 70

Die Einladung

O = Oliver / B = Bettina

O: Haste Samstag schon was vor?
B: Klar, tolles Programm! Zimmer aufräumen, mit meiner Mutter auf den Markt, nachmittags fernsehen und abends mit meinem Hamster in die Disko!
O: Also ich feiere Samstag meinen Geburtstag. Wenn du Lust hast …

B: Der Mann meiner Träume lädt mich zum Kuchenessen ein, und er fragt, ob ich Lust habe?!
O: Quatsch Kuchenessen! Das wird 'ne Fete bei meinem Vater. Mit Musik und so.
B: Also, ob meine Mutter das erlaubt?!
O: Mein Vater bringt alle mit dem Auto nach Hause.
B: Na ja. Ich frag' mal. Und wer kommt sonst noch?
O: 'n paar aus der Klasse und 'n paar aus'm Verein.
B: So alt wie du?
O: Ja meinste, ich lad' meinen Opa ein?
B: Wenn der so schön ist wie du!
O: Also was is jetzt, kommste oder kommste nich?
B: Mein Hamster ist sicher beleidigt, aber auf so'ne Einladung kann ich natürlich nicht nein sagen.
O: Kannste noch 'n paar Frauen mitbringen?
B: Klar! Wie wär's mit Samantha Fox?!

Bimmel (1992), 51

Hörszene 71

Großeinkauf

V = Vater / O = Oliver

V: 10 Tüten Chips, 5 mal Erdnüsse, 8 Dosen Bockwürstchen, ein Eimer Kartoffelsalat und 30 Brötchen – davon kann ja 'ne ganze Fußballmannschft überwintern!
O: Ja meinste, ein Karton Negerküsse – wie letztes Jahr – ist genug?
V: Nee, küssen tut ihr inzwischen ja wohl selber. Wie viele Mädchen kommen denn eigentlich?
O: (abwehrend) Weiß ich noch nicht genau.
V: Haste eigentlich 'ne Freundin?
O: (unwirsch) Jetzt hör' schon auf damit. Reicht doch, daß du 'ne neue Freundin hast, oder?
V: Mensch, sei doch nicht so empfindlich! … Wir haben noch nichts zu trinken.
O: Ein oder zwei Kisten?
V: Ein oder zwei Kisten was?
O: Bier!
V: Bier?! Du spinnst wohl! Da drüben steht Apfelsaft!
O: Apfelsaft?! Wir haben 'ne Fete verabredet, keinen Kindergeburtstag!
V: Alkohol! Bei dir ist wohl 'ne Schraube locker! Was meinste, was deine Mutter mir erzählt?!
O: Dann hätte ich genausogut bei Mama feiern können!
V: Dann mach's doch!
O: Mensch, mit Apfelsaft mach' ich mich doch total lächerlich! Dann wenigstens Cola.
V: Von mir aus. Und nimm gleich 'n Stapel Plastikbecher und Plastikteller mit, damit Sonntag nicht der ganze Dreck von euch in der Küche rumsteht.
Und verlaß dich drauf, Bursche, ich zähl' meine eigenen Bierflaschen nach!

Bimmel (1992), 53

Hörszene 72

Bordfest

O = Oliver / S = Sandra / E = Emine / B = Bettina / N = Niels / R = Rehbein, 2 andere Jungen, 1 anderes Mädchen

(*Knacken von Holzbohlen, Windheulen, gedämpftes Gemurmel*)
B: Rehbein!
R: Tja, Leute, sieht schlecht aus heute. Der Wetterbericht hat Windstärke 8 vorausgesagt. Wir müssen vor Anker gehen.
(*Alle enttäuscht durcheinander*): Ooooch! So'n Mist! Schade!
O: Das macht doch nix – so'n bißchen Schaukeln!
R: Dir ja im Zug schon schlecht geworden. Was denkste, wie du über die Reling spuckst! Nee, Leute, fahren is heute nich drin. (*enttäuschtes Gemurmel*)
R: Was haltet ihr von 'nem zünftigen Bordfest heute Abend mit Verkleiden?
(*alle durcheinander*): Au ja! Das ist gut! Klasse!
Junge: Also, ich gehe als Pirat!
anderer Junge: Ich auch!
Mädchen: Ich auch!
R: Na ja, vielleicht fällt euch ja noch was anderes ein. Ein bißchen Phantasie, meine Damen und Herren! Alles ist erlaubt, was mit Wasser und Meer zu tun hat. Und die beste Idee kriegt 'n Preis!
(*viele durcheinander*): Au ja! Gar nicht schlecht.
B: Was denn?
R: Wird noch nicht verraten!
B: Aber Sie müssen auch mitmachen!
R: Klar! – Leihste mir dein rotes Tuch?
B: Mach' ich.
R: Soll ich eben mitgehen?
B: Nee, nee! Ich bring's gleich!
N: Ich glaub', ich geh' als Seeungeheuer.
O: Wieso? Da brauchste dich ja gar nich zu verkleiden.
N: Sehr komisch, Oliver Schiminsky!
O: He, Bettina! Kann ich deinen blauen Nagellack mal haben?
B: Nee, nee, den geb ich nich ausser Hand. Den verkleckerste mir bloß. Aber komm' dann lackier' ich dir deine Nägel. – Wenn du mir deinen grünen Pullover leihst.
(*Im Hintergrund „Wir lagen vor Madagascar" von einigen Kindern gesungen. Die ersten beiden Zeilen sind deutlich zu hören. Danach im Hintergrund zusammen mit angeregtem Plaudern und leiser Seemannsmusik*)
E: Schön siehste aus. Was bist du denn?
S: Ein tropischer Fisch.
E: Und du, Bettina?
B: Na, ist doch klar. Ich hab acht Arme, … also bin ich ein Tintenfisch!
S: Was denkt ihr, wer kriegt den ersten Preis?
E: Vielleicht du oder Niels? Der sieht doch toll aus als Seejungfrau.
B: Hee, da kommt Oliver! … Du siehst ja ekelhaft aus! Was bist du denn?
O: Uaaaa, 'ne Wasserleiche! Uaaaa!!
E: Iiiih!
B: Klasse! Also von mir kriegst du den ersten Preis!
O: Wo is denn eigentlich Rehbein?
S: Da kommt er grade.
(*Buhrufe und Pfiffe von allen Schülern*)
R: Tut mir leid, Leute, tut mir leid, aber mir is nix anderes eingefallen – als Seeräuber.
(*erneut Buhrufe und Pfiffe*)
B: (*leise*) Mensch, der hat ja mein rotes Tuch um, und dabei habe ich doch ganz vergessen, ihm das zu geben!

Bimmel (1992), 88

Hörszene 73

Wiedersehen

S = Sandra / E = Emine / N = Niels / B = Bettina / R = Rehbein

E: Was für'n herrlicher Strand! Gab's da auch Palmen und Kokosnüsse?

S: Nee, Kokosnüsse gibt's auf Korsika nich.
E: Von wem ist das Surfbrett?
S: Von meinem Bruder.
N: Und wer ist dein Bruder?
S: Der da, zwischen meiner Mutter und mir. Der Blonde hinter ihm, das ist sein Ferienfreund. Und der neben mir, der mit der Speckrolle, das ist mein Vater.
N: Und das Motorboot?
S: Von meinem Vater.
N: (*pfeift anerkennend durch die Zähne*)
E: Das waren sicher schöne Ferien. Alle gucken so fröhlich.
S: Nur für's Foto. „Glückliche Familie" für's Fotoalbum. Lachen, wenn mein Vater mit der Videokamera 'rumrennt, und ansonsten dicke Luft.
N: Wieso?
S: Alle mußten wieder mal nach der Pfeife von meinem Vater tanzen. Und meine Mutter war sauer, weil mein Vater genauso muflig war wie zu Hause. Da hätten wir besser gleich zu Hause bleiben können.
N: Das ist ja schade. Wir sind zwar bloß bei meiner Tante im Schwarzwald gewesen, aber 's war sehr lustig: als wir angekommen sind, fing's an zu regnen, und wir haben den ganzen Tag Monopoly und Mensch-ärger-dich-nicht gespielt. Als endlich die Sonne herausgekommen ist, hat mein Alter sich auf seine neue Sonnenbrille gesetzt, meine Schwester hat ihren Fotoapparat ins Wasser fallen lassen, und der Hund hat das Gebiß vom Opa verschluckt. Klasse Ferien! Immer was los!
N: Und wie war's in der Türkei?
E: Es ist so schön da! Und alle waren so lieb zu uns. Eigentlich sind die Leute ziemlich arm da, aber überall sind wir verwöhnt worden: lecker gegessen, viel erzählt, getanzt und gefeiert.
S: Wärste nich lieber da geblieben?
E: Ja weißte, so richtig zu Hause fühl' ich mich da auch nicht. Erstens sind natürlich alle meine Freunde hier, und zweitens, inner Hose kann ich da im Dorf zum Beispiel nich rumlaufen, Kino gibt's nich, schöne Geschäfte auch nich und gute Schulen sind ganz weit weg ... Ich weiß nich, manchmal möcht' ich da sein und manchmal hier.
N: He, Bettina!
B: Hallo Leute!
S: Wieso bist du denn so braun? Ich dachte, du bist gar nicht weggefahren?
B: Zehnerkarte Sonnenstudio. Oder meinste, weil meine Mutter kein Geld für'n Urlaub hat, lauf ich mit so 'm weißen Käsegesicht rum? (*alle lachen*)

Bimmel (1992), 94/95

Hörszene 74

Der Neue

B = Bettina / St = Stefan

B: (*munter*) Hei, ich bin Bettina. Und wie heißt du?
St: (*norddeutscher Akzent, reserviert*) S-tefan.
B: Du bist neu hier, ne?
St: Ja.
B: Du kommst in unsre Klasse? Zu Rehbein?
St: Hmmm.
B: Wo kommste her?
St: Hamburg.
B: Und warum biste umgezogen?
St: S-tellung von meinem Vater.
B: Wo wohnste denn?
St: Freigrafendamm.
B: Und wie alt biste?
St: 15.
B: Klebengeblieben?
St: Ja.
B: Und wie findste's hier so?
St: Anners.
B: Oh Mann, sehr gesprächig biste aber nich. Dir muß man ja alles ausser Nase ziehn!
St: Wieso?
B: Na ja Mann, erzähl doch mal was! Ich mein', was machste 'n so: Spielste Fußball oder Blockflöte? Stehste auf Pop oder auf Wanderlieder? Haste zuhause 20 Geschwister oder 'n Krokodil inner Badewanne?
(*Schulklingel*)
St: (*sachlich, beinahe arrogant*) Also ich steh auf Computer, hab Schuhgröße 42 und Blutgruppe 0. Ich bin nicht vorbestraft, unverheiratet und mein Goldfisch hat Kontaktlinsen. Sonst noch was?
B: O. K., O. K. – ich seh schon: typischer Fall von Liebe auf'n ersten Blick.

Bimmel (1992), 96

D. Hörszenen für die Mittelstufe

Hörszene 75

Emanzipation
Von Ingeburg Kanstein

S = Sohn / V = Vater

Vater schlägt einen Nagel in die Wand

S: Papa! Charly hat gesagt, seine Mutter hat gesagt ...
V: Ach, sieh mal an, hat die auch mal was zu sagen?
S: Wieso?
V: Na, bisher habe ich dich noch nie von der Mutter deines Freundes reden hören.
S: Na ja, ich sehe sie ja auch nicht oft. Sie ist ja immer in der Küche beschäftigt. Wie Mama.
V: Das ist auch der beste Platz für eine Frau.
S: Aber Charly hat gesagt, seine Mutter hat gesagt, daß sie genug davon hat. Und das es Zeit wird, daß die Frauen den Männern einmal zeigen, daß sie auch ihren Mann stehen können! Papa, was meint sie damit?
V: Womit?

S: Na, daß Frauen ihren Mann stehen sollen – wenn sie doch Frauen sind?
V: Wahrscheinlich hat sie was von Emanzipation gehört.
S: Und was heißt das?
V: Mein Gott, wie soll ich dir das erklären? Also, na ja, paß mal auf: Die Frauen wollen plötzlich gleichberechtigt sein – das heißt, sie wollen den Männern gleichgestellt sein.
S: Und warum?
V: Tja, sie fühlen sich unterdrückt.
S: Ja, das hat Charly auch gesagt, daß seine Mutter gesagt hat, sie lasse sich nicht weiter unterdrücken von den Männern.
V: Na siehst du!
S: Papa, aber warum unterdrücken die Männer die Frauen?
V: Ach das tun sie doch gar nicht.
S: Und warum sagt es dann Charlys Mutter?
V: Das versuche ich dir doch gerade zu erklären. Irgendeine Frau hat damit angefangen, sich unterdrückt zu fühlen, und nun glauben es die anderen auch und organisieren sich.
S: Und was heißt das: organisieren? Klauen?
V: Mein Gott, hör mit doch zu: sich organisieren heißt, sich zusammentun, eine Gruppe bilden, um sich stark zu fühlen.
S: Und warum muß sich Charlys Mutter stark fühlen?
V: Das weiß ich doch nicht. Vielleicht will sie was erreichen bei Charlys Vater.
S: Und das kann sie nur organisiert?
V: Sicher glaubt sie das. Sonst würde sie es ja nicht tun. Das darf man nicht so ernst nehmen.
S: Warum denn nicht? Wenn es doch Frauen ernst nehmen?
V: Ach das sind doch nur wenige. Gott sei Dank. Eine vernünftige Frau kommt überhaupt nicht auf eine solche Idee.
S: Ist Mama vernünftig?
V: Aber sicher. Deine Mutter ist viel zu klug, um diesen Unsinn mitzumachen. Frag sie doch mal.
S: Hab ich schon.
V: Na, und was hat sie gesagt?
S: Daß sie das alles gar nicht so dumm findet.
V: So, so, hat sie das gesagt? Aber, na ja, das ist doch ganz was anderes.
S: Weil Mama vernünftig ist?
V: Nein, herrgottnochmal, mußt du dich in deinem Alter mit solchen Fragen beschäftigen? Mama macht sich nur Gedanken darüber – allein, nich, ohne nun auf die Barrikaden zu gehen.
S: Papa, was heißt: Barrikaden?

Der Vater ist erleichtert, weil er hofft, abgelenkt zu haben.

V: Auf die Barrikaden gehen heißt – naja, das ist so eine Redewendung, verstehst du, wenn man lauthals seine Meinung vertritt, ohne eine andere gelten zu lassen.
S: Aber Charly hat gesagt, seine Mutter hat gesagt, daß hier die Frauen überhaupt keine Meinung haben dürfen.
V: Das ist doch Unsinn. Wir leben doch in einer Demokratie. Da kann jeder seine Meinung haben.
S: Auch sagen?
V: Natürlich. In einer Demokratie hat man auch Redefreiheit.
S: Und wir leben in einer Demokratie?
V: Das hab' ich doch grade gesagt, nich!
S: Also können auch Frauen hier ihre Meinung sagen?
V: Ja. Worauf willst du jetzt wieder hinaus eigentlich?
S: Naja, wenn das so ist, daß auch Frauen ihre Meinung sagen können, und Charlys Mutter tut das, warum darf sie dann nicht arbeiten gehen?
V: Wie bitte? Was hat denn das damit zu tun?
S: Charly hat gesagt, seine Mutter hat gesagt, daß sie gerne wieder arbeiten gehen möchte – und Charlys Vater hat es ihr verboten.
V: Das war auch richtig. Frauen gehören ins Haus, wenn sie verheiratet sind und Kinder haben.
S: Also dürfen Frauen eine Meinung haben und sie auch sagen – aber sie dürfen es dann nicht tun?
V: Natürlich nicht. Wo kämen wir da hin, wenn jeder das täte, was er wollte?
S: Also darf Mama auch nicht einfach tun, wozu sie Lust hat?
V: Nein. Ich kann auch nicht immer tun, wozu ich Lust habe! Schließlich muß ich das Geld verdienen, um dich und Mama zu ernähren.
S: Kann Mama sich nicht selbst ernähren?
V: Nicht so gut wie ich, weil Mama weniger verdienen würde, weil sie nicht einen Beruf gelernt hat wie ich. Deshalb verdiene ich das Geld, und Mama macht die Arbeit im Haus.
S: Kriegt sie denn Geld dafür von dir?
V: Nein, natürlich nicht so direkt, aber indirekt schon.
S: Und wenn sie was braucht, muß sie doch fragen.
V: Ja.
S: Weil – wenn sie was kaufen will, braucht sie Geld.
V: Ja.
S: Und wenn sie damit in ein Geschäft geht, kann sie auch etwas dafür verlangen.
V: Jaaa.
S: Papa – hast du Mama auch gekauft?

Zielinski (1983), 11–13

Hörszene 76

Die Heiratsannonce

Illustration: Schalter einer Annoncenannahme (etwa mit dem Schild „Kleinanzeigen"), dahinter ein Stuhl, auf dem die Angestellte des Zeitungsverlags sitzt. Ein Herr tritt an den Schalter und spricht mit ihr.

Herr: Guten Tag!
Frau: Guten Tag! Bitte, Sie wünschen?
Herr: Ich möchte eine Annonce aufgeben. Bin ich da bei Ihnen richtig?
Frau: Was für eine Annonce?
Herr: Mmh, eine Heiratsannonce.
Frau: Ja, da sind Sie bei mir richtig.
Herr: Gut. Sagen Sie: Meinen Sie, daß ich mit einer solchen Annonce bei Ihrer Zeitung Erfolg habe?
Frau: Bitte?
Herr: Ich meine: Werde ich mit so einer Annonce bei Ihnen eine Frau finden?
Frau: Aber ja! Was glauben Sie, wie viele Menschen einsam sind. Millionen suchen Kontakte.
Herr: Millionen, wirklich?
Frau: Ja, Millionen. Ich will Ihnen nicht zuviel versprechen, aber ich bin sicher …
Herr: Ja?
Frau: … ich bin sicher, daß Sie sich … Wann soll die Annonce erscheinen?
Herr: Am nächsten Samstag.
Frau: Am nächsten Samstag. Heute ist Mittwoch. Das geht. Ich bin sicher, daß Sie sich am Samstag in einer Woche verloben können.
Herr: Das ist ja phantastisch.
Frau: Ja, Sie werden bestimmt überrascht sein.
Herr: Das ist ja ganz ausgezeichnet. Was muß ich in einer solchen Annonce schreiben, können Sie mich da beraten?
Frau: Ich kann Ihnen da nur meine persönliche Meinung sagen …
Herr: Ja, Ihre persönliche Meinung, die finde ich wichtig.
Frau: Sie müssen sehr originell sein …

Herr: Originell, ja, das bin ich.
Frau: … und nich überheblich …
Herr: Nein, ich bin sehr bescheiden.
Frau: Ja, sehr persönlich müssen Sie schreiben, so persönlich wie möglich.
Herr: Das kann ja nicht so schwierig sein.
Frau: Und ich würde, wenn es zu einem Briefwechsel kommt, an Ihrer Stelle, ich meine: wenn ich Sie wäre, lieber kein Foto schicken.
Herr: Kein Foto. Ich verstehe. Ich weiß, was Sie meinen. Ich bin vielleicht kein besonders schöner Mann, aber ich hoffe, daß die Dame, die ich haben werde, innere Werte wichtiger findet.
Frau: Dann hoffe ich nur, daß diese inneren Werte in enormer Menge bei Ihnen da sind. Und was soll jetzt in der Anzeige stehen?
Herr: Hm … also ich denke mir das ungefähr so: „Dichter mit längerer kreativer Pause sucht reiche, besser: wohlhabende Dame mit einem Bankkonto nicht unter 200 000 DM, ruhiggelegener Villa, großer Bibliothek, Sportwagen, Klammer auf: neueres Baujahr, Klammer zu, Zweitwohnsitz in der Schweiz oder auf Mallorca." Was finden Sie? Ist das ein attraktiver Text?
Frau: Also, wenn ich ganz ehrlich sein soll, ich weiß nicht, welche Frau auf eine solche Annonce reagiert.
Herr: Bitte? Aber warum denn?
Frau: Sie stellen nur Forderungen, Sie wollen nur haben, haben, haben. Und was haben Sie zu bieten?
Herr: Ich? Aber ich bitte Sie! Ich bin Dichter! Ich bin ein Mann, der im öffentlichen Interesse steht. Meine zukünftige Frau kann stolz auf mich sein. Ich habe gerade wieder einen Beitrag für eine Modezeitschrift geschrieben. Einmal standen unter einem Beitrag meine Initialen.
Frau: Ihre was?
Herr: Initialen, die ersten Buchstaben meines Vor- und Familiennamens: FB.
Frau: FB?
Herr: Friedrich Baumann, so heiße ich.
Frau: So.
Herr: Ja, so ist das. Ist das vielleicht nichts?
Frau: Nun ja, vielleicht, ich weiß nicht. Aber ich finde, Sie stellen zu sehr das Geld in den Mittelpunkt Ihrer Annonce.
Herr: Vielleicht haben Sie recht. Gut, ändern wir den Text. Lassen wir „reich", ich meine: „wohlhabend" weg, dann wird die Annonce auch kürzer und billiger, und schreiben Sie „sucht Dame mit … ", also machen wir aus „DM 200 000" die Hälfte, „100 000", Bescheidenheit ist immer gut, und „ruhiggelegenes Einfamilienhaus" …
Frau: Finden Sie das besser?
Herr: Ich verstehe Sie nicht. Was gefällt Ihnen jetzt wieder nicht?
Frau: Es kann mir ja egal sein, ich schreibe, was Sie wollen, aber wenn Sie mich fragen …
Herr: … ja, wenn ich Sie frage?
Frau: … dann sollten Sie höhere Werte nennen.
Herr: Also doch 200 000 Mark?
Frau: Ich meine: Geistiges und so.
Herr: So, Geistiges fehlt Ihnen in der Annonce. Und die Bibliothek? Ist das vielleicht nichts Geistiges? Ist das vielleicht nichts?
Frau: Also, Sie wollen zuviel: eine Frau mit viel Geld, einer Villa …
Herr: … einem Haus
Frau: … einem Haus, einem Sportwagen, einer Bibliothek, das ist zuviel, Sie können nicht alles haben wollen. Auf etwas müssen Sie verzichten.
Herr: Also gut, dann lassen Sie im Text die Dame weg …

Pillau (1979), 12–14

4 Transkriptionen der Hörszenen

Hörszene 1

Geräuschkollage

Im Flugzeug:
leise Musik
Flugzeuglärm
Klicken der Gurte
Passagiere erheben sich
Klappen der Gepäckluken
gedämpftes Murmeln
Entschuldigungen
Schritte

Weg vom Flugzeug zur Paßkontrolle:
Flugzeuglärm
Flughallenlärm
Schritte auf Boden (Metall)
Schritte auf Boden (Linoleum)
gedämpftes Murmeln
Schritte langsamer
Abstellen von Gepäck
Geräusch eines Stempels (weiter weg)

Am Paßkontrollschalter:
Flughallenlärm
Schritte (langsam)
Schieben von Gepäck
Anheben von Gepäck
Absetzen von Gepäck
Paß vorlegen
Geräusch eines Stempels (nah)
Gepäck anheben
Schritte

Hörszene 2

Chinesische Fassung der Hörszene 3

Änderung: Taipeh statt München
Singapur – Airlines statt Lufthansa

Hörszene 3

Am Flughafen

Flugzeuglärm

Stewardeß: Meine Damen und Herren, wir sind soeben in München gelandet. Wir verabschieden uns von Ihnen und hoffen, Sie haben einen angenehmen Aufenthalt!

Leise Musik, Passagiere erheben sich, Klicken der Gurte, Klappen der Gepäckluken, gedämpftes Murmeln, Entschuldigungen, Schritte

Stewardeß: Auf Wiedersehen … auf Wiedersehen … auf Wiedersehen …

Flugzeuglärm, Flughallenlärm, Schritte auf dem Boden (Metall), Schritte auf dem Boden (Linoleum), gedämpftes Murmeln, Schritte (langsamer), Abstellen von Gepäck, Geräusch eines Stempels (weiter weg)

Touristin: Ja, es war unheimlich toll auf Bali … hat mir sehr gefallen … und das Wetter …

Schritte (langsam), Schieben von Gepäck, Paß vorlegen, Geräusch eines Stempels

1. Herr (Geschäftsmann): Ah, schon zurück? … Waren Sie in Hannover?

2. Herr (Geschäftsmann): Ja, Hannover, Frankfurt … aber eigentlich hätte ich mir von den Gesprächen mehr erwartet, besonders bei Siemens und Bosch … eigentlich wollte ich den Vertrag mitbringen …

Lautsprecher (Stimme der Stewardeß): Herr oder Frau Schen Yang, bitte sofort zur Information kommen … Herr oder Frau Schen Yang, bitte sofort zur Information kommen … Mister or Miss Schen Yang, please come to the Lufthansa office.

Schritte (langsam), Schieben von Gepäck, Abstellen von Gepäck, Paß vorlegen, Geräusch eines Stempels (nah)

Paßbeamtin (streng, bayrisch): … sans ois Tourist kumma? Wia lang bleims denn do? …

(Pause)

Paßbeamtin (hochdeutsch, langsam artikulierend): … sind Sie Tourist? Wie lange wollen Sie bleiben?

Touristin: Ach machen Sie sich nichts draus. Ich verstehe die Leute hier auch nicht sofort.

Stempelgeräusch (nah), Anheben von Gepäck, Schritte

Hörszene 4

Woher kommen Sie?

○ Gute Musik hier, nicht?
● Ja.
○ Sind Sie aus München?
● Nein.
○ Aha, und woher kommen Sie dann?
● Aus England, aus Bristol.
○ Oh, das ist interessant. Sie sprechen aber schon gut Deutsch.
● Danke.
○ Übrigens: Ich heiße Peter Fischer. Und wie heißen Sie?
● Linda Salt.
○ Wie bitte?
● Linda Salt.

Gerdes (1984), 74–75

Hörszene 5

Auf der Fotomesse

○ Guten Tag! Kann ich Ihnen helfen?
● Ja, ich interessiere mich für neue Fotoapparate. Können Sie mir den Apparat hier erklären?
○ Natürlich … Der ist ganz neu: Man kann damit fotografieren und filmen.
● Ah, interessant. Und wie funktioniert der?
○ Ganz einfach: Sie müssen hier den Knopf drücken. Dann machen Sie Fotos. Aber dann möchten Sie auch 'mal filmen. Dann drücken Sie den Knopf hier. Und noch etwas: Sie

brauchen nur sehr wenig Batterien. Der Apparat hat nämlich Solarzellen. Das heißt: Er arbeitet mit Sonnenenergie. Das ist sehr billig. Sie brauchen erst nach 5 Jahren eine neue Batterie.
● Aha ... Das ist wirklich sehr interessant. Aber dann ist der Apparat wohl ziemlich teuer, nicht?
○ 700,– Mark.
● Aha ... Noch eine Frage: Wie lange hat man Garantie?
○ Ein Jahr.
● Gut. – Ich komme aus Brüssel. Wann können Sie den Apparat nach Brüssel liefern?
○ In zwei Wochen. Sie können hier sofort bestellen.
● Danke, danke. Ich möchte noch einmal darüber nachdenken ... Aber geben Sie mir doch bitte einen Prospekt ...

Gerdes (1984), 148

Hörszene 6

Auf der Fotomesse (Der Videowalkman)

○ Guten Tag, kann ich Ihnen helfen?
● Ja, mich interessiert Ihr neuer Videowalkman. Können Sie mir den zeigen?
○ Aber natürlich! Hier ist das Gerät!
● Der ist wirklich sehr leicht!
○ Ja, nur 1100 Gramm, aber High-Tech durch und durch! Paßt in jede Handtasche, und die Videokassetten sind so klein wie Musikkassetten.
● Interessant!
○ Er ist Fernseher und Videorekorder in einem. Besonders interessant ist er für Geschäftsleute. Sie können ihren Kunden ihre Produkte zeigen, in Bild und Ton, und auch auf einer Geschäftsreise kann man jetzt fernsehen. Man ist immer informiert.
● Nicht schlecht, aber der Bildschirm ist doch ziemlich klein!
○ Nun ja, es ist eben ein Minifernseher, aber Sie können den Videowalkman auch an einen normalen Fernseher anschließen. Kein Problem!
● Funktioniert er mit Batterien?
○ Nein, mit Strom aus der Steckdose oder mit einem Akku.
● Das ist praktisch. Gibt es auch eine Kamera?
○ Ja, für den Walkman empfehlen wir die Minikamera CCD-G 100. Hier, das ist sie.
● Ah ja, und was kosten der Walkman und die Kamera?
○ Der Walkman mit Akku ...

Aufderstraße u. a. (1994), 131

Hörszene 7

Eine Radio-Ansage

Das ist die Stimme von Teddy Panther.
Der Sänger macht im April eine Tournee durch die Bundesrepublik. Hier die Stationen: Sein erstes Konzert ist am 3. April in Kiel, in der Ostseehalle. Am 6.4. tritt er in Hamburg auf. Und weiter geht's: Am 9.4. in Bremen, am 13. und 14. in Hannover, am 16. April in Köln.
Vom 18. bis 20.4. gastiert Teddy Panther in Frankfurt. Am 23.4. in Stuttgart, und am 26. und 27. April das Finale in München, in der Olympiahalle. – Teddy Panther!!!

Neuner (1988), 148/149

Hörszene 8 a

○ Wann gehen wir schwimmen?
● Am Mittwoch?
○ Um drei?
● Nein, das geht nicht.
○ Um vier?
● Gut, einverstanden.

Hörszene 8 b

○ Kommst du am Freitag?
● Das geht nicht.
○ Warum nicht?
● Ich spiele Fußball.
○ Und am Donnerstag?
● Ja, das geht.

Hörszene 8 c

○ Gehen wir am Samstag?
● O. K. Wann?
○ Um zwei?
● Nein, am Nachmittag kann ich nicht.
○ Wann kannst du denn?
● Um neun oder zehn.
○ Schade, da geht's nicht.
● Und am Freitag? Um zehn?
○ Prima, das geht.
● Tschüs bis Freitag!
○ Tschüs!

Neuner (1983), 58

Hörszene 9

Erste Frau: Schwimmhalle Gaarden, guten Tag.
Zweite Frau: Guten Tag, hier Andresen. Können Sie mir bitte sagen, wann die Schwimmhalle nachmittags geöffnet ist?
Erste Frau: Montags ist die Schwimmhalle von 13 bis 18.00 Uhr auf. Dienstags und freitags ...
Zweite Frau: Augenblick bitte, das muß ich mir kurz notieren. Also montags von 13 bis 18.00 Uhr.
Erste Frau: Dienstags bis freitags ist sie von 13 bis 22.00 Uhr geöffnet. Samstags und sonntags von 13 bis 17.00 Uhr.
Zweite Frau: Am Wochenende ist sie also nur bis 17.00 Uhr auf?
Erste Frau: Ja, das ist richtig.
Zweite Frau: Vielen Dank für die Auskunft.
Erste Frau: Auf Wiederhören.
Zweite Frau: Wiederhören.

Formella (1990), 87

Hörszene 10

Monika: Ach, du bist es, Susi! Ich bin gerade nach Hause gekommen.
Susi: Woher?
Monika: Aus der Stadt. Ich hab ein Geschenk für meinen Vater gesucht, der hat Geburtstag. Hab aber nichts gefunden. Bin in x Geschäften gewesen. Dann hab ich 'ne Hose für mich gekauft.
Susi: Auch gut!
Monika: Ach ja, das hab ich ganz vergessen: Ich hab Peter in

einem Restaurant getroffen. Ein komischer Typ!
Susi: Wieso?
Monika: Blumen hat er mitgebracht!
Susi: Für dich?
Monika: Ja.
Susi: Ist doch nett!
Monika: Na ja?! – Die hab ich dann in einem Geschäft vergessen.
Susi: (kichert)
Monika: Und was machen wir jetzt? Ins Kino gehen? Im City läuft „Männer".
Susi: Hab ich schon gesehen.
Monika: Und im Rex?
Susi: Da bin ich auch schon gewesen. – Komm lieber zu mir! Ich hab Besuch.
Monika: Wer?
Susi: Rat mal!
Monika: Peter??
Susi: Ja!
Monika: Hat er Blumen mit …?
Susi: Hat er!
Monika: Ich komme!

Neuner (1988), 150

Hörszene 11

Ein Unfall

Herr Hartmann: Ich brauche Ihre Hilfe, Herr Maier.
Herr Maier: Wenn ich helfen kann, gern.
Herr Hartmann: Meine Frau hatte einen Unfall.
Herr Maier: Hoffentlich ist sie nicht verletzt.
Herr Hartmann: Nein zum Glück nicht. Aber der Motor ist leider kaputt. Sehen Sie ihn bitte an, und reparieren Sie ihn, wenn es möglich ist.
Herr Maier: Und was machen Sie so lange ohne Wagen?
Herr Hartmann: Wann bekomme ich einen neuen Wagen, wenn ich ihn sofort bestelle?
Herr Maier: Wenn alles klappt, ist er in vier Wochen da.
Herr Hartmann: Dann bestellen Sie ihn bitte sofort, und schicken Sie morgen einen Leihwagen.
Herr Maier: Ist es früh genug, wenn Sie ihn um 11 Uhr haben?
Herr Hartmann: Ja, das genügt.
Herr Maier: Besten Dank, Herr Hartmann. Auf Wiedersehen!

Braun (1967), 46

Hörszene 12

Ein Unfall

Herr Hartmann: Ich brauche Ihre Hilfe, Herr Maier.
Herr Maier: Wenn ich helfen kann, gern. Hatten Sie einen Unfall?
Herr Hartmann: Ja, leider. Aber zum Glück ist niemand verletzt.
Herr Maier: Fährt der Wagen noch?
Herr Hartmann: Das schon. Aber der Schaden ist ziemlich groß.
Herr Maier: Wann brauchen Sie den Wagen wieder?
Herr Hartmann: Wenn es möglich ist, bald.
Herr Maier: Können Sie den Wagen gleich dalassen?
Herr Hartmann: Ja, und wann kann ich ihn wiederhaben?
Herr Maier: Am Freitag abend, wenn alles klappt.
Herr Hartmann: Hoffentlich ist dann alles in Ordnung.

Herr Maier: Wenn Sie einverstanden sind, sehen wir alles nach.
Herr Hartmann: Aber wenn es sehr viel kostet, dann rufen Sie mich bitte an.
Herr Maier: Selbstverständlich. Also bis morgen!

Braun (1978), 56

Hörszene 13

Deutsch für Ausländer

In unserer 8. Lektion für die Mittelstufe behandeln wir zunächst den Unterschied zwischen dem unbestimmten Artikel und dem Possessivpronomen, wobei wir gleichzeitig das Konjugieren im Präsens üben.

(Ein Herr und eine Dame liegen unbekleidet im Ehebett)

Er: Wie heißen Sie?
Sie: Ich heiße Heidelore.
Er: Heidelore ist ein Vorname.
Sie: Ja, Schmoller ist mein Nachname. Mein Mann heißt Viktor.
Er: Ich heiße Herbert.

Die Endungen der schwachen und starken Verben sind im Präsens gleich. Beachten Sie die Verwendung der Hilfsverben *sein* und *haben* und den richtigen Gebrauch der Zahlwörter.

Sie: Wir besitzen ein Kraftfahrzeug. Mein Mann fährt mit der Bahn ins Büro.
Er: Ich bin 37 Jahre alt und wiege 81 Kilo.
Sie: Viktor ist fünf Jahre älter und ein Kilo schwerer. Sein Zug fährt morgens um 7 Uhr 36.
Er: Mein Onkel wiegt 79 Kilo. Sein Zug fährt um 6 Uhr 45.
Sie: Mein Mann ist fest angestellt. Er arbeitet bis 17 Uhr 30.
Er: Ich habe drei Cousinen. Sie wiegen zusammen 234 Kilo.

… und nun bilden wir den Konjunktiv durch Umlaut aus dem Imperfekt des Indikativs und üben das bisher Gelernte.

Sie: Wenn Viktor eine Monatskarte hätte, käme er um 18 Uhr 45.
Er: Würde ich vier Cousinen haben, wögen sie 312 Kilo.

(Der Ehemann betritt das Schlafzimmer)

Viktor: Ich heiße Viktor. Ich wiege 82 Kilo.
Er: Ich heiße Herbert. Mein Zug fährt um 19 Uhr 26.
Sie: Das ist mein Mann.
Er: Das ist meine Hose.
Viktor: Das ist meine Aktentasche.

Loriot (1981), 153

Hörszene 14

Verehrte Fahrgäste, das Zugrestaurant ist für Sie geöffnet, der Mittagstisch ist für Sie gedeckt. Das DSG-Team erwartet Sie mit einem reichhaltigen Angebot an Speisen und Getränken. Wir wünschen guten Appetit zu allem, was die Speisekarte zu bieten hat.

Am Schluß des Zuges, im Großraumwagen erster Klasse, befindet sich ein Zugmünztelefon, von dem Sie ins In- und Ausland telefonieren können. Dieser Münzfernsprecher ist für Sie betriebsbereit.

Verehrte Fahrgäste, auch eine Minibar befindet sich im Zuge. Sollten Sie Appetit haben auf einen kleinen Imbiß oder auf kalte oder warme Getränke, diese Dinge können Sie im Abteil kaufen. Die Minibar kommt durch die zweite Wagenklasse.

Formella (1990), 95; gekürzt

Hörszene 15 a

Interview mit Hans

Int: Du bist also Hans. Sagst du mir bitte, wie alt du bist?
Hans: Zehn, hm.
Int: Bitte?
Hans: Hm 11. Ich bin jetzt 11 Jahre alt.
Int: Und auf welche Schule gehst du?
Hans: Ja, also, ich bin jetzt auf einer Hauptschule, in der 6. Klasse.
Int: Wollten deine Eltern, daß du auf die Hauptschule gehst?
Hans: Nein, eigentlich nicht. Meine Mutter wollte, daß ich zur Realschule gehe, aber die Noten waren nicht so gut …
Int: Hm, ja, und dann habt ihr …
Hans: Ja, ich wollte auch nicht so viele Sprachen lernen. Sprachen find' ich schwer.
Int: Was sind denn deine Lieblingsfächer?
Hans: Am liebsten hab ich Erdkunde, ja, Rechnen oder Mathe. Rechnen macht mir viel Spaß.
Int: Erzähl mal, was macht dir Spaß im Erdkundeunterricht?
Hans: Unsere Lehrerin hat schon viele Reisen gemacht. Die war schon in Afrika und so, und dann erzählt sie uns von den Ländern und zeigt uns Fotos. Das ist überhaupt nicht langweilig …

Hörszene 15 b

Wer wird abends abgeholt?

Silke:
Also, ich würde sagen, generell sollte man also kein besonderes Limit da angeben, wann eben Kinder zu Hause sein sollen, sondern ich würde sagen, Eltern sollten darauf achten, wie oft die Kinder weggehen und wenn sich das also auf ein- bis zweimal in der Woche beschränkt, finde ich, dann könnte man ruhig schon mal so bis zehn, elf Uhr, und da würde ich also auch als Elternteil oder so nichts zu sagen.

Friedrich:
Es ist ja auch 'ne Frage, wie geklärt wird, wie der, wie die, wie das Kind hinterher nach Hause kommt. Ob es hinterher alleine, meinetwegen um elf nach Hause gehen muß, oder ob ein Verwandter oder Bekannter das Kind nach Hause bringt oder den Jugendlichen.

Martin:
Ja, ich bin noch nie abgeholt worden. Ich lauf' meistens.

Sprecher:
Und Ursula?

Martin:
Die wird immer abgeholt, ist ja auch ein Mädchen.

Vera:
Ich finde das, das finde ich irgendwie nicht gut. Ich finde, wenn, dann sollte der Junge auch abgeholt werden. Es herrscht ja auch die Meinung vor, daß Jungen länger wegbleiben dürfen als Mädchen, obwohl sie … wenn sie dasselbe Alter haben. Das finde ich einfach 'ne … finde ich nicht gut.

Beile (1983), 50–51

Hörszene 15 c

Darüber berichtet Andreas:

Andreas:
Ich muß von Hanhofen mit dem Bus nach Dudenhofen in die Schule fahren. Um 7.30 Uhr gehe ich zum Bus. Ich treffe mich mit anderen Schülern an der Bushaltestelle. Um 7.45 Uhr kommt meistens der Bus. Aber manchmal kommt er ein paar Minuten später. Ungefähr um 7.50 Uhr kommen wir mit dem Schulbus an der Schule an.

Wicke (1992), 127; unveröffentlichte Erprobungsfassung

Hörszene 15 d

Jens erzählt:

○ Jens, erzähl doch mal: Wie sieht denn so ein Tag bei dir in der Schule aus?
● Also, bei uns in der Pause ist meistens ein riesiges Chaos: Da wird mit Kreide rumgeworfen, Schwämme fliegen durch die Gegend, Tische und Stühle werden rumgeschoben. Des is', ah, richtiger … richtig … richtiges Chaos!
○ Na, und wie macht ihr das mit dem Lehrer?
● Äh, nach der Pause warten wir auf den Lehrer. Wenn der Lehrer kommt, dann schreit jemand: „Achtung, er kommt!" Dann verschwinden wir alle ganz schnell auf unsere Plätze, und es is' ganz still, keiner sagt mehr was. Naja, der Lehrer, der regt sich trotz allem auf, is recht sauer. Aber, ich mein', was will er dagegen tun!?

Neuner (1984), 112

Hörszene 15 e

Verbote

Mann:
Hier sehen wir ein Schild in einem öffentlichen Park. Wir müssen auf den Wegen bleiben. Wir dürfen keine Blumen oder Sträucher pflücken, sollen Gebäude und Denkmäler sauberhalten und Hunde an der Leine führen. Und wir dürfen Fahrräder nicht in den Park mitnehmen.

Frau:
Nicht jeder hat das Recht hier zu parken. Unberechtigt parkende Fahrzeuge schleppt man ab. Der Besitzer muß dann die Abschleppkosten selbst bezahlen.

Kooznetzoff (1981), 84–85

Hörszene 15 f

Der Anruf

♦ Auto Schäfer, guten Tag!
● Oliver Schiminski, können Sie mich mit Herrn Schiminski in der Werkstatt verbinden?
♦ Einen Moment bitte!
○ Fischer!
● Oliver Schiminski, könnte ich bitte meinen Vater sprechen?
○ Tut mir leid, aber dein Vater ist unterwegs.
● Wann ist er denn wieder zurück?
○ Gegen halb eins ungefähr, genau kann ich das nicht sagen.
● Können Sie ihm denn etwas ausrichten?

○ Also, ich bin nicht seine Sekretärin! Aber wenn's wirklich so wichtig ist!
● Sagen Sie ihm, er soll nicht gleich zum Mittagessen gehen, weil ich noch eben vorbeikommen will. Ich muß ihn was fragen.
○ Und das ist so wichtig?
● Blöde Kuh! Ich bin doch nicht seine Sekretärin! ...

Bimmel (1992), 45

Hörszene 16

Ein Fußballspiel

Reporter:
Liebe Fußballfreunde,
hier meldet sich endlich wieder Heribert Bornebusch aus dem Westfalenstadion in Dortmund von der Topbegegnung Borussia Dortmund gegen Bayern München ...
Wir sind jetzt in der 80. Spielminute und es ist immer noch kein Tor gefallen ...
Immer noch 0 : 0 steht das Spiel, aber beide Mannschaften hatten ihre Chancen ...
Ja, ja und jetzt greift Dortmund an ...
Sie hören die Schreie des Publikums ...
(Getöse, Zuschauergebrüll, Pfeifen)
Dortmunds Rummenigge setzt sich durch und läßt zwei Mann einfach stehen ...
(Reporter immer aufgeregter)
Da kommt Kohler wirklich in letzter Sekunde ... Was wird er tun? Foul, Foul, ein böses Foul und das im Strafraum!!!
(Publikum pfeift, johlt, schreit)
Ja, ist denn das die Möglichkeit, einige Minuten vor Schluß 0 : 0 und dann dieses Foul! Was macht der Schiedsrichter? Spannung!
(Hexenkessel im Stadion)
(Pfiff)
Ja, er pfeift Elfmeter! Elfmeter für Dortmund! Die Entscheidung ist richtig, Rummenigge ging allein aufs Tor zu und dann dieses Foul! Ist das die Entscheidung? Wer hat die Nerven?
(Gejohle, Getöse, Pfiffe, Schreien)
Das Publikum ist außer sich, es kommt zu Schlägereien zwischen den Fans! Die Rowdies zünden Fahnen an und werfen Gegenstände auf den Platz ... Feuerwerkskörper detonieren!
(Krawall)
Wer schießt? Rummenigge schießt selber! Er läuft an! ... Schuß!! Tooooor!
1 : 0 für Dortmund und das 5 Minuten vor Schluß ...
(ausblenden)
Studio:
Wir verlassen jetzt das Stadion in Dortmund und geben zurück nach Bremen.
(ausblenden)

Hörszene 17 a

Kein Ausweis

○ Haben Sie einen Angelschein?
● Einen Angelschein? Nein.

Wie reagiert der Mann in Uniform? Was könnte er sagen?

Machen Sie Notizen. Stoppen Sie nun das Band.
...
Hören Sie nun, wie die Hörszene weitergeht.

○ Das kostet 10 Mark.

Waren die Hypothesen richtig? Machen Sie Notizen. Stoppen Sie nun das Band.
...
Hören Sie nun, wie die Hörszene weitergeht.

● Warum?
○ Sie haben keinen Angelschein! Darum.

Überlegen Sie nun, was die beiden antworten könnten! Notieren Sie mögliche Antworten. Stoppen Sie nun das Band.
...
Hören Sie nun die Hörszene weiter.

● Aber wir haben noch keinen Fisch!

Waren Ihre Hypothesen richtig? Überlegen Sie nun, wie die Hörszene weitergeht. Machen Sie Notizen, und stoppen Sie nun das Band.
...
Hören Sie nun, wie die Hörszene weitergeht.

○ Das ist egal. Sie angeln und haben keinen Angelschein.

Waren Ihre Hypothesen richtig? Hören Sie nun die Hörszene noch einmal von Anfang an bis zum Ende.

Hörszene 17 b

Kein Ausweis

○ Haben Sie einen Angelschein?
● Einen Angelschein? Nein.
○ Das kostet zehn Mark.
● Warum?
○ Sie haben keinen Angelschein! Darum.
● Aber wir haben noch keinen Fisch!
○ Das ist egal. Sie angeln und haben keinen Angelschein.
● Gut, wir angeln nicht mehr!
○ Zu spät, 10 Mark!
● Sind Sie Polizist?
○ Nein, Parkwächter.
● Haben Sie einen Ausweis?
○ Einen Ausweis? Nein.
...

Neuner (1986), 30

Hörszene 18

In der Telefonzelle

1. ... *(summt vor sich hin)* ... So, jetzt ruf ich Heidi an und frag', ob sie Lust hat, mit mir ins Kino zu gehen ...
2. ... Na, wo hab' ich denn mein Kleingeld? ... Rechte Hosentasche? ... Nee ... Linke Hosentasche? ... Auch nicht! ...
3. Totale Ebbe! ... Na, so was! ... Keinen Pfennig in den Taschen! ... Hmm!
4. Ah, vielleicht in der Aktentasche?! Moment mal, da unten sind doch immer ein paar Telefongroschen ...
5. ... Hrr ... verflixt noch mal! ... nirgendwo Kleingeld! ... Hrr.
6. ... Was mach' ich denn nun? Ich hatte mich doch so gefreut! ...

Hörszene 19

M = Mutter / T = Tochter

M: Komm', steh auf! Es ist halb sieben!
T: Ich geh' heute nicht in die Schule!
M: Na, nun mach' schon, sonst kommst du zu spät!
T: Diese Scheißschule! Ich geh' da nicht mehr hin! Da kannst du machen, was du willst!
M: Was ist denn das für ein Ton? Wie redest du denn mit mir? Mach', daß du aus dem Bett kommst, aber schnell!
T: Wenn du keine Argumente mehr hast, wirst du autoritär! Du glaubst wohl, darauf reagier' ich?
M: Und **du** glaubst wohl, ich schreib' dir 'ne Entschuldigung?
T: Das ist Erpressung!

Marcks (1976), cartoon 7; gekürzt

Hörszene 20

M = Mutter / T = Tocher

M: Komm', steh auf! Es ist halb sieben!
T: Ich geh' heute nicht in die Schule!
M: Halsweh? Montagskrankheit?
T: Nein.
M: Na, dann mal schnell raus aus dem Bett! Schließlich geht es Hunderttausenden, Millionen Kindern so. Wenn alle schwänzen wollten, was dann?
T: Ja, genau das müßte eben mal passieren, dann könnten die ihren Laden nämlich dicht machen.
M: Na, nun mach' schon, sonst kommst du zu spät!
T: Diese Scheißschule! Ich geh' da nicht mehr hin! Da kannst du machen, was du willst!
M: Na und dann? Was soll dann aus dir werden? Hausfrau, ja? Für den Rest deines Lebens kochen, putzen, Mann bedienen?
T: Na, und wenn schon? Du gehst mir mit deinem emanzipatorischen Geschwätz schon lange auf den Hammer!
M: Was ist denn das für ein Ton? Wie redest du denn mit mir? Mach', daß du aus dem Bett kommst, aber schnell!
T: Wenn du keine Argumente mehr hast, wirst du autoritär! Du glaubst wohl, darauf reagier' ich?
M: Und du glaubst wohl, ich schreib' dir 'ne Entschuldigung?
T: Das ist Erpressung!

Marcks (1976), cartoon 7; leicht geändert

Hörszene 21

Udo Lindenberg

Er wollte nach London

Mit dreizehn ist er zum ersten Mal
von zu Hause weggerannt
er wollte nach London und später nach Paris
das waren komische Gefühle
als er nachts an der Straße stand
den Schlafsack unterm Arm
und dreißig Mark in der Hand
er rauchte viele Zigaretten
und dann wurd' es wieder heller
und morgens um sieben hatten sie ihn
sein Alter war leider schneller

Als er so um fünfzehn war, hat er's nochmal versucht
und dieses Mal hat's hingehauen

da haben sie sehr geflucht
als er drei Tage später den Eindruck hatte
daß er weit genug weg war
hat er zu Hause angerufen
und gesagt, es wär' alles klar
eigentlich war gar nichts klar
und das Geld war auch schon alle
und nun stand er da in irgendeiner kalten Bahnhofshalle

Er war in London, er war in Paris
er war in vielen großen Städten
er schlief auf harten Parkbänken
und auf weichen Wasserbetten
er spürte, daß er irgendwie auf der Suche war
doch was er eigentlich wollte
das war ihm damals noch nicht klar

Inzwischen ist er neunzehn
und er weiß immer noch nicht so genau
was er denn nun davon halten soll
von dieser ganzen Schau
viele Sachen sieht er anders
und er glaubt auch nicht mehr so daran
daß es nur an der Umgebung liegt
vielleicht kommt es doch mehr auf einen selber an

– Und nun liest er ein Buch von Hermann Hesse
und nun macht er Meditation
doch er findet Jerry Cotton auch sehr stark
und er lernt jetzt auch noch Saxophon

Lindenberg (1981), 27–29

Hörszene 22 a

… wie unser Korrespondent Bernardo de Castella aus Maghrebinien soeben durchgibt, ist das Staatsoberhaupt dieses Landes, General Marcos de Pecunia, heute morgen nach langer, schwerer Krankheit im Alter von 87 Jahren in der Hauptstadt Malibu eines natürlichen Todes gestorben. Es wurde eine Staatstrauer von einer Woche angekündigt und alle Flaggen auf Halbmast gesetzt. Der Vizepräsident, der sich zum Zeitpunkt des Todes auf einer Auslandsreise befand, kehrte unverzüglich zurück und übernahm die Amtsgeschäfte.

Hörszene 22 b

Achtung, Achtung!
Liebe Autofahrer, es folgt eine wichtige Verkehrsmeldung! Stau auf der Autobahn München – Salzburg in Fahrtrichtung Salzburg von 20 km Länge nach einem Unfall. Umleitung U 8 ab Holzkirchen …

Hörszene 22 c

Verehrte Fahrgäste!
Sollten Sie Appetit haben auf einen kleinen Imbiß oder auf heiße oder warme Getränke, und sollten Sie keine Lust haben, in unserem hervorragenden Zugrestaurant zu speisen, so können Sie einfach auf Ihrem Platz sitzen bleiben. Eine Minibar befindet sich im Zug und kommt zu Ihnen in Ihr Abteil. Die Minibar kommt auf der gesamten Strecke durch die erste und zweite Wagenklasse. Wir bitten Sie nur um ein bißchen Geduld und wünschen Ihnen weiter eine angenehme Fahrt.

Hörszene 23 a

0, 16, 20, 2, 12, 13, 3, 10, 14, 11, 1, 18, 8, 5, 17, 4, 19, 9, 15, 6, 7.

Hörszene 23 b

100, 81, 93, 83, 97, 98, 89, 88, 95, 85, 80, 91, 90, 99, 82, 94, 84, 92, 86, 87, 96.

Hörszene 24

Zahlen-Wort

30, 13, 33, 6, 66, 50, 16, 15, 5, 12, 22, 32, 36, 18, 55, 17, 77, 98, 20, 60, 38.

Hörszene 25

Zahlen-Lotto

Und nun die Lottozahlen. In der 46. Ausspielung wurden folgende 6 Gewinnzahlen gezogen:
14, 15, 17, 25, 34, 49 und die Zusatzzahl 41.
Die Gewinnzahl im Spiel 77 lautet: 6 8 2 3 6 6 7.

Hörszene 26

Phonetisches Zwischenspiel

1.
o	a
Ober	→ aber
rot	Rat
oben	Abend
Rosen	Rasen

a	o
Rat	→ rot
Wahl	wohl
Rasen	Rosen
Ader	oder

3. 1 – Ober / 2 – Bad / 3 – Sohn / 4 – Dom / 5 – wohl / 6 – sah / 7 – Rasen / 8 – rot

4.
ü	u
die Bücher	→ das Buch
die Brüder	der Bruder
die Füße	der Fuß
die Grüße	der Gruß

u	ü
das Buch	→ die Bücher
der Bruder	die Brüder
der Hut	die Hüte
fuhr	für

6. 1 – Bruder / 2 – Tuch / 3 – Schüler / 4 – Füße / 5 – Grüße / 6 – fuhr / 7 – suchen / 8 – Tür

7.
i	ü
Tier	→ Tür
Kiel	kühl
vier	für
Frieden	früh

nach: Häussermann (1978), 147/148

Hörszene 27 a

1. Sie kommen.
2. Kommen Sie?
3. Warten Sie hier!
4. Sie fahren nach Berlin.
5. Die Versammlung fällt aus?

Hörszene 27 b

1. Herr Mühler – Herr Mühler
2. Herr Möhler – Herr Möller
3. Frau Möller – Frau Möller
4. Frau Müller – Frau Möller
5. Frau Müller – Frau Mühler

Hörszene 27 c

1. Unterricht
2. unterrichten
3. Deutschunterricht
4. Direktor
5. Direktoren

Hörszene 27 d

1. Hund – und
2. alle – Halle
3. in – hin
4. Haus – aus
5. geheilt – geeilt

Hirschfeld (1992), 18

Bildbeschreibungen

Hörszene 28 a

Links steht ein Stuhl. In der Mitte ist ein Tisch. Rechts auf dem Tisch steht eine Flasche. Die Flasche ist halb voll. Genau über dem Tisch ist ein Fenster. Rechts steht ein Mann.

Hörszene 28 b

In der Mitte ist ein Fenster. Unter dem Fenster steht ein Tisch. Links vom Tisch steht ein Stuhl. Auf dem Stuhl steht eine Flasche. Die Flasche ist voll. Rechts vom Tisch steht ein Mensch.

Hörszene 28 c

In der Mitte steht ein Tisch. Auf dem Tisch steht ein Mensch. Unter dem Tisch steht eine Flasche. Links vom Tisch steht ein Stuhl, und rechts vom Tisch steht ein Stuhl. In der linken, oberen Hälfte befindet sich ein Fenster.

Hörszene 28 d

Links in der Ecke ist ein Fenster. Durch das Fenster sieht man den Mond. Es ist Nacht. In der Mitte steht ein Tisch. Auf dem Tisch stehen 5 leere Flaschen. Links neben dem Tisch steht noch eine leere Flasche. Unter dem Tisch liegt ein Mensch und schnarcht.

Hörszene 29

Eine Frau kommt müde nach Hause. Sie geht in ihr Zimmer, wo in der Mitte ein schöner Tisch steht. Die Frau hat Durst, denn es ist warm draußen. Sie freut sich; auf dem Tisch steht nämlich noch eine Flasche Orangensaft. Und die Flasche ist noch voll. Nein, nicht mehr ganz voll. Sie ist noch halb voll. Die Frau setzt sich links vom Tisch auf einen Stuhl, schaut zum Fenster hinaus, das genau über ihr ist, und denkt: „Das war ein schöner, warmer Tag. Aber jetzt bin ich froh, daß ich zu Hause bin und ein Glas Orangensaft trinken kann. Aber wo ist denn mein Glas???"

Hörszene 30

Auf dem Bild rechts ist ein Hotel. Es ist sehr hoch. Man sieht vier Etagen mit vielen Fenstern. Das Hotel brennt. Aus den Fenstern kommen Flammen und Rauch. Über dem Eingang steht der Name des Hotels, es heißt „Splendid". Aus dem Eingang kommt Rauch. Es regnet stark. Vor dem Eingang stehen Feuerwehrmänner. Sie halten ein Sprungtuch und gucken nach oben. Oben in der Luft sieht man einen Mann, der gerade aus dem Fenster gesprungen ist. Es ist ein Hotelgast. Neben ihm springt ein Hoteldiener. Der Hoteldiener hält einen Regenschirm in der Hand, um den Mann vor dem Regen zu schützen. An einem Fenster im vierten Stock sieht man noch zwei Personen mit einem Regenschirm in der Hand. Unten am Sprungtuch steht ein anderer Hoteldiener. Er hält auch einen Regenschirm in der Hand. Er schützt eine Frau vor dem Regen, die gerade vom Sprungtuch herunterklettert. Außerdem sieht man auf dem Bild viele kleine Schläuche und Eimer. Links hinten sieht man ziemlich klein ein Feuerwehrauto und Feuerwehrleute mit einer Wasserspritze.

Wegbeschreibungen in Bochum

Hörszene 31 a

○ Entschuldigung, können Sie mir bitte sagen, wie ich zum Planetarium komme?
● Ja, du gehst da aus dem Bahnhof raus und dann über den Platz. Der heißt Kurt-Schumacher-Platz. Von da gehst du nach rechts über eine große Kreuzung und dann geradeaus. Die Straße heißt Ostring. Der Ostring macht dann am Bahnhof Bochum-Nord eine Kurve nach links. Du läufst dann immer weiter, bis du an einen großen Platz kommst, der Schwanenmarkt heißt. Da biegst du in die Castroper Straße nach rechts ab. Diese Straße, die Castroper Straße, mußt du immer weiter entlanggehen, bis du auf der linken Seite das Planetarium siehst. Das ist ein großes Gebäude mit einer runden Kuppel, wie ein komisches Ei.
○ Ach so, vielen Dank, auf Wiedersehen.
● Bitte, bitte!

Hörszene 31 b

○ Entschuldigung, können Sie mir bitte sagen, wie ich zum Rathaus komme?
● Ja, das ist ganz einfach! Du gehst hier aus dem Bahnhof raus und dann geradeaus über den Platz. Der heißt Kurt-Schumacher-Platz. Dann gehst du nach links eine breite Straße entlang, die heißt Südring. Die gehst du entlang – bis zur Kreuzung Viktoriastraße. Da gehst du nach rechts, und an der nächsten Kreuzung ist schon der Rathausplatz. Links am Rathausplatz siehst du dann das Rathaus mit der Friedensglocke.
○ Aha, gut, danke, auf Wiedersehen!
● Ja, auf Wiedersehen!

Hörszene 31 c

○ Entschuldigung, wie komme ich zum Eistreff?
● Eistreff? Einen Moment! Ja, du gehst hier aus dem Bahnhof raus. Vor dem Bahnhof ist ein großer Platz, der heißt Buddenbergplatz. Rechts siehst du dann die Universitätsstraße, die gehst du bis zur Alsenstraße. Die Alsenstraße gehst du dann nach links bis zur Düppelstraße. Die Düppelstraße gehst du nach rechts und dann kommst du an die Kreuzung Steinring/Hoffmannstraße. Du gehst über die Kreuzung, und dann siehst du schon ein großes Schild „Eistreff". Der „Eistreff" ist genau gegenüber am Steinring. Das ist ganz leicht zu finden.
○ Ja, danke sehr.
● Nichts zu danken … und sonst kannst du ja noch mal fragen!
○ Ja, o. k. Wiedersehn!

Hörszene 31 d

○ Entschuldigung, können Sie mir sagen, wo die Starlight-Halle ist?
● Na, klar, du willst da zu Fuß hin?
○ Ja, warum nicht?
● Das ist aber ganz schön weit!
○ Ach, das macht nichts.
● Ja, also, du gehst hier raus, aus dem Bahnhof und dann nach rechts. Du gehst über eine große Kreuzung und dann geradeaus. Die Straße heißt Ostring. Die macht plötzlich einen Bogen nach links … dann kommst du an einen Platz, der heißt Schwanenmarkt. Hier gehst du dann rechts rum unter der Eisenbahn durch und dann immer geradeaus am Planetarium vorbei und bis zum Ruhrstadion. Da gehst du nach links, die Stadionstraße entlang, und dann rechts hinter der Ruhrlandhalle ist die Starlight-Halle … Aber am besten, du fragst dann noch mal …
○ Ja, o. k., vielen Dank.
● Auf Wiedersehen.
○ Auf Wiedersehen.

Hörszene 32 a

○ Entschuldigung, wie komme ich zur Bushaltestelle?
● Also hier geradeaus, und dann nach links über den Rathausplatz. Dann etwa 200 Meter geradeaus, die Schulstraße entlang. Die Bushaltestelle ist direkt neben der Schule.
○ Danke, vielen Dank!

Neuner (1983), 68

Hörszene 32 b

○ Entschuldigung, gibt es hier ein Schwimmbad?
● Tut mir leid, ich bin nicht von hier.
○ Entschuldigung, gibt es hier ein Schwimmbad?
● Ein Schwimmbad? Ja, Moment: Da gehst du hier die Kaiserstraße geradeaus bis zum Waldweg, dann rechts. Die erste links ist die Badstraße. Das Schwimmbad ist gleich links an der Ecke.

Neuner (1983), 68

Hörszene 33

Das eigene Zimmer

Mann: Ja, Meike, nun, wir sind ja jetzt hier in deinem Zimmer, ne.
Meike: Ja.
Mann: Das ist doch dein eigenes Zimmer?
Meike: Ja.
Mann: Hm, wie groß ist denn dein Zimmer so, was schätzt du?
Meike: Ah, hab' ich mal ausgerechnet, das hatten wir mal in der Schule auf, weiß' ich jetzt gar nicht mehr.
Mann: Na!
Meike: Na, so, ja auf jeden Fall ist nicht zu groß, aber nicht zu klein, ist gerade so richtig.
Mann: Hm, ja, ach, es hat wohl ... so 20 Quadratmeter wird's haben, ja.
Meike: (*unterbricht*) Ja, glaub' ich.
Mann: Bestimmt, kannst du's uns mal beschreiben, wie sieht's denn aus, dein Zimmer?
Meike: Ja, also, ich hab' 'n Waschbecken und ein ... und mehrere kleine Schränke und einen großen Kleiderschrank und ein Sofa und, hm, ja eine Gitarre und 'n Schreibtisch, einen Heizofen und eine Heizung und ein Bett, hm, (*lacht*) und ein Bett, ja.
Mann: Aha, und was hast du denn an den Wänden? Ich seh' da 'n paar Poster, erzähl' doch mal!
Meike: Ja, da hab' ich 'ne Weltkarte, hab' ich von meiner Schwester zu Weihnachten bekommen und dann hab' ich Po ... ein Poster von Nena ... zwei Poster von Nena, aber ich hab' auch noch mehr, aber ich hab' 'se jetzt im Moment nicht aufgehängt, dann hab' ich eine Wanduhr oder ein, ja, und einen Drachen und Lampen, eine Pinnwand, einen Setzkasten, mehrere, drei Bilder, eine Reitkappe, ja, und noch so 'n Bild von, von einem Pferd.
Mann: Hm, und da hast du 'ne kleine Musikanlage, nich?
Meike: Ja, 'n Plattenspieler und da hinten also, am, bei meinem Bett 'n Kassettenrecorder.
Mann: Was hörst du denn gerne?
Meike: Ja, manch, manchmal hör', hör' ich gerne Märchen, aber manchmal auch Nena, ich mag am liebsten, also, ...
Mann: Ja.
Meike: Nena mag' ich am liebsten.

nach: Eggemann (1989), 23

Hörszene 34 a

Steht auf, und stellt euch auf euer rechtes Bein! Versucht, euer Gleichgewicht zu halten. Nun hebt beide Arme über den Kopf, so daß sich beide Hände berühren! Bleibt so stehen!

Hörszene 34 b

Steht auf, und stellt euch auf euer linkes Bein! Das rechte Bein hebt ihr hoch, so hoch wie es geht. Legt beide Arme um das rechte Knie und bleibt so stehen! Jetzt hüpft ihr auf dem linken Bein. Aber nicht das rechte Knie loslassen!

Hörszene 34 c

Berührt mit eurer rechten Hand die Stirn! Mit dem linken Zeigefinger berührt ihr die Nase. Der Zeigefinger wandert nach unten, über die Lippen, dann über das Kinn und dann die linke Wange entlang nach oben. Dann legt ihr den linken Zeigefinger auf die rechte Hand auf der Stirn.

Hörszene 34 d

Setzt euch hin, legt die Hände vor euch auf den Tisch. Dreht den Kopf nach links und nähert euch mit dem Kopf dem Tisch. Legt den Kopf zwischen die Arme, schließt die Augen und schnarcht!

Hörszene 35

Gymnastikübung

Personen: A = Sprecher 1, B = Sprecherin 2

A: Es ist jetzt 6 Uhr 55, fünf Minuten vor sieben.
B: Tu was für dich! Die Frühgymnastik des Familienfunks. Heute mit Dagmar Sternad.

Guten Morgen, liebe Hörerinnen und Hörer. Ganz gemächliche Übungen im Sitzen auf einem Stuhl sind heute wieder angesagt. Also alle Morgenmuffel aufgepaßt, das ist auch etwas für Sie! Jeder x-beliebige Stuhl mit Rückenlehne eignet sich, auf dem Sie nun ganz aufrecht sitzen, beide Fußsohlen auf dem Boden aufgesetzt haben, etwa einen halben Meter auseinander. Und nun neigen Sie sich zuerst nach hinten gegen die Stuhllehne und lassen beide Arme sozusagen über die Stuhllehne nach hinten unten hängen. Wenn es geht, mit den Achseln über die Stuhllehne einhängen. Die Schultern noch weiter zurückziehen. Ganz locker hängen lassen, den Kopf etwas nach oben ziehen, das Kinn zur Decke ziehen. Und dann den Kopf gerade ziehen, die Arme nach vorne nehmen, die Schultern nach vorne nehmen. Und jetzt, rollend quasi vom Kopf beginnend, mit dem Oberkörper nach vorne unten rollen, die Hände ziehen zu den Füßen bis zum Boden hin. Aber nicht mit Gewalt ziehen, sondern einfach den Oberkörper hängen lassen! Die linke Hand zieht zum linken Fuß, die rechte zum rechten. Und da bleiben Sie und lassen ausnahmsweise mal den Kopf hängen. Und dann greifen Sie mit beiden Händen zwischen den Füßen durch nach hinten unter den Stuhl, als ob Sie etwas aufheben wollten. Und dann versuchen Sie, den Gegenstand mehr mit der linken Hand zu erwischen. Und das geht offensichtlich nicht, dann also mit der rechten Hand weit nach hinten greifen. Und dann haben Sie's und rollen wieder langsam hoch zum Sitzen: Wirbel für Wirbel, aufrollen, bis Sie wieder gegen die Stuhllehne sich nach hinten neigen, die Arme über die Stuhllehne einhängen, den Kopf gerade ziehen, das Kinn etwas zur Decke hochziehen. Und das Ganze wieder retour. Also die Arme nach vorne zwischen die Knie nach unten hängen lassen, den Kopf hängen lassen, Schultern nach vorne, und wieder mit dem Oberkörper nach unten rollen. Beide Hände greifen nun etwas mehr nach links zum linken Fußgelenk hin. – Halten – Und etwas mehr nach rechts zum rechten Fußgelenk hin. Und dann nochmals unter dem Stuhl durch mit ganz gerundetem Rücken. Und von da aus wieder Wirbel für Wirbel zum geraden Sitz hochrollen, den Kopf noch hängen lassen, die Schultern noch hängen lassen. Und dann die Schultern zurückziehen und den

Kopf aufrichten. Nochmals die Schultern soweit es geht nach hinten drücken, den Brustkorb nach vorne ziehen. Und dann ziehen Sie beide Arme über die Seite nach oben, atmen tief ein und wieder aus. Die Arme über die Seite nach unten führen. Und das war's dann wieder für heute. Ich bedanke mich. Auf Wiederhören!

Eichheim (1992), 125/126

Hörszene 36

Pantomimeübung

1. Sie möchten mit Ihrem Auto fahren.
2. Sie nehmen den Autoschlüssel.
3. Sie schließen die Fahrertür auf.
4. Sie öffnen die Tür.
5. Sie steigen ein.
6. Sie setzen sich.
7. Sie legen den Gurt an.
8. Sie starten den Motor.
9. Sie lassen die Handbremse los.
10. Sie fassen das Steuer an.
11. Sie legen den ersten Gang ein.
12. Sie geben Gas und fahren los.
13. Sie legen den zweiten Gang ein.
14. Sie geben Gas.
15. Sie wechseln in den dritten Gang.
16. Oh, Sie fahren viel zu schnell (30 km/h gilt hier!).
17. Ein Polizist steht da und winkt.
18. Sie fahren rechts ran und halten.
19. Sie drehen das Fenster herunter.
20. Sie gucken ihn fragend an.
21. Sie suchen die Papiere in der Handtasche.
22. Sie geben sie dem Polizisten.
23. Sie gucken ihn fragend an.
24. Sie nehmen die Papiere wieder in Empfang.
25. Sie freuen sich.
26. Sie drehen das Fenster wieder hoch.
27. Sie fahren weiter.

usw.

Hörszene 37 a

Interview mit Hans

Int: Du bist also Hans. Sagst du mir bitte, wie alt du bist?
Hans: Zehn, hm.
Int: Bitte?
Hans: Hm 11. Ich bin jetzt 11 Jahre alt.
Int: Und auf welche Schule gehst du?
Hans: Ja, also, ich bin auf einer Hauptschule, in der 6. Klasse.
Int: Wollten deine Eltern, daß du auf die Hauptschule gehst?
Hans: Nein, eigentlich nicht. Aber, meine Mutter wollte, daß ich zur Realschule gehe, aber die Noten waren nicht so gut …
Int: Hm, ja, und dann habt ihr …
Hans: Ja, ich wollte auch nicht so viele Sprachen lernen. Sprachen find' ich schwer.
Int: Was sind denn deine Lieblingsfächer?
Hans: Ja, am liebsten hab' ich Erdkunde, ja und Rechnen oder Mathe. Rechnen macht mir viel Spaß.
Int: Erzähl mal, was macht dir Spaß im Erdkundeunterricht?"
Hans: Unsere Lehrerin hat schon viele Reisen gemacht. Die war schon in Afrika und so, und dann erzählt sie uns von den Ländern und zeigt uns Fotos. Das ist überhaupt nicht langweilig …
Int: Und welche Fächer findest du denn langweilig?
Hans: Hm, also, den Deutschunterricht, den finde ich nicht gut. Wir müssen da immer Diktate schreiben … und auch immer so viel lesen.
Int: Und was gefällt dir auch nicht?
Hans: Och, die anderen Fächer mache ich eigentlich ganz gern …
Int: Und wie lange dauert deine Schulzeit?
Hans: Ich kann nach der 10. Klasse meinen Hauptschulabschluß machen, da muß ich noch fast 5 Jahre zur Schule gehen.
Int: Und was willst du dann werden?
Hans: Ich weiß noch nicht genau, vielleicht Bäcker wie mein Großvater, aber das weiß ich noch nicht.
Int: Danke, Hans, und viel Spaß weiterhin bei deinen Lieblingsfächern!
Hans: Ja, danke.

Hörszene 37 b

Interview mit Inge

Int: Inge, kannst du mir mal erzählen, auf welche Schule du gehst?
Inge: Ja, ich gehe seit dem letzten Schuljahr auf die Realschule, in die 6. Klasse.
Int: Und wie gefällt es dir dort?
Inge: Also, hm, ja es ist nicht so schlecht da, aber es ist nicht so leicht wie auf der Grundschule.
Int: Wie sind denn deine Noten?
Inge: Ja, in Mathe geht es ganz gut, das hat mir schon immer Spaß gemacht. Und Geschichte und Sport, das mache ich auch gern.
Int: Und in welchen Fächern ist es nicht so gut?
Inge: Ja, ich lerne ja jetzt die erste Fremdsprache, das ist Englisch, und das finde ich sehr schwer. Da habe ich jetzt eine 5 geschrieben und das macht mir überhaupt keinen Spaß … ja … *(Stöhnen)*
Int: Hattest du dir das anders vorgestellt?
Inge: Ich hab nicht gedacht, daß man da so viel zu Hause lernen muß, Vokabeln und so … und dann beim Schreiben, man spricht das ganz anders als man schreibt …
Int: Und womit hast du noch Probleme?
Inge: Am schlimmsten finde ich Deutsch. Das ist furchtbar langweilig. Wir machen da jetzt dauernd Gedichte und das gefällt mir überhaupt nicht.
Int: Ja, und wie denkst du, daß es weitergeht?
Inge: Im Moment weiß ich es noch nicht. Vielleicht ist die Realschule doch zu schwer für mich. Aber eigentlich möchte ich schon den Realschulabschluß machen, weil ich dann mehr Chancen habe.
Int: Na, dann drücken wir dir mal die Daumen. Das wäre doch schade, wenn das nicht klappen würde!

Hörszene 37 c

Interview mit Petra

Int: Hallo, Petra, kannst du mir mal sagen, wie alt du bist und auf welche Schule du gehst?
Petra: Ja, ich bin jetzt 14 und gehe in die 9. Klasse hier im Schillergymnasium.
Int: Und macht dir die Schule Spaß?
Petra: Ja, es macht mir unheimlich viel Spaß. Eigentlich hat mir die Schule schon immer viel Spaß gemacht.
Int: Du bist schon immer eine gute Schülerin gewesen?

Petra: Ja, ich hatte noch nie Probleme mit der Schule.
Int: Und welche Lieblingsfächer hast du?
Petra: Am liebsten mache ich Physik und Chemie. Wir haben da ganz tolle Lehrer, das ist richtig spannend. Ja, und Fremdsprachen lerne ich auch gerne, vor allem Französisch, weil mir Frankreich so gut gefällt.
Int: Na, das klingt ja sehr zufrieden. Gibt es denn etwas, das du nicht so gerne machst?
Petra: Doch (*lacht*), Musik und Kunst mache ich nicht so gerne. Also, ich hab nie ein Instrument gelernt und für Kunst bin ich zu ungeduldig. Aber ein bißchen interessiert mich das schon.
Int: (*lacht*) ..., jetzt bin ich aber erleichtert. Ich dachte schon, du bist eine Streberin ...
Petra: (*lacht*), nein, auf keinen Fall. Es macht mir bloß Spaß, so viele Sachen auszuprobieren.
Int: Weißt du schon, was du einmal werden willst?
Petra: Also, im Moment nicht. Früher wollte ich unbedingt Tierärztin werden. Vielleicht kommt auch noch etwas anderes in Frage, aber studieren möchte ich auf jeden Fall.
Int: Na, Petra, ich bin sicher, du wirst es schaffen. Ich danke dir für das Gespräch.
Petra: Ja, o. k.

Hörszene 37 d

Interview mit Peter

Int: Peter, du gehst auf die Gesamtschule. Seit wann?
Peter: Seit wann? Seit fast 3 Jahren, ich bin jetzt in der 7. Klasse.
Int: Erzähl doch mal, wie gefällt es dir an der Gesamtschule?
Peter: Ich finde es gut, daß es hier nicht so schlimm ist, wenn man in einigen Fächern nicht so gut ist.
Int: Welche Fächer sind das bei dir zum Beispiel?
Peter: Was mir überhaupt keinen Spaß macht, ist Englisch. Das finde ich fürchterlich, aber ich besuche da einen C-Kurs und deshalb brauche ich nicht so viel Angst haben, wenn ich nicht so gut bin.
Int: Hast du noch ein Fach, das dir nicht liegt?
Peter: Ja, Latein, da hab ich auch solche Schwierigkeiten. Vielleicht wähle ich das wieder ab.
Int: So, nun sag aber mal, wo deine Interessen größer sind?
Peter: Am liebsten mache ich Mathe und dann gibt's hier einen Informatikkurs.
Int: Informatik? Bist du ein Computerfan?
Peter: Ja, im Kurs lernt man, mit Computern umzugehen. Wir haben in der Schule auch Computer, da können wir sofort alles ausprobieren.
Int: Hast du Lust, später mal was mit Computern zu machen?
Peter: Ich glaube, das würde ich sehr gerne machen. Aber ich weiß noch nicht, ob ich das Abitur schaffe.
Int: Warum denn nicht? Du hast doch gesagt, daß die Gesamtschule für dich richtig ist.
Peter: Ja, klar, aber für das Abitur muß man trotzdem gut sein. Na, mal sehen.
Int: Also, viel Glück dabei! Danke, Peter!

Hörszene 38

Die Schatzinsel – ein Suchspiel

LW = Leuchtturmwächter
I = Inge
H = Hans
P = Peter

LW: Na, hallo, ihr drei, was wollt ihr denn heute?
I: Ha, alter Seebär, heute überfallen wir Sie direkt! Wir haben gehört, daß es hier auf der Insel einen Schatz gibt!
LW: Sooo, woher wißt ihr das denn?
I: Das steht auf diesem Papier, das wir gefunden haben.
LW: Sooo!
H: Warum sagen Sie immer „sooo"? Was wissen Sie denn über den Schatz?
LW: Ich weiß nichts davon.
P: Das stimmt nicht! Wir merken das genau!
LW: Was stimmt nicht?
P: Nein, Sie wissen es, aber Sie wollen es uns nicht sagen, das ist es!
LW: Tja, warum soll ich euch das denn sagen?
I: Ha, verraten, Sie wissen es also doch!
LW: Ach wißt ihr, ich hab auch davon gehört, aber ich seh' nicht mehr so gut, und laufen kann ich auch nicht mehr richtig und ich war einfach nie dort ...
I: Aber wir sind sportlich ...
LW: Das ist viel zu schwierig.
I: Wir sind groß genug und gut trainiert!
H: Wenn wir den Schatz holen, dann können wir ja alles teilen!
LW: Teilen?
P: Ja, warum denn nicht? Das ist eine tolle Idee!
LW: Hm ...
H: (*flüstert*) Ich glaube, es klappt. Er sagt's uns!
P: Nun, sagen Sie's schon!
LW: Versprecht, daß ihr wiederkommt und mir die Hälfte gebt!
P, H, I: Einverstanden! Versprochen! Abgemacht!
LW: Also, ...
H: Nicht so aufgeregt!
LW: Also, ihr geht hier vom Leuchtturm nach Westen ...
I: Ich schreib alles auf: „Nach Westen".
P: Wie weit?
LW: Bis zur Mühle.
H: Bis zur alten Windmühle?
LW: Ja.
I: „Alte Windmühle".
P: Und dann?
LW: Und dann geht ihr nach Norden über den Bahnübergang ...
I: „Über den Bahnübergang".
LW: Bis zu einem Verkehrsschild ...
I: „Verkehrsschild".
P: Was ist das für eins?
LW: Oh, ich war lange nicht da, ich glaube „S-Kurve", ja, es ist ein Schild von einer gefährlichen Kurve.
I: „S-Kurve".
P: Hast du es aufgeschrieben, Inge?
I: Na klar!
P: Man kann ja wohl mal fragen!
H: Komm, sei nicht so nervös! Und dann, wie geht's weiter?
LW: Am Verkehrsschild geht ihr von der Straße runter, quer durch die Wiesen nach Osten. Das ganze Jahr über weiden da Kühe ... Ja, und da ist auch ein Wassergraben ...
H: Wassergraben?
LW: Ja.
H: Ist der breit?
LW: Nein, da könnt ihr drüberspringen.
H: Kein Problem, ich hab im Sport 'ne Eins! Aber du?
P: Sei nicht so blöd!
I: „Wassergraben".
LW: Ja, und dann kommt ihr zu einem Bauernhof. Der Bauer züchtet Schafe ...
I: „Bauernhof", „Schafe".
LW: Ja, dann geht ihr nach Norden, die Küstenstraße entlang bis zur alten Kirche.

I: „Alte Kirche".
H: Gut, und weiter?
LW: Ja, und dann nach Westen bis zur Robbeninsel.
P: Ach ja, kenn' ich, da war ich mal baden, da ist ein Hotel.
LW: Ja, das Hotel „Robbeninsel", da ist auch ein hoher Mast mit einer Fahne.
I: „Robbeninsel", „Fahne".
P: Na, das ist ja wohl nicht der direkte Weg.
H: Der schickt uns über die ganze Insel!
LW: Ja, ihr müßt auch was tun für den Schatz.
H: Also, nun aber ein bißchen schneller.
LW: Ja, schneller? Dann nehmt die Inselbahn! Dann kommt ihr ganz schnell nach Wittsand.
I: „Wittsand".
P: Wittsand?
LW: Ja, das ist der Bahnhof, da ist das Strandbad. Wittsand heißt „Weißer Sand".
I: Aha, „Wittsand", „Strandbad".
H: Und was machen wir da?
LW: Da steigt ihr aus. Da könnt ihr auch Eis essen.
P: Der Schatz, Seebär, der Schatz! Wir wollen kein Eis essen!
H: Der Schatz ist im Strandbad?
LW: Nun wartet doch mal! Ihr seid schon ganz nah dran. Dann geht ihr den Strand entlang nach Süden.
I: „Strand", „Süden".
LW: Bis zu den Booten. Eins davon heißt „Jan". Das ist alt und kaputt. Das liegt schon immer da.
I: „Boot Jan".
LW: Die Spitze des Bootes zeigt in die Richtung, die ihr nun gehen müßt.
P: Aha, und dann?
LW: Dann kommt ihr zu einem Baum. Um den Baum herum sind viele Büsche. Das sind Brombeeren und Heckenrosen! Alles voller Dornen!
H: Und wie kommen wir da durch?
LW: Nehmt ein Messer mit und eine große Schere, eine Heckenschere!
P: Ja, und wo bleibt nun der Schatz?
LW: In den Büschen sind riesige Steine, ein altes Grab ist das, und da muß der Schatz liegen.
I: „Baum", „Büsche", „Steine".
LW: Ja, der Schatz, das sind lauter Goldmünzen, alles Goldmünzen …
P: Alles klar, dann geht's los!
LW: Vergeßt nicht meine Hälfte!
H: Klar, abgemacht!
I: Alles klar!
P: Tschüß, bis später!
LW: Tschüß, viel Spaß und viel Glück …

Hörszene 39 a

Speicherübung

Hans will mich besuchen.
Hans will mich morgen besuchen.
Hans will mich morgen zu Hause besuchen.
Hans will mich morgen zu Hause besuchen und mir seine Freundin vorstellen.

Hörszene 39 b

Speicherübung

Der Junge weint.

1. Der dicke Junge weint.
2. Der dicke Junge von nebenan weint.
3. Der dicke Junge von nebenan weint laut.
4. Der dicke Junge von nebenan weint laut, weil sein Fahrrad gestohlen wurde.
5. Der dicke Junge von nebenan weint laut, weil sein neues Fahrrad gestohlen wurde.
6. Der dicke Junge von nebenan weint laut, weil sein neues Fahrrad gestohlen wurde und nicht mehr aufgefunden wurde.
7. Der dicke Junge von nebenan weint laut, weil sein neues Fahrrad gestohlen und trotz polizeilicher Ermittlungen nicht mehr aufgefunden wurde.

Neuf-Münkel (1992), 35

Hörszene 40

Eine mutige Frau

Frau Schuster wohnt in einem Haus am Ende des Stadtparks. Eines Tages geht sie abends sehr spät allein nach Hause; sie hat viel Geld bei sich, weil sie am nächsten Tag in Urlaub fahren will. Plötzlich hört sie hinter sich Schritte. Sie dreht sich um und sieht einen Mann, der ein schwarzes Tuch vor dem Gesicht trägt. In der Hand hat der Mann eine Pistole.
„Geben Sie mir sofort Ihre Tasche oder ich schieße!", ruft er.
Die Frau erschrickt, sie bekommt Angst. Aber dann sagt sie: „Ja, ich gebe Ihnen meine Tasche. Aber schießen Sie mir bitte zuerst ein Loch in meinen Hut. Dann glaubt mir mein Mann, daß man mir das Geld gestohlen hat. Und er kann sehen, daß ich in großer Gefahr war."
Der Mann lacht. So eine verrückte Situation hat er noch nicht erlebt.
„Na, dann legen Sie Ihren Hut da auf den Boden", sagt er. Das tut Frau Schuster sofort, und der Mann schießt ein Loch durch den Hut.
„Nun schießen Sie bitte noch ein Loch in meinen Mantel", bittet die Frau und hält den Mantel in die Luft. Wieder lacht der Mann. „Die Frau muß verrückt sein", denkt er. Und er schießt ein Loch in den Mantel.
„Und jetzt bitte noch ein Loch in meinen Pullover, aber vorsichtig bitte!"
Jetzt lacht der Mann nicht mehr: „Ich kann nicht mehr schießen, ich habe keine Kugel mehr", sagt er leise.
Darauf hat Frau Schuster natürlich gewartet. Jetzt lacht sie: „Na, wenn Sie mir kein Loch in den Pullover schießen, dann gebe ich Ihnen natürlich auch meine Tasche nicht", sagt sie.
Da kommen auch schon Leute, die die Schüsse gehört haben, und der Mann läuft schnell in den Stadtpark: ohne Tasche, ohne Kugeln. Frau Schuster aber fährt am nächsten Tag in Urlaub. Die Geschichte hat sie noch oft erzählt.

Der schnelle Freddy

Hörszene 41 a

○ Du, Papa …
● Ja, was ist?
○ Ich möchte dir jemand vorstellen.
● Jemand vorstellen?
○ Ja, Freddy.
● Ah, Freddy.

Hörszene 41 b

○ Guten Tag, Freddy. Ich möchte dir meinen Vater vorstellen. Papa, das ist Freddy.
♦ Guten Tag, Herr Hägar. Wie geht es Ihnen?
● Danke, gut. Warum fragen Sie?
○ Aber Papa, das fragt man doch.
● So, das fragt man. Warum?
○ Papa, bitte, du benimmst dich unmöglich.

Hörszene 41 c

● Also, wie heißen Sie?
♦ Freddy.
○ Man nennt ihn auch den „schnellen Freddy".
● Wie bitte?
○ Alle sagen auch zu ihm „schneller Freddy".
● So, „schneller Freddy".
♦ Ja, ich bin der schnelle Freddy.
● Das ist ja interessant.

Hörszene 41 d

♦ Da, schauen Sie mal da.
● Wo? Was ist?
♦ Da hinten, oh, ist der schön.
● Wer ist da? Wer ist schön?

Hörszene 41 e

Hägar dreht sich um und schaut auf den Baum, auf den Freddy gezeigt hat. Auf dem Baum sitzt ein bunter Vogel, der eine schöne Melodie pfeift. Hägar hat noch nie in seinem Leben einen so schönen Vogel gesehen.

Hörszene 41 f

Lange schaut er sich den Vogel an und hört ihm zu. Plötzlich fliegt der Vogel weg, denn Hägar war einen Moment zu unruhig. Schade, daß der Vogel weggeflogen ist, denkt Hägar.

Hörszene 41 g

In der Zeit, in der Hägar den Vogel anschaut und ihm zuhört, geht Freddy mit Hägars Tochter spazieren und erzählt ihr ein Märchen.

Hörszene 41 h

● Sagen Sie mal, warum heißen Sie eigentlich der „schnelle Freddy"?
♦ Ja, warum heiße ich eigentlich der „schnelle Freddy"?
○ Gute Frage: Warum heißt er eigentlich der „schnelle Freddy"?

5 Lösungsschlüssel

Aufgabe 1

1. Die Hörszene spielt am Ende des Fluges nach dem Ausrollen der Maschine, dann auf dem Weg vom Flugzeug zur Paßkontrolle und schließlich an der Paßkontrolle.
2. als Arbeitende: Stewardessen, Zollbeamte, Paßbeamte, Gepäckträger, Polizei usw.
   als Passagiere: Touristen, Geschäftsleute usw.
3. Stewardessen: Ankunft, schönen Aufenthalt, Verabschiedung, Dank, Suchmeldungen, Flugverbindungen usw.
   Zollbeamte: Gepäck öffnen, Inhalt des Gepäcks, (anzumeldende, nicht anzumeldende) Waren, Warten, Weitergehen, Dank usw.
   Paßbeamte: Herkunft, Dauer des Aufenthalts, Ziel des Aufenthalts, Paß, Visum usw.
   Touristen: Reiseziel, Unterkunft, Wetter, Freizeit, Souvenirs usw.
   Geschäftsleute: Reiseziel, Geschäftspartner, Ferien, Verhandlungen, Gespräche, Verträge, Waren, Preise usw.

Aufgabe 2

1. auf dem Flughafen in Taipeh (Taiwan)
2. 5 Personen
3. 2 Männer, 3 Frauen
4. Chinesisch, Englisch
5. 1 Stewardeß, 1 Paßbeamtin, 2 Touristinnen (eine spricht nicht), 2 Geschäftsreisende
6. Stewardeß: Sie verabschiedet die Fluggäste, wünscht ihnen einen schönen Aufenthalt (vermutlich), macht eine Lautsprecherdurchsage.
   Paßbeamtin: Will Paß sehen (vermutlich), fragt, wie lange sie bleiben will (vermutlich) und ob sie Touristin ist.
   Touristin: Sie war auf Bali.
   Geschäftsleute: Sie reden über eine Reise nach Deutschland. Der eine war in Hannover und Frankfurt und hatte Gespräche mit Siemens und Bosch.

Aufgabe 3

– Vorwissen über Geschehen am Flughafen: Personen die dort arbeiten, Personen, die als Fluggäste anwesend sind, Rollen dieser Personen
– Geräusche: siehe Aufgabe 1
– Stimmen: Männer, Frauen, Klang, Verzerrung (Lautsprecherdurchsage)
– einzelne Wörter: Namen (Bali, Taipeh, Hannover, Frankfurt, Siemens, Bosch)
– Wortwiederholungen
– Intonation
usw.

Aufgabe 4

1. auf dem Flughafen München
2. 5 Personen
3. 2 Männer, 3 Frauen
4. Deutsch, Bayerisch, Englisch
5. 1 Stewardeß, 1 Paßbeamtin, 2 Geschäftsleute, 2 Touristinnen (eine spricht nicht)
6. siehe Aufgabe 2
   Zusätzliche Informationen: die Touristin redet vom Wetter, die Geschäftsleute über Verträge und Gespräche.
7./8.
   Die Punkte werden in der Hörszene nicht versprachlicht.
   Man kann nur Vermutungen anstellen:
   Stewardeß: jung, hübsche Uniform, nett
   Paßbeamtin: älter, Uniform, streng
   Geschäftsleute: Anzug, Krawatte, Aktenkoffer (dunkel), zwischen 30 und 40 Jahren, seriös
   Touristin: jung, braungebrannt, Freizeitkleidung, nett

Aufgabe 6

1. Im Vordergrund sieht man einen jungen Mann und eine junge Frau, im Hintergrund (etwas undeutlich) viele junge Leute, darunter ein junges Paar.
2. Es könnte eine Diskothek sein, darauf weisen die Spots an der Decke hin.
3. Sie tanzen und stehen herum.
4. Sie reden miteinander und trinken Bier (der Mann) und Cola (die Frau).

5. Vielleicht über Musik, Freizeit, Wetter, Liebe, ihre Beziehung, Bekannte, Eheprobleme usw. oder – wenn sie sich gerade kennenlernen – Namen, Herkunft usw.

Aufgabe 7

1. Themen: Name und Herkunft, das Lokal, die Musik, die Leute im Lokal usw.
Was sie sagen: *Wie heißen Sie? Sie sind nett! Wo wohnen Sie? Woher kommen sie? Die Musik ist gut hier. Das Bier ist gut. Guten Tag. Ich heiße... ich komme aus... Sie sprechen gut Deutsch...* usw.

2. <u>Beispiel auf Schülerniveau:</u>
   ○ *Guten Tag.*
   ● *Guten Tag!*
   ○ *Wie heißen Sie?*
   ● *Ich heiße Barbara.*
   ○ *Kommen Sie aus München?*
   ● *Nein, ich komme aus Paris.*
   ○ *Ach so.*
   ● *Und Sie?*
   ○ *Ich komme aus Österreich. Sie sprechen gut Deutsch!*
   ● *Danke.*
   ○ *Tanzen wir?*
   ● *Ja, gern!*
   ...

4. Richtige Antworten: Salt, Bristol, Peter

Aufgabe 8

1. <u>Vor dem Hören:</u>
a) Bild projizieren: Bild beschreiben; Sagen, worüber die Personen reden
b) Überschrift geben: Sagen, was die Personen sagen
c) Dialog schreiben
d) Aufgaben (Multiple-choice) geben
<u>Beim Hören:</u>
e) richtige Antwort unterstreichen

2. – Eine Motivation herstellen, eine Hörerwartung aufbauen
   – Vorwissen/Weltwissen aktivieren
   – sprachliche Vorentlastung
   – (Multiple-choice) Konzentration auf bestimmte Informationen in der Hörszene

3. Die Schüler haben die richtigen Antworten unterstrichen (sie brauchen nicht selber zu schreiben). Sie mußten wenige Informationen aus dem Hörtext heraushören und diese unterstreichen. Sie brauchen nicht <u>alles</u> zu verstehen. Es handelt sich hier um eine erste Übung zu selektivem Hören.

4. <u>Nach dem Hören</u> könnten die Schüler diese Szene nachspielen oder ähnliche Szenen schreiben (im Zug, im Cafe, in der Sprachenschule usw.) und diese nachspielen.

5. – Die Schüler sehen nur die Aufgabe und bekommen nicht die Transkription des Hörtextes. Sie konzentrieren sich nur auf das Hören.
   – Die Aufgabenstellung ist vor dem Hören bekannt, damit sich die Schüler auf bestimmte Informationen konzentrieren können.
   – Die Hörszene wird inhaltlich und sprachlich vorbereitet.

Aufgabe 9

Für eine solche Übung müßte man noch einen Schritt hinter die Bildsituation zurückgehen, um den Augenblick der Kontaktaufnahme in den Vordergrund zu stellen. Vorschlag: Sie könnten z. B. zunächst nur das halbe Bild (mit Hilfe einer Folie oder Kopie) zeigen und die Schüler spekulieren lassen (*Wo ist die Frau? Was macht sie? Was könnte passieren?*). Dann fügen Sie die zweite Hälfte des Bildes hinzu. Nun werden mögliche Redemittel für die Kontaktaufnahme gesammelt. Vor dem Hören der Hörszene bitten Sie die Schüler, darauf zu achten, was der junge Mann nun tatsächlich sagt, und wie er die Konversation weiterführt.

2.

Jetzt endlich können Sie fotografieren und filmen mit einem einzigen Gerät. Sie brauchen keine komplizierte Kamera, sondern nur die technisch perfekte
Bilderstar rx 3
Sie arbeitet (voll)elektronisch und ist einfach zu bedienen.

Wenn Sie filmen möchten, drücken Sie den roten Auslöser. Wenn Sie lieber Einzel-Dias machen wollen, drücken Sie den schwarzen Auslöser.

Und noch etwas Besonderes:
Bilderstar rx 3
ist die erste Kamera der Welt, die mit Sonnenenergie arbeitet. Fingebaute Solar-Zellen formen normales Tageslicht in Energie für die aufladbare Batterie um.
So brauchen Sie erst nach fünf Jahren eine neue Batterie.

Eine erstaunliche Kamera zu einem noch erstaunlicheren Preis!

... Spitzentechnik zu einem fairen Preis.

Aufgabe 10

nach: Aufderstraße (1983), 88

3. <u>Folgende Fragen wären u. a. denkbar:</u>
   – *Was kostet die Kamera?*
   – *Kann man sie schon kaufen? Auf der Messe kaufen?*
   – *Wie lange hat man Garantie?*
   – *Gibt es verschiedene Modelle/Farben?*
   – *Wo kann man die Fotos/Filme entwickeln?*
   – *Ist es ein japanisches Produkt?*
   – *Haben Sie einen Prospekt?*
      usw.
4. a) Fotoapparate, Kameras, Videos, Fotozubehör usw.
   b) Vertreter, Firmenmitarbeiter, Hostessen, Werbeleute, Besucher, Kunden
   c) Die Firmenvertreter beraten, empfehlen, werben.
      Die Kunden wollen Information, Beratung.
      Die Hostessen helfen den Besuchern, sich auf der Messe zurechtzufinden.
5. 2) Eine Kamera, mit der man fotografieren und filmen kann.
   4) (a) = nein, (b) = ja, (c) = nein, (d) = ja, (e) = ja, (f) = nein, (g) = ja, (h) = ja
   5) Preis: DM 700,-; Garantie: 1 Jahr

Aufgabe 11

1. – Hier wird die Vorentlastung über einen Lesetext (eine Werbung) durchgeführt. Der Lesetext ist für die Lektion 7 verhältnismäßig schwer, aber er braucht nicht ganz verstanden zu werden. Die Schüler sollen nur die Wörter unterstreichen, die den Informationen in Aufgabe 10.1. (2 a–e) entsprechen. Diese Informationen bereiten das anschließende Hörverstehen vor.
   – Weitere Fragen können auf die Kundenrolle in der anschließenden Hörszene vorbereiten.
   – Bilder und Überschrift führen die Vorbereitung fort. Ein Gespräch über die Messe und Personen auf der Messe führt zu deren Rollen und möglichen Fragen und Antworten.
   – Durch die Lektüre der Fragen wird der Schüler weiter für die Rollen in der Hörszene sensibilisiert. Er kann schon Vermutungen anstellen, welche Fragen Frau Lefèbre aufgrund ihrer Rolle als Kundin/Besucherin stellen kann.

2. – Beim ersten Hören sollen die Schüler nur ganz global verstehen, um welches Gerät es hier geht. (Kamera)
   – Bei den Fragen 4 a–h sollen sie sich dann auf eine Rolle konzentrieren und Fragen heraushören, die für diese Rolle (die Kundin) plausibel sind. Der Mann antwortet weitgehend mit Informationen und Strukturen, die aus dem Lesetext schon bekannt sind.

3. – Zum Beispiel die Szene (Beratungsgespräch) aufschreiben und nachspielen lassen.
   – Die Informationen des Lese- und Hörtextes vergleichen. (*Welche Informationen gibt der Hörtext zusätzlich?*)
   usw.

Aufgabe 12

gleich/ähnlich:
– Der HV-Text wird durch einen reich bebilderten Lesetext vorentlastet. Es handelt sich um die Textsorte *Werbung*.
– Der HV-Text wird zusätzlich durch ein Bild (*Auf der Fotomesse*) vorentlastet.
– Der Hörtext (Dialog) ist in Struktur, Rollenverteilung (Informations-, Beratungsgespräch) und Wortschatz sehr ähnlich (lediglich die ausländische Kundin wurde durch eine deutsche ersetzt).

anders:
– Es wird ein aktuelleres, moderneres Gerät beschrieben.
– Die Aufgabenstellung zum Lesetext ist
   alt: bestimmte Informationen im Text auffinden/unterstreichen
       zusätzliche Fragen zum Gerät notieren
   neu: Fotos den Textabschnitten zuordnen
       Falsch-Richtig-Antworten.
– Die Aufgabenstellung zum Hörtext ist
   alt: globales Hören (*Um welches Gerät handelt es sich?*)
       Ja-Nein-Antworten zu Rollen/Redemitteln im Dialog (rezeptiv: nur ankreuzen)
   neu: Beschreibung des Video-Walkman nach dem Hören mit Hilfe eines Redemittelkastens (produktiv).

Begründungen für die Veränderungen:
– Aktualisierung des Textangebots.
– Die Aufgaben zum Leseverstehen sollen das Globalverstehen der einzelnen Textabschnitte unterstützen.
– Die Aufgaben zum Hörverstehen bleiben nicht bei der richtigen Zuordnung einzelner Gesprächsteile (*Themen* alt) stehen, sondern fordern eine produktive Leistung: die Erstellung eines zusammenhängenden Textes (mündlich oder schriftlich). Diese produktive Leistung wird unterstützt durch die vorgegebenen Redemittel. Sie wird auch möglich, weil der Abschnitt im Lehrbuch weiter nach hinten verschoben wurde (von Lektion 7 nach Lektion 9).

Aufgabe 13

Sie werden vermutlich die folgenden Aufgabentypen genannt haben, da sie am häufigsten in den Ihnen zur Verfügung stehenden Lehrwerken vorkommen:
– Fragen zum Text
– Lückentext
– Inhaltsangabe
– W-Fragen.

> "Das ist die Stimme von Teddy Panther. Der Sänger macht im April eine Tournee durch die Bundesrepublik. Hier die Stationen: Sein erstes Konzert ist am _3. April_ in _Kiel_ in der Ostseehalle. Am _6.4._ tritt er in _Hamburg_ auf. Und weiter geht's: Am _9.4_ in _Bremen_, am _13._ und _14._ in _Hannover_, am _16. April_ in _Köln_. Vom _18._ bis _20.4._ gastiert Teddy Panther in _Frankfurt_. Am _23.4._ in _Stuttgart_, und am _26._ und _27. April_ das Finale in _München_, in der Olympiahalle."

Aufgabe 14

nach: Neuner (1987), 61

Aufgabe 15

1. Die Aufgabenstellung ist problematisch, weil eine vorbereitende Übung fehlt, die Schüler werden direkt mit der Hörszene konfrontiert. Ihnen fehlt die Einstimmung auf die Hörszene, der Aufbau einer Hörerwartung und die sprachliche Vorentlastung.

   Diese Aufgabenstellung beim Hören ist für einen schnell gesprochenen, fast authentischen Werbetext nicht angemessen:
   - Es gibt zu viele Lücken, die aufeinanderfolgen.
   - Die Aufgabe kontrolliert nicht das Hörverstehen, sondern die Schnellschreibfertigkeit.
   - Im Extremfall kann der Schüler alles verstanden haben, aber kommt beim Schreiben nicht mit.

2. Mögliche Lösungen:
   - Tonband ab und zu anhalten
   - Hörszene mehrmals abspielen
   - Hörszene vorbereiten
   - weniger Lücken in den Lückentext einbauen
   - nur die Städtenamen als Lücken geben
   - nur die Daten als Lücken geben
   - anstatt eines Lückentextes nur eine Liste von Städtenamen geben und die gehörten Städtenamen ankreuzen lassen
   - nur eine Liste mit Daten geben und die gehörten Daten ankreuzen lassen
   - die Höraufgabe einem natürlichen Hörinteresse anpassen.

Lösung zum Arbeitsblatt (Schritt 1–4)

Seite 27/28

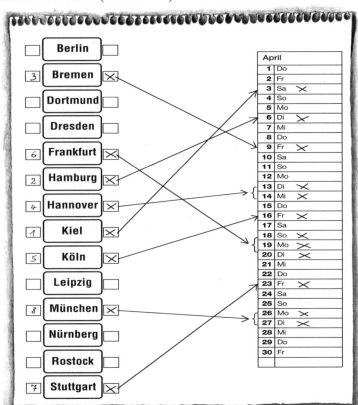

Aufgabe 16

1. Kommt Teddy Panther nach München?
   Wann kommt er nach München?
   Wo findet das Konzert statt?
   Was kostet die Eintrittskarte?
   (Wo gibt es die Karten?)
   usw.

2.

Aufgabe 17

— Man könnte einen Rockstar zeigen und darüber reden.
— Man könnte verschiedene Städte auf einer Deutschlandkarte zeigen/suchen lassen.
— Man könnte einen Tourneeplan von einem Rockmusiker zeigen.

Aufgabe 18

Unterrichtsschritte	Funktion
Aufgaben vor dem Hören:	
1. Tourneeplan lesen und diskutieren	Vorbereitung: Aufbau einer Erwartungshaltung, Aktivierung von Vorwissen, Wiederholung von Städtenamen und Daten; Bezug zu Schülerinteressen herstellen
2. Städte und Daten in eine Landkarte eintragen und verbinden	landeskundliche Informationen
Aufgaben beim Hören:	
3. Städtenamen ankreuzen	HV, Wiedererkennen von Städtenamen
4. Reihenfolge der Städtenamen markieren	HV, Wiedererkennen von Städtenamen in einer bestimmten Reihenfolge
5. Daten ankreuzen	HV, Wiedererkennen von Daten
6. Städte und Daten verbinden	HV, Städte und Daten einander zuordnen

Unterrichtsschritte	Funktion

Bei den Schritten 3–6 wird bei jedem Hören ein neuer Hörauftrag erteilt, hierdurch kann das Interesse wachgehalten werden.

Alternativvorschlag:

3. Arbeitsblatt *Teddy Panther* ausfüllen	selektives Hören
4. Städtekarten in Reihenfolge bringen	HV, Wiedererkennen von Städtenamen in einer bestimmten Reihenfolge
5. Datenkarten zuordnen	HV, Städte und Daten einander zuordnen

Mögliche Aufgaben nach dem Hören:

7. Daten in Lückentext übertragen	Nach den „handlungsaktiven", aber sprachlich rezeptiven Aufgaben*, werden nun in einer sprachproduktiven Übung die herausgehörten Daten in einen Lückentext übertragen (Schreibübung), hierbei wird der gesamte Hörtext gelesen (LV)
8. Daten und Städte in Landkarte eintragen und verbinden	Landeskunde

Aufgabe 19

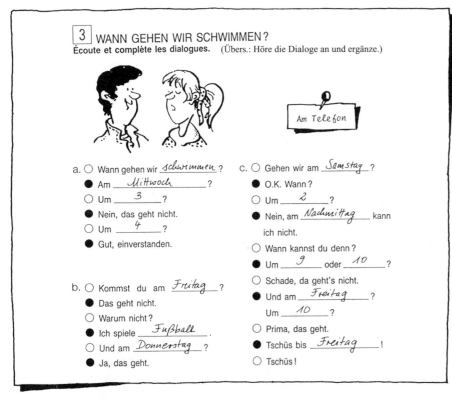

nach: Courivaud (1988), 63

Die Schwimmhalle ist geöffnet:

Aufgabe 20

Formella (1990), 57

2. Mit beiden Übungen wird das Hörverstehen von Zeitangaben (Wochentage, Uhrzeiten, Öffnungszeiten) geübt, in Übung 1 mit dem Ziel „sich verabreden". Wichtig ist hier jeweils das Heraushören der Tage bzw. der Uhrzeiten. Bei Aufgabe 20 wird das selektive Hören unter den Bedingungen eines Telefongespräches geübt und zwar unter kommunikativen Gesichtspunkten, die auch in einer Realsituation relevant wären.

3. Die Vorteile einer solchen Übung sind
   – Für den Schüler: Sie ist eindeutig, sie ist nicht arbeitsaufwendig, sie kann leicht selbst kontrolliert werden, sie gibt ein deutliches Bild über Hörverstehenskompetenz in bezug auf Zahlen, Uhrzeiten und Wochentage.
   – Für den Lehrer: Sie nimmt nicht viel Zeit in Anspruch, sie kann leicht kontrolliert werden (korrekturfreundlich), sie gibt ein klares Leistungsbild in bezug auf den Lernstoff, solche Übungen können leicht selbst erstellt werden.

Aufgabe 22

Antworten:
1. In der Stadt.
2. Ein Geschenk für ihren Vater.
3. Eine Hose für sich.
4. Peter in einem Restaurant.
5. Er hat Blumen mitgebracht.
6. Die Blumen.
7. Ins Kino gehen. Doch Susi hat den Film schon gesehen.
8. Monika soll zu ihr kommen. Peter ist da.

Aufgabe 23

1. Sie können ein Bild zeigen und spekulieren lassen, worüber die Mädchen reden. Stellen Sie sich folgende Situation vor:
Zwei 17jährige Schülerinnen sind nachmittags zu Hause und telefonieren miteinander. Worüber reden die beiden?
Mögliche Antworten: Schule, Lehrer, Freunde, Zensuren, Hausaufgaben, Freizeit, Kino, Reisen, Musik, Einkaufen, Mode usw.

Arbeitsblatt „Telefonieren"

© Scherling

164

Wir haben diese Zeichnung speziell für den Hörtext anfertigen lassen, deshalb können Sie jetzt gezielter zur Vorbereitunng auf bestimmte Dinge eingehen:
Was hat Monika gemacht? Sie ist jetzt zu Hause, sie war einkaufen (Hinweis auf die Plastiktüte), sie hat eine Hose gekauft.
Wofür interessiert sie sich? (Für Filme, sie war im Film *Männer* und hat sich ein Filmplakat gekauft.)
Was macht Susi? (Sie hat Besuch von einem Jungen, er hat Blumen mitgebracht.)
Sie können die Fragen zum Hörtext besprechen. Sie ergeben einen möglichen Handlungsablauf. *Worüber reden die beiden Mädchen?*
Mögliche Antworten: Einkaufen, Freund, Peter, Ausgehen usw.

2. – Die Schüler vergleichen ihre Notizen und korrigieren/ergänzen sie (Partnerarbeit, Kleingruppenarbeit).
   – Der Lehrer sammelt die Antworten auf dem Tageslichtprojektor/an der Tafel. Dies stellt gleichzeitig eine Lernkontrolle dar.
   – Nochmaliges Anhören der Hörszene (Vergleich mit Tafel/Notizen auf dem Tageslichtprojektor.
   – Anschließend ist es möglich, den Dialog anhand der Notizen aufzuschreiben und spielen zu lassen.
   – Als Transfer wäre folgendes denkbar: Monika kommt abends von Susi nach Hause und berichtet ihrer Schwester.
   – Bei vielen Schülern müssen Sie vielleicht auf die landeskundliche Information „Blumen überreichen" eingehen und erklären, warum Monika das so witzig fand. Hierzu können Sie die beiden Zeichnungen benutzen.

Zunächst ist es wichtig zu entscheiden, ob die Fragen vor dem Hören besprochen werden. Ist dies der Fall, dann hätten sie die Funktion von Leitfragen, die den Schülern vorab Informationen über den zu erwartenden Handlungsablauf geben und ihre Aufmerksamkeit steuern. Werden die Fragen erst nach dem Hören den Schülern vorgelegt, ist die Aufgabe wesentlich schwerer zu lösen, denn sie bezieht sich auf detailliertes Hören: Die Schüler müssen versuchen, alles zu verstehen, weil alles abgefragt werden kann. Sie können daran erkennen, wie wichtig es ist, Aufgaben so präzise wie möglich zu stellen.

Aufgabe 24

Aufgabe 25

	Vorteile	*Nachteile*
Fragen vor dem Hören	Die Fragen steuern den Hörprozeß. Die Fragen weisen auf wichtige Aspekte des Textes hin.	Der Autor/Lehrer nimmt dem Schüler die Entscheidung darüber ab, was wichtig ist.
Fragen nach dem Hören	Fragen nach dem Text stellen eine Kontrollmöglichkeit dar.	Der Schüler muß im Grunde alles verstehen, da er nicht weiß, was gefragt wird.

Aufgabe 26

- in einer Autowerkstatt
- ein älterer Mercedes
- Der Herr (mit Hut) hatte einen Unfall.
- Nein, der Motor ist nicht kaputt, es gibt nur Blechschaden (Kotflügel).
- den Besitzer des Mercedes (mit Hut) und einen Angestellten der Werkstatt
- Sie gucken den Schaden an und reden miteinander.
- Die Herren reden über den Unfall, den Schaden, die Reparatur, die Kosten, die Dauer der Reparatur, die Ersatzteile, vielleicht über die Versicherung, den Schuldigen, die Polizei usw.

Redemittel:

- *Ach, Herr Hartmann, was ist denn passiert?*
- *Es war spät.*
- *Ich hatte einen Unfall.*
- *Ein anderer Wagen kam von links.*
- *Nur der Kotflügel ist kaputt.*
- *Können Sie den Wagen reparieren?*
- *Bis wann?*
- *Wann ist der Wagen fertig?*
- *Ach, das ist nicht so schlimm.*
- *In zwei Tagen.*
- *Vielleicht Freitag.*
- *Ja, das ist kein Problem.*
- *Ich rufe an.*
- *Ich rufe Sie an, wenn der Wagen fertig ist.*
  usw.

Dialog (Modell):

○ *Guten Tag Herr Hartmann, wie ist denn das passiert?*
● *Ach, guten Tag, ich hatte einen kleinen Unfall. Wissen Sie, es war sehr spät und die Garage war dunkel ...*
○ *Ach so, ich verstehe, aber das ist nicht so schlimm.*
● *Können Sie den Wagen reparieren?*
○ *Ja, das ist kein Problem.*
● *Wann ist der Wagen dann fertig?*
○ *Ja, sagen wir in zwei Tagen?*
● *Ja, das geht.*
○ *Gut, ich rufe Sie an, wenn er fertig ist.*
● *Ja, und was kostet das etwa?*
○ *Ach, das ist nicht teuer, vielleicht (200) Mark.*
● *Ja, das geht, bis dann, auf Wiedersehen.*
○ *Auf Wiedersehen Herr Hartmann.*

Aufgabe 27

Für keine der Fragen gibt es eine Antwort im Text.

Aufgabe 28

- vielleicht drei (den Wagen in Reparatur, den Leihwagen und den neuen)
- Nein, die Sprache wirkt gekünstelt, es fehlen Partikel, der Dialog ist unglaubwürdig (Motor kaputt, neuen Wagen bestellen usw.). Es wird nicht über wesentliche Elemente eines solchen Werkstattgesprächs gesprochen (*Wie ist der Unfall passiert? Wie lange dauert die Reparatur? Was kostet sie?* usw.).

- Die Sprache ist zwar formal grammatikalisch korrekt, entspricht aber nicht der gesprochenen Alltagssprache.
- Die Szene wurde nur geschrieben, um einen bestimmten Grammatikstoff einzuführen (*wenn*-Sätze). Möglichst viele Beispiele für den Grammatikstoff wurden in den kleinen Alltagsdialog verpackt, so daß er künstlich wirkt.

Wie damals mit dieser Lektion gearbeitet wurde, finden Sie auf S. 43–45.

Aufgabe 29

Veränderungen:

Aufgabe 30

Bild: Der Mercedes wurde durch einen anderen Wagen (einen bescheideneren Mittelklassewagen) ersetzt. Die Männer sind jünger und „moderner".

Hörszene: Herr Hartmann hatte selber den Unfall; der Wagen fährt noch; es wird über die Dauer der Reparatur gesprochen und über den Preis; Herr Hartmann kauft kein neues Auto und nimmt keinen Leihwagen.

Sprache/Grammatik: Der Grammatikstoff ist unverändert (*wenn*-Sätze) und bestimmt den Ablauf des Dialogs. Die Sprache ist formal korrekt, wirkt aber etwas steif, da sie nur um das Grammatikpensum herum konstruiert ist. Es gibt aber – was die Sprechüblichkeit betrifft – Fortschritte gegenüber dem Dialog von 1967.

- Die Hörtexte waren fast ausschließlich Dialoge. Andere Textsorten tauchten kaum auf.
- Bei den Dialogen bemühte mach sich nicht um „Authentizität", d. h. um eine größtmögliche Annäherung an den natürlichen Sprachgebrauch. Stattdessen wurden die Dialoge um den Formalstoff (Wortschatz/Grammatik) herum geschrieben. Die Dialoge wurden von Studiosprechern „didaktisch", d.h. langsam und sehr betont gesprochen. „Hören und Verstehen" in natürlichen Kommunikationssituationen konnte damit nur bedingt geübt werden, und eine Vorbereitung auf die kommunikativen Bedürfnisse des Alltags im Zielsprachenland fand kaum statt.
- Bilder wurden zwar zur Einstimmung in die Situation und zur Reaktivierung des Vokabulars eingesetzt. Die von den Bildern ausgelösten Erwartungen der Schüler entsprachen aber oft nicht dem Inhalt des Textes. Bild und Text paßten aus heutiger Sicht häufig nicht zusammen. Diese mangelnde Übereinstimmung erschwerte den Einsatz der Bilder im Unterricht.
- Hören wurde zwar durch die Kassetten geschult, aber zur Kontrolle des Hörverstehens wurden offene Fragen benutzt, die in der Regel nach dem Hören gestellt wurden und inhaltlich ausformulierte Antworten erforderten.
- Bei jedem Text wurden Fragen zum Global- und Detailverstehen gestellt, d. h., letztlich mußte jeder Text detailliert/total verstanden werden.

Aufgabe 32

	Hörszene	*Textsorte*	*Thema*
Hörszene 4	In der Diskothek	Dialog (Privatgespräch)	Kennenlerngespräch
Hörszene 5/6	Auf der Fotomesse	Dialog (geschäftlich)	Beratungs-/Verkaufsgespräch (Fotoapparat bzw. Videowalkman), Produktbeschreibung
Hörszene 7	Teddy Panther	Radiowerbung	Rocktournee in Deutschland
Hörszene 8	Verabredung	Dialog (privat), Telefongespräch (privat)	Freizeit, Terminabsprache, Uhrzeiten, Daten
Hörszene 9	Öffnungszeiten	Telefongespräch (Auskunft)	Öffnungszeiten (Schwimmbad)
Hörszene 10	Monika und Susi	Telefongespräch (privat)	Freizeit, Freunde, Verabredungen
Hörszene 11/12	In der Werkstatt	Dialog (geschäftlich)	Unfall/Autoreparatur
Hörszene 13	Deutsch als Fremdsprache	Dialoge	Fremdsprachenunterricht

Aufgabe 33

Weitere Textsorten: Ansagen im Radio (Sendungen), über den Lautsprecher (Bahnhof, Diskothek, Supermarkt), über Telefon (Zeitansage usw.), Berichte, Features im Radio, Interviews, Kommentare, „Hörerbriefe" im Radio, literarische Kleinformen (Gedichte, Lieder, Witze usw.), Nachrichten, Diskussionen, Programme (Radio, Telefon), Reden, Reportagen, Wetterberichte usw.
Siehe dazu auch Edelhoff (1985), *Authentische Texte im Deutschunterricht*.

Aufgabe 34

– Informationen der Piktogramme:
1. Hier kann man sein Gepäck einschließen (Schließfächer).
2. Hier kann man die Hände waschen (Toilette, Waschraum).
3. Hier kann man essen (Restaurant).
4. Da kann man seinen Abfall hineinwerfen (Mülleimer, Müllcontainer, Papierkorb).
5. Hier kann man etwas trinken (kalt und warm, Imbiß, Minibar).
6. Hier kann man telefonieren (Telefonzelle).
7. Hier kann man Fahrkarten kaufen (Fahrkartenschalter).
8. Hier kann man einen Gepäckträger finden.
9. Hier kann man ein Taxi bekommen (Taxistand).

– Serviceleistungen im Zug: Restaurant, Minibar, Telefon

– Analyse der Hörszene:

Textsorte:	Durchsage
Thema:	Serviceleistung im Zug
Schülerinteresse:	Wenn Schüler nach Deutschland kommen und mit dem Zug reisen.
Schlüsselinformationen:	Es gibt ein Zugrestaurant.
	Es gibt ein Telefon (am Ende des Zuges).
	Es gibt eine Minibar (sie kommt in die 2. Klasse).

Aufgabe 35

Hörszene	*authentisch ja/nein*	*Begründung*
a) Hauptschule	nein	Das Interview wird nicht frei geführt. Man merkt, daß der Schüler einen schriftlichen Text vom Blatt abliest und zwar sehr schlecht. Die Intonation stimmt nicht.
b) Ausgang abends	ja	Das Gespräch wirkt wie richtiges Deutsch bei einer Diskussion zwischen mehreren Personen zu einem Thema.
c) Schulbus	nein	Der Schüler erzählt nicht frei oder nach Stichworten seinen Schulweg, sondern er hat ihn schriftlich ausformuliert und verhaspelt sich dauernd beim Vorlesen.
d) Jens erzählt	ja	Das Gespräch wirkt wie richtiges Deutsch, als ob ein Schüler frei (vom Schulalltag) erzählen würde.
e) Verbotsschilder	nein	Auch hier wird ein Hörtext vom Blatt abgelesen. Außerdem wird das natürliche Sprechtempo so verlangsamt, daß es wie ein Diktat wirkt.
f) Der Anruf	ja	Das Gespräch wirkt ziemlich natürlich; auch die Emotionen entsprechen einer deutschen Realität. Man merkt kaum, daß das Gespräch vermutlich schriftlich fixiert und im Studio aufgenommen wurde.

Wir wissen nicht, was Ihnen zu dem Begriff *Fußballspiel* einfällt, aber wir haben spontan folgende Assoziationen gehabt:

Aufgabe 36

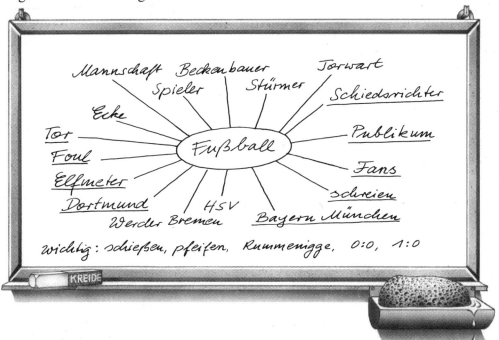

Aufgabe 37

Assoziationen haben u.a. den Sinn,
- die Motivation zu wecken. Sie machen auf das Thema des Textes neugierig.
- an das Vorwissen der Schüler anzuknüpfen.
- eine Konfrontation der Vorstellungen der Schüler mit dem zentralen Thema des Textes zu bewirken.
- wichtige Wörter einzuführen. Sie stellen also eine Form der Vorentlastung dar. Unter Vorentlastung versteht man, daß vor dem Hören „die Last des Nicht-Verstehens" weggenommen wird, damit die Schüler den Text relativ „unbelastet" verstehen können.

Aufgabe 38

Sie können z. B. ein abgewandeltes Flußdiagramm nach dem Muster der W-Fragen als Arbeitsblatt ausgeben.

Arbeitsblatt „Fußballspiel"

Füllen Sie beim Hören das Flußdiagramm aus:

		Lösungen:
Wer gegen wen?	Dortmund — ☐	Bayern München
Wo?	in ☐	Dortmund
Wann?	☐ Minute	80.
Wie?	☐ : ☐	0 : 0
Was?	☐	Foul
Was dann?	☐	Elfmeter
Wer?	☐	Rummenigge
Was dann?	☐	Tor
Wie?	☐ : ☐	1 : 0
Für wen?	für ☐	Dortmund

169

Aufgabe 39   Es eignen sich vor allem solche Texte für die Arbeit mit Assoziogrammen, die ein Thema zum Gegenstand haben. Wichtig ist, daß es einen zentralen Begriff gibt, von dem aus sich mit Hilfe der Assoziationen ein Wortfeld aufbauen läßt. Nur so läßt sich die gewünschte lexikalisch-thematische Vorbereitung und Vorentlastung aufbauen.

Aufgabe 40

	Hören	*Lesen*
Speichern	Der Schüler hat den Text gehört – also muß er ihn im Kopf behalten und verstehen, d. h. ihn während des Hörens in einen Sinnzusammenhang einordnen.	Der Schüler hat den Text vor sich und kann ihn immer wieder als Verstehenshilfe heranziehen.
Erinnern	Das Erinnern ist nicht zeitlich vom Speichern getrennt.	Erinnern und Speichern lassen sich im Leseprozeß zeitlich voneinander trennen.
Folgen für Textauswahl	Hörtexte müssen einfach, kurz und redundant sein.	Lesetexte können komplex, relativ schwierig, wenig redundant und länger sein.
Folgen für methodisches Vorgehen	Der Aufbau einer Erwartungshaltung ist sehr wichtig, die Aktivitäten vor dem Hören sind besonders wichtig, nichtsprachliche Verstehenshilfen spielen eine wichtige Rolle.	Vorentlastung und außersprachliche Verstehenshilfen sind nicht so wichtig, andere Erschließungsstrategien sind möglich.

Aufgabe 41   *Baum:* 1, 2, 6, 7   *Stuhl:* 1, 5, 6, 9, 10

Aufgabe 43   Beim Anschauen dieser Illustration denkt man als erstes sicher an eine Konfliktsituation: Vater und Sohn angeln, der Parkwächter oder Polizist weist mit dem Finger auf ihre Angelruten. Offensichtlich ist Angeln nicht erlaubt und das Betreten des Rasens verboten (Schild). Folgendes könnte passieren:
a) es gibt einen Streit
b) Vater und Sohn zahlen eine Strafe und gehen nach Hause oder
c) es passiert etwas völlig Unerwartetes.

Aufgabe 44   Schritt 1:
Durch die vorangegangene Präsentation der Illustration wurden die auftretenden Personen eingeführt. Es handelt sich offenbar um Vater und Sohn, die an einem Teich angeln. Ein Mann in Uniform ist hinzugekommen, und durch seine Gestik wird deutlich, daß Angeln hier verboten ist. Mit Hilfe der Illustration können
– die auftretenden Personen und ihre Beziehung zueinander veranschaulicht werden,
– neue Wörter wie *angeln, Betreten/Angeln verboten, die Angel, Teich (der Fluß)* usw. vorab geklärt werden,
– die Hörerwartungen der Schüler auf eine Sprechsituation gelenkt werden, in der es vermutlich um gegensätzliche Interessen geht.

Was sagt wohl der Mann in Uniform? Und was überlegen die beiden Angler?
Überlegen Sie sich, ob Sie das Wort *Angelschein* vorab einführen wollen, möglicherweise kann das Wort aus dem Dialogverlauf und der Situation erschlossen (geraten) werden.

Schritt 2:
Die Schnittstellen (Stop!) eignen sich hervorragend, um auf der Grundlage des Gehörten vorauszusagen, wie der Dialog weitergehen könnte. Man nennt dies Antizipation. Der Schüler lernt hier, aus der logischen Struktur des bisher Gesagten und auf Grund eines gewissen Weltwissens (solche Situationen verlaufen überall ähnlich) Voraussagen zu

machen, die durch das weitere Abspielen des Textes überprüft werden. Hier sind die Fertigkeiten Hörverstehen und Sprechen eng verbunden.

Schritt 3:
- Die Schüler schreiben den Dialog zu Ende.
- Die Schüler erfinden ähnliche Geschichten (*Führerschein, Fahrkarte, Kinokarte*).
- Die Schüler spielen die Geschichten vor. Hierbei liegt der Schwerpunkt bei den Fertigkeiten Schreiben und Sprechen. Im Lehr- und Arbeitsbuch gibt es dazu einige Anregungen.

Neuner (1986), 31

LB 3B Ü4 besprechen und in Partnerarbeit bearbeiten lassen.

LB 3A Ü4 Wie geht die Geschichte weiter?
- Erst die einzelnen Bilder besprechen: *Was ist da los/passiert?*
- Dann die Zuordnungsübung *AB 3A Ü3* besprechen (es gibt zu wenigen Bildern auch mehrere Zuordnungsmöglichkeiten, je nach Interpretation der Situation).
- Gegebenenfalls in Partner- oder Gruppenarbeit die Bilder zu einer oder mehreren Geschichten ordnen (nicht alle Bilder müssen in einer weiterführenden Geschichte verarbeitet sein!).
- Zu jedem Einzelbild in kleinen Gruppen eine Kurzgeschichte erarbeiten, Notizen machen; im Plenum erzählen.
- Falls nötig, die weiterführende(n) Geschichte(n) in der Muttersprache vorbesprechen.
- In Einzel- oder Partnerarbeit (ggf. mit Hilfe eines Lexikons) eine einfache Geschichte schriftlich vorbereiten und vorlesen lassen.
- Falls noch Interesse besteht, gemeinsam in der Klasse eine Geschichte entwickeln, schriftlich an der Tafel ausarbeiten. (Stichwörter, Skizze) und als Szene spielen.
- Freies abschließendes Spiel möglicher Fortsetzungen der Geschichte.

Neuner (1988), 77

Aufgabe 45

ANTIZIPATION

	Variante A	*Variante B*
Kennzeichnen	Antizipieren <u>vor</u> dem Hören	Antizipieren <u>während</u> des Hörens
Aktivitäten des Hörers	– Aufbau einer Erwartungshaltung – Aktivierung von Vorwissen	– Hörer eilt dem gehörten Text ein klein wenig voraus – nimmt kleine Sinneinheiten vorweg
Faktoren, die beim Antizipieren helfen	– Klärung der Kommunikationssituation – Überschrift, Thema, Textsorten	– Satzmelodie – Wortgruppen – logische Verbindungen – Intention des Sprechers
Arbeitsweise	– Assoziogramm – Illustration – Foto – Geräusch	Hörtext bzw. Band wird an einer bzw. mehreren Stellen gestoppt

Aufgabe 46

Wir können Ihnen an dieser Stelle nur einige Anhaltspunkte geben, nach denen Sie Illustrationen auswählen sollten:

– Stellt die Illustration ungefähr die Situation dar?
– Lassen sich Personen usw. deutlich erkennen?
– Sind Illustration und Hörtext nah genug beieinander, d. h., lassen sich mit Hilfe der Illustration auch die wichtigsten Begiffe und Wörter klären?

Aufgabe 47

Die Bilder gehören in die folgende Reihenfolge:
1 F, 2 D, 3 E, 4 A, 5 C, 6 B

Aufgabe 48

Präsentationsform	*Vorteile*	*Nachteile*
Hörtext mit Illustration/Foto	Bild gibt nichtsprachliche Informationen: – Mimik – Gestik – Körpersprache – Landeskunde	– Bild und Text passen nicht zusammen: Erwartungen der Schüler werden in die falsche Richtung gelenkt oder enttäuscht
Hörtext mit Schriftbild	– einzelne Wörter können besser erkannt werden – Schriftbild ist Verstehenshilfe – Schriftbild entlastet (Schüler wird nicht überfordert) – Unterrichtspraktische Gründe: größere Übungsangebote, verschiedene Sozialformen (Gruppen-, Einzelarbeit)	– Schriftbild lenkt vom Hören ab – bereitet nicht auf Hören in Realsituationen vor – durch das Wort-für-Wort-Mitlesen kein globales/selektives Hören möglich – Schüler lernen nicht, auf ihr „Hörverstehen" zu vertrauen
Hörtext ohne Schriftbild	– bereitet auf Realsituation vor – Schriftbild kann nicht ablenken, die Aufmerksamkeit ist ganz auf das Hören konzentriert – Vertrauen entsteht, auch „nur" hörend verstehen zu können	– Schüler fühlen sich manchmal überfordert – man braucht andere Verstehenshilfen, z. B. Bilder

Präsentationsform	Vorteile	Nachteile
Präsentation des ganzen Textes	– Schüler können sich „einhören"/einleben – Erfahrungen, daß Text ohne Stopps verstanden werden kann – entspricht realen Kommunikationssituationen	– Schüler fühlen sich leicht überfordert – Schüler schalten ab, wenn der Hörtext zu lang ist – nicht so gut geeignet, um Hörverstehen zu üben
Hörtextpräsentation in Abschnitten	– baut Angst ab – baut systematisch Konzentrationsfähigkeit auf – gibt Möglichkeiten, bereits Gehörtes zu rekapitulieren – die Schüler können fragen – Lehrer kann bestätigen – Schüler können schrittweise antizipieren/spekulieren	– globales/selektives Hören kann nicht geübt werden – es entspricht nicht dem Hören in Realsituationen (ausgenommen Dialoge)
Hörtext auf einer Kassette	– Kassette kann überall gestoppt werden, Verstehen kann überprüft werden – Kassette kann öfter vorgespielt werden – Schüler kann mit Kassette selbständig zu Hause üben – Schüler gewöhnen sich an verschiedene Stimmen	– Texte klingen manchmal künstlich – manchmal schlechte Aufnahme – technische Mängel können das Verstehen erschweren
Hörtext vom Lehrer gesprochen	– mimische und gestische Unterstützung möglich – es können Pausen eingelegt werden – Lehrer kann umformulieren/erklären – Lehrer kann Sprechtempo festlegen – Hilfestellung durch Umformulierungen möglich	– Schüler können sich sehr an Stimme und Aussprache des Lehrers gewöhnen – nachlassende Motivation, da immer dieselbe Stimme

Aufgabe 49

Arbeitsblatt 1:

Thema: Aufstehen

Reihenfolge:

1	2	3	4	5
C	D	E	B	A

Bild:

Dies ist nur eine Möglichkeit. Andere Lösungen sind genauso richtig. Es geht hier schwerpunktmäßig darum, daß sich die Schüler mit der Situation und den zugehörigen Redemitteln auseinandersetzen, ihr Vorwissen einbringen und Redemittel reaktiviert werden, die – möglicherweise – die Hörszene vorentlasten.

Arbeitsblatt 2:

Mutter: a, d, e, f

Tochter: b, c, g, h

Arbeitsblatt 3:

Reihenfolge	1	2	3	4	5
Bild	C	D	E	B	A
Text	e	d	a b	c f	h g

Aufgabe 50

Mögliche Aufgaben zu Hörszene 20:
- Zum Beispiel sagen Sie zu den Schülern, daß Sie nun einen längeren Hörtext zu dieser Bildgeschichte hören.
  Aufgabe: *Notieren Sie, welche zusätzlichen Themen und Informationen in dem Hörtext vorkommen.*
- Anschließend sammeln Sie die „Verstehensinseln" an der Tafel:
  Beispiele: *krank, am Montag, Halsweh*
  100.000 Kinder gehen jeden Tag in die Schule
  Hausfrau bleiben
  kochen, putzen usw. für den Mann
  Emanzipation der Frau
- Anschließend könnten Sie den kompletten Text lesen lassen.

Aufgabe 51

Zu den Unterrichtsschritten:

1. Arbeit mit Satzkarten

   Hier sind verschiedene Lösungen je nach Vorwissen und Phantasie der Schüler möglich. Möglich wäre es, die verschiedenen Geschichten aufzuhängen und zu vergleichen.

3. So könnte das gefüllte Raster aussehen:

Mit 13	*Mit 15*	*Mit 16*
– von zu Hause weggelaufen – nachts – an der Straße – Schlafsack – 30 DM – Zigaretten – hell um 7 Uhr – Vater kam	– noch einmal von zu Hause weggelaufen – 3 Tage später – weit weg – zu Hause angerufen – alles klar – Geld alle – (er stand) in einer Bahnhofshalle – London – Paris – große Städte – Parkbänke – Wasserbetten – er wußte nicht, was er wollte	– er sieht vieles anders – er liest Bücher – Hermann Hesse – er macht Meditation – er lernt Saxophon – Jerry Cotton

Aufgabe 52

Die Schüler können die Satzkarten und Bildkarten einander zuordnen und dann eine Geschichte schreiben.

Aufgabe 53

- Präsentation des Liedes ohne Textvorlage
- Notizen machen mit Hilfe des Rasters (*mit 13, mit 15, mit 19*)
- Was wurde verstanden? (Verstehensinseln im Plenum sammeln)
- zweites und drittes Vorspielen ohne Textvorlage
- Verstehensinseln ergänzen
- Text verteilen und
  a) still lesen lassen oder
  b) während des Hörens mitlesen lassen
- Satzkarten dem Text zuordnen
- Äußerungen von deutschen Schülern zu dem Lied/dem Problem lesen und vergleichen
- Interviews zum Lied/zum Thema in der Klasse machen (ggf. mit Hilfe der Muttersprache) und darüber berichten.

Auch dieses Thema legt es nahe, Übungen zur Sprechfähigkeit anzuschließen, weil sich die Schüler zu dem Thema äußern wollen/sollten. Dabei könnten die Schüler ihre Meinung mit den Meinungen deutscher Schüler vergleichen.

Schriftliche Schülermeinungen zum Udo-Lindenberg-Song *Er wollte nach London*:

Britta, 15 Jahre

Ich glaube, es ist keine Lösung, von zu Hause wegzulaufen, wenn man Probleme hat. Denn ich denke, irgendwo gibt es immer einen Menschen, der einem ein bißchen helfen kann und mit dem man sich aussprechen kann.

Ich selbst würde einen anderen Weg suchen, obwohl ich die Situation auch nicht besonders gut beurteilen kann, weil ich keine schwerwiegenden Probleme habe und mich mit meinen Eltern sehr gut verstehe, so wie die meisten meiner Freunde.

Peter, 15 Jahre

Ich finde diesen Text gut. Meiner Meinung nach bringt er die Probleme eines Jugendlichen gut zum Ausdruck. Jeder Jugendliche wird wohl irgendwann mal ans Abhauen denken. Einfach wegrennen, z. B. vor Ärger in der Schule, mit Eltern, mit Freunden, ... !

Dabei zeigt der Text auch, wie engstirnig ein Jugendlicher oft denkt. Er denkt nur ans Abhauen. Die Zukunft ist ihm egal, d. h., er will sich wahrscheinlich nicht weiter mit ihr auseinandersetzen. Er lebt, denkt und handelt nur in der Gegenwart.

Maren, 16 Jahre

Ich finde, daß das Von-zu-Hause-Abhauen keine Lösung für die Probleme ist, die man hat. Es ist meiner Meinung nach besser, sich bei seinen Eltern Rat zu holen oder sich mit jemandem anders zu unterhalten.

Die Haltung, die der Junge seinem Vater gegenüber hat (sein „Alter"), gefällt mir auch nicht.

Ich profitiere z. B. sehr von der Erfahrung, die mir meine Eltern vermitteln. Natürlich muß man auch seine eigenen Erlebnisse machen, um eine gewisse Selbständigkeit zu erlangen.

© unveröffentlichtes Manuskript der Arbeitsgruppe Bordeaux

<u>Aufgabe 54</u>

1. Motivation und Neugierde wecken
2. Erwartungen beim Schüler so konkret wie möglich aufbauen
3. a) sprachliche Vorentlastung
   b) inhaltliche ⎫
   c) landeskundliche ⎬ Vorbereitung
4. phonetische Vorentlastung

<u>Aufgabe 55</u>

Intensives Hören	*Extensives Hören*
– alle Informationen wichtig – Details müssen verstanden werden	– Text redundant – wenige zentrale Informationen helfen, den ganzen Text zu verstehen

Aufgabe 56

Hörszene	Hörstil intensiv	Hörstil extensiv global	Hörstil extensiv selektiv	Begründung
a) Nachrichten		×		Der Text ist sehr redundant und enthält viele unwichtige Informationen. Die Hauptinformation ist für den Hörer wichtig.
b) Verkehrsdurchsage	×			Wenn der Höerer auf der genannten Strecke fährt, ist alles für ihn wichtig, damit er den Stau vermeiden kann.
c) Zugansage			×	Hier möchte der Hörer nur einzelne Informationen, die ihn interessieren, heraushören. Er konzentriert sich auf das, was ihn betrifft.

Aufgabe 59

Wörter-Bingo:

Sie suchen z.B. eine bestimmte Anzahl von Wörtern aus einem gerade behandelten Text aus und schreiben sie auf eine Folie (z. B. 20 Wörter). Die Schüler schreiben nun 9 Wörter aus dieser Liste in die (etwas größeren) Kästchen. Anschließend rufen Sie die 20 Wörter aus der Liste durcheinander auf, und die Schüler kreuzen die Wörter an, die sie wiedererkannt haben. Dieses Spiel eignet sich auch zur phonetischen Unterscheidung ähnlich ausgesprochener Wörter (z. B. *Stadt, Staat* ...).

Aufgabe 60

Lösungswort: ICH

Aufgabe 65

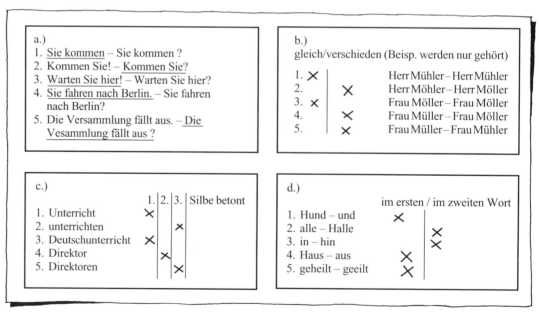

nach: Hirschfeld (1992), 18

Welche Vorteile hat Partnerarbeit gegenüber dem Frontalunterricht?   Aufgabe 71
1. gemeinsames Arbeiten fördert Motivation
2. führt zu mehr Kritikfähigkeit
3. Problemlösungen werden gemeinschaftlich erarbeitet
4. Leistungsdruck ist geringer
5. Schüler lernen voneinander, Bereitschaft zur Zusammenarbeit
6. Schüler werden entscheidungsfreudiger
7. Schüler entfalten Organisationsvermögen
8. Schüler lernen, Eigenverantwortung zu übernehmen

Welche Rolle spielen Sie dabei als Lehrer?
1. Konzentration auf einzelne Gruppen
2. auftauchende Fehler registrieren

Mögliche Redemittelliste: Aufgabe 73

das Hotel	im vierten Stock	nach oben gucken
hoch	der Regenschirm	der Hotelgast
die Etage	öffnen/aufspannen	springen (aus dem Fenster)
der Eingang	in der Hand halten	
brennen	der Feuerwehrmann	
der Rauch	der Schlauch	
die Flamme	die Spritze	
das Schild	das Sprungtuch halten	
	heruntersteigen	
	herunterklettern	
	der Hoteldiener	
	schützen	

Arbeitsblatt 2:   Aufgabe 74

Satzkarten	*Bild Nr.*
Hier kann man den Sternenhimmel beobachten.	5 + 10
Hier kann man eine phantastische Rollschuhrevue sehen.	4 + 11
Hier gibt es spannende Fußballspiele der Bundesliga.	8 + 9
Jede Friedensdemo beginnt oder endet an der Friedensglocke.	2 + 7
Im Sommer und Winter kann man hier eislaufen.	6

Aufgabe 76

X Bett	X Gitarre	Papierkorb	Stuhl
X Bild vom Pferd	X Heizofen	X Pinnwand	Teppich
X Bilder	X Heizung	X Plattenspieler	Tisch
Blumen	Hocker	X Poster	X Wanduhr
Bücherregal	Kamin	X Reitkappe	X Waschbecken
Computer	X Kassettenrekorder	X (kleine) Schränke	Wecker
X Drachen	X Kleiderschrank	X Schreibtisch	X Weltkarte
Dusche	Kommode	Sessel	
Fernseher	X Lampen	X Setzkasten	
Fotos	X Musikanlage	X Sofa	

Aufgabe 77
− auf der Wortebene: durch Artikel, Substantive
− auf der Satzebene: durch Konnektoren
− beim Weltwissen: Wieviel weiß ich über die Welt, die im Text dargestellt wird?

Aufgabe 81

Interview	1.	2.	3.	4.
Name	Hans	Inge	Petra	Peter
Schultyp	Hauptschule	Realschule	(Schiller-) Gymnasium	Gesamtschule
Klasse	6. Klasse	6. Klasse	9. Klasse	7. Klasse
Lieblingsfächer	Erdkunde Rechnen Mathe	Mathe Geschichte Sport	Physik Chemie Fremdsprachen Französisch	Mathe Informatik
unbeliebte Fächer	Sprachen Deutsch	Englisch Deutsch	Musik Kunst	Englisch Latein
Abschluß	Hauptschulabschluß	vielleicht Realschulabschluß	(Abitur) studieren	Abitur

Aufgabe 83

In einem alten Grab eine Tasche voller Goldmünzen.

Aufgabe 85

Möglichkeit A:

Wer? Frau Schuster
    hat
Was? einen Dieb vertrieben
Wann? abends
Wo? im Stadtpark
Wie? mit einem Trick, indem sie den Dieb Löcher in ihren Mantel und Hut schießen läßt
Warum? um ihr Geld zu retten
    gemacht?

Möglichkeit B:

Wer? Ein Dieb
    hat
Was? eine Frau überfallen
Wann? abends
Wo? im Stadtpark
Wie? mit einer Pistole
Warum? um Geld zu bekommen
    gemacht?

Es gibt weitere Möglichkeiten!

Aufgabe 86

1. Sicher können Sie erkennen, daß der junge Mann (Freddy) Hägar abzulenken versucht und daß er das Mädchen küßt, während Hägar wegschaut.
2. 1 D, 2 E, 3 A, 4 C, 5 B

	a	b	c	d	e	f	g	h
Das ist richtig.	×		×	×				
Das ist falsch.		×					×	
Vielleicht richtig.								×
Ich kann es nicht wissen.					×	×		

Bei *vielleicht richtig* und *ich kann es nicht wissen* kann es zu Überschneidungen kommen. Das kann dann im Gespräch geklärt werden.

6 Literaturhinweise

A. Theorie

Siglen: Praxis = Praxis des neusprachlichen Unterrichts. Dortmund: Lambert und Lensing.

Fremdsprache Deutsch = Fremdsprache Deutsch. Zeitschrift für die Praxis des Deutschunterrichts. München: Klett Edition Deutsch.

APELT, Walter (1976): *Positionen und Probleme der Fremdsprachenpsychologie.* Halle (Saale): Max Niemeyer.

ARENDT, Manfred (1990): *Ganzheitliche Schulung des Hörverstehens. Plädoyer gegen Komponentenübungen.* In: Fremdsprachenunterricht 10/11, S. 489–493.

ASHER, James J. (1977): *Learning another language through actions: the complete teacher's guide-book.* Los Gatos/Ca.: Sky Oaks Productions.

BIMMEL, Peter/VAN DEN VEN, Mariet (1992): *Verstehen üben, verstehen lernen. Hörverstehensübungen für Anfänger.* In: Fremdsprache Deutsch, H. 7 „Hörverstehen", S. 12–16.

BUTZKAMM, Wolfgang (1989): *Psycholinguistik des Fremdsprachenunterrichts.* Tübingen: A. Francke.

DESSELMANN, Günther (1983): *Aufgaben und Übungsgestaltung zur auditiven Sprachrezeption.* In: Deutsch als Fremdsprache, H. 6. Leipzig: Herder-Institut.

DIRVEN, René (Hrsg.) (1977): *Hörverständnis im Fremdsprachenunterricht.* Kronberg/Ts.: Scriptor.

EGGERS, Dietrich u. a. (1988): *Wege,* Lehrerhandbuch. München: Max Hueber.

ERDMENGER, Manfred (1982): *Hörverstehenstraining durch Aufgabenabstufung im fortgeschrittenen Englischunterricht.* In: Praxis 29.

GOUIN, François (1880): *L'art d'enseigner et d'étudier les langues.* Paris.

HIRSCHFELD, Ursula (1992): *Wer nicht hören will ... Phonetik und verstehendes Hören.* In: Fremdsprache Deutsch, H. 7 „Hörverstehen", S. 17–20.

HÜLLEN, Werner (1969): *Geschriebene Sprache als Lernhilfe im Englischunterricht.* In: Die neueren Sprachen, H. 6. Frankfurt/Main: Diesterweg, S. 282–297.

HÜLLEN, Werner (1971; 2. Aufl.1973): *Linguistik und Englischunterricht,* Bd. 1, *Didaktische Analysen.* Heidelberg: Quelle und Meyer.

MANDL, Heinz/FRIEDRICH, Helmut Felix/HRON, Aemilian (1988): *Theoretische Ansätze zum Wissenserwerb.* In: MANDL, Heinz/SPADA, Hans (Hrsg.): *Wissenspsychologie.* München und Weimar: Psychologische Verlagsunion, S.123–160.

MINSKY, Marvin (1990): *Mentopolis.* Stuttgart: Klett-Cotta.

NEUF-MÜNKEL, Gabriele (1988): *Hörverstehen.* In: EGGERS, Dietrich u. a.: *Wege,* Lehrerhandbuch. München: Max Hueber.

NEUF-MÜNKEL, Gabriele (1992): *Der dicke Junge weint, weil... Übungen zur Ausbildung der Antizipations- und Speicherfähigkeit.* In: Fremdsprache Deutsch, H. 7 „Hörverstehen", S. 31–35.

NEUNER, Gerhard (1985): *Zur Arbeit mit authentischen Hörtexten im Unterricht.* In: MÜLLER, Bernd-Dietrich (Hrsg.): *Textarbeit - Sachtexte* (Bd. 2 der Reihe: Studium Deutsch als Fremdsprache – Sprachdidaktik). München: Iudicium, S.129–136.

NEUNER, Gerhard (1988): *Zur systematischen Entwicklung des Hörverstehens im DaF-Anfangsunterricht.* In: Fragezeichen, H. 2. Lainate (Milano): Editorale News, S. 25–33.

PALMER, H. D./PALMER, D. (1925/1958): *English through actions.* London: Longman.

PARREREN, Carel F. van (1969): *Lautbild und Schrift.* In: Praxis 4, S. 359–365.

ROHRER, Josef (1978): *Zur Rolle des Gedächtnisses beim Sprachenlernen.* Bochum: Ferdinand Kamp.

SCHRÖDER, Konrad (1977): *Hörverständnis und Fremdsprachenplanung.* In: DIRVEN, René (1977), S.14–26.

SCHUMANN, Adelheid u. a. (Hrsg.) (1984): *Hörverstehen. Grundlagen, Modelle, Materialien zur Schulung des Hörverstehens im Fremdsprachenunterricht der Hochschule.* Tübingen: Gunter Narr.

SOLMECKE, Gert (1992): *Ohne Hören kein Sprechen. Bedeutung und Entwicklung des Hörverstehens im Deutschunterricht.* In: Fremdsprache Deutsch, H. 7 „Hörverstehen", S. 4–11.

SOLMECKE, Gert (Hrsg.) (1992): *Fremdsprache Deutsch*, H. 7. „Hörverstehen".

SOLMECKE, Gert (1993): *Texte hören, lesen und verstehen.* Berlin/München: Langenscheidt.

ZIMMERMANN, Günther (1969): *Phasen und Formen der Spracherlernung bei einem audiovisuellen Kurs.* In: Praxis 1, S. 69–78.

ZIMMERMANN, Günther (1980): *Schwierigkeitsfaktoren und Progression im Lernbereich Hörverstehen.* In: Praxis 27, S. 3–12.

B. Übungsmaterial, Lehrwerke, Methodik/Didaktik

AUFDERSTRASSE, Hartmut u. a. (1983): *Themen 1. Lehrwerk für Deutsch als Fremdsprache.* München: Max Hueber.

AUFDERSTRASSE, Hartmut u. a. (1992): *Themen neu 1. Lehrwerk für Deutsch als Fremdsprache.* München: Max Hueber.

BALDEGGER, Markus u. a. (1980): *Kontaktschwelle Deutsch als Fremdsprache.* Europarat Strasbourg. Berlin/München: Langenscheidt.

BRAUN, Korbinian u. a. (1967): *Deutsch als Fremdsprache 1.* Stuttgart: Ernst Klett.

BRAUN, Korbinian u. a. (1978): *Deutsch als Fremdsprache I A,* Neubearbeitung. Stuttgart: Ernst Klett.

DEUTSCHER VOLKSHOCHSCHULVERBAND/GOETHE-INSTITUT (Hrsg.) (1972; 5. Aufl. 1992): *Das Zertifikat Deutsch als Fremdsprache.* Bonn/Frankfurt/Main/München.

EDELHOFF, Christoph (Hrsg.) (1985): *Authentische Texte im Deutschunterricht.* München: Max Hueber.

EGGEMANN, Werner u. a. (1989): *Sieben junge Leute stellen sich vor.* München: Goethe-Institut/Klett Edition Deutsch.

EICHHEIM, Hubert/STORCH, Günther (1992): *Mit Erfolg zum Zertifikat.* München: Klett Edition Deutsch.

FORMELLA, Doris u. a. (1990): *Übungen für Selbstlerner – Hörverstehen.* München: Goethe-Institut.

GRAUERHOLZ, Ute u. a. (1989): *Das Bildungswesen in der Bundesrepublik Deutschland 1–4.* München: Goethe-Institut.

HÄUSSERMANN, Ulrich u. a. (1978): *Sprachkurs Deutsch 1. Unterrichtswerk für Erwachsene.* Frankfurt/Main: Moritz Diesterweg.

HÄUSSERMANN, Ulrich u. a. (1989): *Sprachkurs Deutsch 1,* Neufassung. Frankfurt/Main: Moritz Diesterweg.

HÜMMLER-HILLE, Claudia/JAN, Eduard von (1988): *Hören Sie mal! Übungen zum Hörverständnis.* München: Max Hueber.

KAMINSKI, Diethelm (1987): *Bildergeschichten. Aufgaben und Übungen.* München: Goethe-Institut.

MARCKS, Marie (1976): *Alle dürfen, bloß ich nicht. Cartoons.* München: Weismann Verlag.

MARCKS, Marie (1976): *Immer ich!* Reinbek bei Hamburg: Rowohlt.

MARCKS, Marie (1979): *Die paar Pfennige!* Reinbek bei Hamburg: Rowohlt.

NEUNER, Gerhard u. a. (1979): *Deutsch aktiv 1. Ein Lehrwerk für Erwachsene.* Berlin/München: Langenscheidt.

NEUNER, Gerhard u. a. (1981): *Übungstypologie zum kommunikativen Deutschunterricht.* Berlin/München: Langenscheidt.

NEUNER, Gerhard u. a. (1983): *Deutsch konkret. Ein Lehrwerk für Jugendliche.* Berlin/München: Langenscheidt.

NEUNER, Gerhard u. a. (1986): *Deutsch aktiv IA Neu.* Berlin/München: Langenscheidt.

RAUSCHENBACH, Erich (1987): *Du gehst mir auf'n Keks.* Frankfurt/Main: Goldmann.

SPIER, Anne (1983): *Mit Spielen Deutsch lernen. Spiele und spielerische Übungsformen für den Unterricht mit ausländischen Kindern, Jugendlichen und Erwachsenen.* Königstein/Ts.: Scriptor.

TETZELI VON ROSADOR, Hans-Jürg u. a. (1988): *Wege. Lehrwerk für die Mittelstufe und zur Studienvorbereitung.* München: Max Hueber.

UR, Penny (1987): *Hörverständnisübungen.* München: Max Hueber.

C. Liedersammlungen

CLEMENS, Michael u. a. (1986): *Ich bin neugierig, wie alles funktioniert. Lieder und Chansons für den Deutschunterricht.* Bonn: Inter Nationes.

DOMMEL, Hermann/SACKER, Ulrich (1986): *Lieder und Rock im Deutschunterricht.* Paris/München: Goethe-Institut.

KRÖHER, Oss (1988): *Liederreise. 77 deutsche Lieder.* Stuttgart: Ernst Klett.

NYFFELER, Max (o. J.): *Liedermacher in der Bundesrepublik Deutschland.* Bonn: Inter Nationes.

PASCAL, Petra (1986): *Volksmusik, Frühlingslieder und Bräuche.* Bonn: Inter Nationes.

PASCAL, Petra (1986): *Volksmusik, Ernte und Erntedankfest.* Bonn: Inter Nationes.

POOL-LIFDU (Hrsg.) (1986): *Mein Gespräch, meine Lieder.* Berlin/München: Langenscheidt.

POOL-LIFDU (Hrsg.) (1991): *Heute hier, morgen dort.* Berlin/München: Langenscheidt.

SKUDLIK, Sabine (1991): *Das Wunderhorn. Eine Volksliedanthologie.* Bonn: Inter Nationes.

7 Quellenangaben

A. Textteil

ARBEITSGRUPPE BORDEAUX (1981): *Arbeit mit Bildern und Bildgeschichten 1*. Bordeaux: Goethe-Institut, o. S.

AUFDERSTRASSE, Hartmut u. a. (1983): *Themen 1, Lehrwerk für Deutsch als Fremdsprache*. München: Max Hueber, S. 15, 88–89.

AUFDERSTRASSE, Hartmut u. a. (1992): *Themen 1 neu. Lehrwerk für Deutsch als Fremdsprache*. München: Max Hueber, S. 112–113.

BOCHUM: Zeichnungen und Stadtplan, © Stadt Bochum.

BRAUN, Korbinian u. a. (1967): *Deutsch als Fremdsprache I*. Stuttgart: Ernst Klett, S. 46.

BRAUN, Korbinian u. a. (1968): *Deutsch als Fremdsprache I*. Grundkurs, Lehrerheft. Stuttgart: Ernst Klett.

BRAUN, Korbinian u. a. (1978): *Deutsch als Fremdsprache IA*. Stuttgart: Ernst Klett, S. 54.

BRINKMANN, Gerhard (1987): *Herbert*. In: KAMINSKI, Diethelm (1987), S. 36.

BROWN, Dik (1988): *Hägar der Schreckliche*. King Feature Syndicate/Bulls. In: Kaminski, Diethelm (1988), S. 12.

COURIVAUD, Geneviève u. a. (1985): *Deutsch konkret 1. Cahier de l'élève*. Berlin/München: Calligrammes-Langenscheidt, S. 100.

COURIVAUD, Geneviève u. a. (1988): *Deutsch mit Spaß, 4 ème, seconde langue, cahier d'exercices*. Paris: Belin, S. 63.

EGGEMANN, Werner u. a. (1989): *Sieben junge Leute stellen sich vor*. München: Goethe-Institut/Klett Edition Deutsch, S. 11.

FORMELLA, Doris u. a. (1990): *Übungen für Selbstlerner – Hörverstehen*. München: Goethe-Institut, S. 24, 36.

GERDES, Mechthild u. a. (1984): *Themen 1, Lehrerhandbuch*. München: Max Hueber, S. 75.

GRAUERHOLZ, Ute u. a. (1989): *Das Bildungswesen in der Bundesrepublik Deutschland. Plakat Nr. 4*. In: TIP, H. 3. Köln: Felten Medien Concept, S. 24–25.

HÄUSSERMANN, Ulrich u. a. (1978): *Sprachkurs Deutsch 1. Unterrichtswerk für Erwachsene*. Frankfurt/Main: Moritz Diesterweg, S. 147–148.

HIRSCHFELD, Ursula (1992): *Wer nicht hören will ... Phonetik und verstehendes Hören*. In: Fremdsprache Deutsch, H. 7 „Hörverstehen", S. 18.

KAMINSKI, Diethelm (1987): *Bildergeschichten, Aufgaben und Übungen*. München: Goethe-Institut, S. 36.

KAMINSKI, Diethelm (1988): *Hägar der Schreckliche im Kampf mit der deutschen Grammatik*. München: Verlag für Deutsch, S. 12.

KIRCHHELLE, Ute (1973): *BNS-Praxis. Zur Gestaltung des Unterrichts mit Deutsch als Fremdsprache IA*. Stuttgart: Ernst Klett, S. 4 u. 43–44.

LORIOT (1991): *Von Möpsen und Menschen*. Hamburg: Warner Home Video, Videoprint.

MARCKS, Marie (1976/1985): *Alle dürfen, bloß ich nicht. Cartoons*. München: Weismann-Verlag/Deutscher Taschenbuch-Verlag, o. S., cartoon 7.

MEIJER, Dick u. a. (1991): *Das sind wir. Leipziger Schüler berichten*. München: Goethe-Institut, S. 38.

NEUNER, Gerhard u. a. (1986): *Deutsch aktiv Neu 1 A, Lehrbuch*. Berlin/München: Langenscheidt, S. 30.

NEUNER, Gerhard u. a. (1987): *Deutsch aktiv Neu 1 A, Arbeitsbuch*. Berlin/München: Langenscheidt, S. 61, 74.

NEUNER, Gerhard u. a. (1988): *Deutsch aktiv Neu 1A, Lehrerhandreichungen*. Berlin/München: Langenscheidt, S. 106.

RAUSCHENBACH, Erich (1987): *Du gehst mir auf'n Keks*. Frankfurt/Main: Goldmann. o. S. (© Vito von Eichborn Verlag, Frankfurt/M.).

ROHRER, Josef (1978): *Zur Rolle des Gedächtnisses beim Sprachenlernen.* Bochum: Ferdinand Kamp, S.15.

SEMPÉ, Jean-Jacques (1961): *Rien n'est simple.* Paris: Denoel, S. 63.

SEMPÉ, Jean-Jacques (1975): *Der Lebenskünstler.* Zürich: Diogenes, S. 49.

SPIER, Anne (1983): *Mit Spielen Deutsch lernen. Spiele und spielerische Übungsformen mit ausländischen Kindern, Jugendlichen und Erwachsenen.* Königsstein/Ts.: Scriptor, S. 13, 116.

STERN Nr. 34 vom 17.8.1978 (Suchspiel)

TELEFONGESCHICHTE : © Lintas Hamburg (Postfach 10 40 40).

B. Hörmaterialien für die Weiterarbeit

BEILE, Werner/BEILE, Alice (1981): *Sprechintentionen, Modelle 4,* Übungsbuch. Bonn: Inter Nationes, S. 24.

BEILE, Werner/BEILE, Alice (1983): *Themen und Meinungen im Für und Wider, Modelle 6.* Bonn: Inter Nationes, S. 24.

BEILE, Werner/BEILE, Alice (1987): *Deutsch einfach 1.* Bonn: Inter Nationes, S. 112/113, 117.

BEILE, Werner/BEILE, Alice (1987): *Deutsch einfach 1. Freie Fassung.* Bonn: Inter Nationes, S. 58.

BEILE, Werner/BEILE, Alice (1992): *Alltag in Deutschland.* Bonn: Inter Nationes, S. 58, 97–98.

BIMMEL, Peter u. a. (1992): *So isses 1,* Docentenhandleiding (M)HV. Den Bosch: Malmberg, S. 51, 53, 88, 94–96.

EGGEMANN, Werner u. a. (1989): *Sieben junge Leute stellen sich vor.* München: Goethe-Institut/Klett Edition Deutsch, S. 22, 24, 39, 41/42, 54–56, 67–69, 83, 85, 95, 97.

FORMELLA, Doris u. a. (1990): *Übungen für Selbstlerner, Hörverstehen.* München: Goethe-Institut, S. 95–97.

KANSTEIN, Ingeburg (1974). In: ZIELINSKI, Wolf-Dietrich (1983), S. 11–13.

MEIJER, Dick u. a. (1991): *Das sind wir. Leipziger Schüler berichten.* Den Bosch/München: Goethe-Institut/Malmberg, S. 40–46.

NEUNER, Gerhard u. a. (1987): *Deutsch konkret,* Lehrerhandreichungen 2. Berlin/München: Langenscheidt, S. 102/103.

PILLAU, Horst (1979): *Vergnügliche Sketche.* Niedernhausen/Ts.: Falken-Verlag, S. 12–14.

ZIELINSKI, Wolf-Dietrich (1983): *Papa, Charly hat gesagt ... Ausgewählte Gespräche zwischen Vater und Sohn mit Übungen zum Deutschunterricht für Ausländer,* Text- und Arbeitsbuch. Berlin/München: Langenscheidt, S. 11–13.

C. Transkriptionen der Hörszenen

AUFDERSTRASSE, Hartmut u. a. (1992): *Themen 1 neu.* München: Max Hueber, S. 113.

AUFDERSTRASSE, Hartmut u. a. (1994): *Themen 1 neu,* Lehrerhandbuch Teil B. München: Max Hueber, S. 131.

BEILE, Werner/BEILE, Alice (1983): *Themen und Meinungen im Für und Wider. Modelle 6.* Bonn: Inter Nationes, S. 50/51.

BIMMEL, Peter u. a. (1992): *So isses 1,* Docentenhandleiding (M)HV. Den Bosch: Malmberg, S. 45.

BRAUN, Korbinian u. a. (1967): *Deutsch als Fremdsprache 1.* Stuttgart: Ernst Klett, S. 46.

BRAUN, Korbinian u. a. (1978): *Deutsch als Fremdsprache 1 A,* Neubearbeitung. Stuttgart: Ernst Klett, S. 56.

EGGEMANN, Werner u. a. (1989): *Sieben junge Leute stellen sich vor.* München: Klett Edition Deutsch, S. 14.

EICHHEIM, Hubert/STORCH, Günther (1992): *Mit Erfolg zum Zertifikat,* Testheft. München: Klett Edition Deutsch, S. 125/126.

FORMELLA, Doris u. a. (1990): *Übungen für Selbstlerner – Hörverstehen.* München: Goethe-Institut, S. 87, 95.

GERDES, Mechthild u. a. (1984): *Themen 1,* Lehrerhandbuch. München: Max Hueber, S. 74/75, 148.

HÄUSSERMANN, Ulrich u. a. (1978): *Sprachkurs Deutsch 1.* Frankfurt/Main: Moritz Diesterweg, S. 147/148.

HIRSCHFELD, Ursula (1992): *Wer nicht hören will ... Phonetik und verstehendes Hören.* In: Fremdsprache Deutsch, H.7 „Hörverstehen", S. 18.

KOOZNETZOFF, Gwen (1981): *Themen aus dem Alltag der Bundesrepublik Deutschland.* Bonn: Inter Nationes, S. 84/85.

LINDENBERG, Udo (1981): *Das Textbuch.* Frankfurt/Main: Syndicat, S. 27–29.

LORIOT (1981): *Loriots dramatische Werke.* Zürich: Diogenes, S. 153.

MARCKS, Marie (1976): *Alle dürfen, bloß ich nicht. Cartoons.* München: Weismann Verlag, o. S. (cartoon 7 u. cartoon 7 gekürzt).

NEUF-MÜNKEL, Gabriele (1992): *Der dicke Junge weint, weil ... Übungen zur Antizipations- und Speicherfähigkeit.* In: Fremdsprache Deutsch, H. 7 „Hörverstehen", S. 35.

NEUNER, Gerhard u. a. (1983): *Deutsch konkret 1.* Berlin/München: Langenscheidt, S. 58, 68.

NEUNER, Gerhard u. a. (1984): *Deutsch konkret 1,* Lehrerhandreichungen. Berlin/München: Langenscheidt, S. 112.

NEUNER, Gerhard u. a. (1986): *Deutsch aktiv Neu 1 A.* Berlin/München: Langenscheidt, S. 30.

NEUNER, Gerhard u. a. (1988) *Deutsch aktiv Neu 1 A,* Lehrerhandbuch. Berlin/München: Langenscheidt, S. 148–150.

WICKE, Rainer (1992): *Kontakte knüpfen.* Tübingen: DIFF, S. 127 (unveröffentlichte Erprobungsfassung).

D. Lösungsschlüssel

AUFDERSTRASSE, Hartmut u. a. (1983): *Themen 1.* München: Max Hueber, S. 88.

COURIVAUD, Geneviève u. a. (1988): *Deutsch mit Spaß. 4 ème, seconde langue, cahier d'exercices.* Paris: Belin, S. 63.

FORMELLA, Doris u. a. (1990): *Übungen für Selbstlerner – Hörverstehen.* München: Goethe-Institut, S. 57.

HIRSCHFELD, Ursula (1992): *Wer nicht hören will ... Phonetik und verstehendes Hören.* In: Fremdsprache Deutsch, H. 7 „Hörverstehen", S. 18.

NEUNER, Gerhard u. a. (1986): *Deutsch aktiv Neu 1 A.* Berlin/München: Langenscheidt, S. 31.

NEUNER, Gerhard u. a. (1987): *Deutsch aktiv Neu 1 A,* Arbeitsbuch. Berlin/München: Langenscheidt, S. 61.

NEUNER, Gerhard u. a. (1988): *Deutsch aktiv Neu 1 A,* Lehrerhandreichungen. Berlin/München: Langenscheidt, S. 77.

8 Glossar

Alltagsdialoge: Gespräche zwischen mehreren Gesprächspartnern in alltäglichen Situationen wie z. B. „Eine Eintrittskarte fürs Kino kaufen", „Sich bei einer Einladung mit den Gastgebern unterhalten" usw. Muster für Alltagsdialoge spielen im kommunikativen Deutschunterricht eine wichtige Rolle.

Alltagssituationen: Im kommunikativen Deutschunterricht versteht man darunter diejenigen alltäglichen Situationen, in die ein Deutschlerner im Zielsprachenland geraten kann und auf die er sprachlich vorbereitet werden soll, z. B. „Ankunft am Flughafen", „Besuch beim Zahnarzt", „Einladung bei deutschen Geschäftspartnern".

Antizipation, die: Das Spekulieren über den weiteren Verlauf der Handlung, gedankliche Vorwegnahme des Textinhalts.

Assoziationen: Was jemandem zu einem bestimmten Wort/Begriff/Bild einfällt.

Assoziogramm, das: Auch **Wortspinne, Wortigel** (→). Dient dazu, spontan Ideen/Assoziationen zu einem Begriff zu sammeln.

Aufgaben:
- **nichtverbale/nonverbale Aufgaben:** Z. B. Ankreuzen von Lösungen, Ausführen eines Auftrags. Eignen sich besonders für Hörverstehen im Anfangsunterricht, da keine produktiven sprachlichen Leistungen verlangt werden.
- **(sprach)produktive Aufgaben:** Die Aufgabenstellung erfordert vom Lerner eigene sprachlich-inhaltliche Formulierungen, die beim Hör- oder Leseverstehen eine zusätzliche Fehlerquelle darstellen können.
- **rezeptive Aufgaben:** Das Gehörte muß weder schriftlich noch mündlich reproduziert werden (→ nichtverbale Aufgaben).
- **Richtig/Falsch-Aufgabe, die:** Aufgabe, bei der einfache Entscheidungen nach dem Muster „Das ist richtig", „Das ist falsch" getroffen und durch Ankreuzen markiert werden müssen (→ Ja/Nein-Aufgaben; → rezeptive Aufgaben).

authentisch: „echt", „den Tatsachen entsprechend"; nicht oder nur wenig für den Fremdsprachenunterricht bearbeitete (Hör-)Texte, deren ursprüngliche Textmerkmale (z. B. bei Interviews Auslassungen, Wiederholungen, Satzbrüche oder bei Zeitungstexten Stil der Berichterstattung usw.), deutlich erkennbar sind (→ Authentizität).
- **nicht authentisch:** Für den Fremdsprachenunterricht (stark) bearbeitete, z. B. vereinfachte und/oder gekürzte (Hör-)Texte; speziell für Lehrwerke erstellte Texte, die nicht dem natürlichen Sprachgebrauch (→) entsprechen.

Authentizität, die: „Echtheit", „Ursprünglichkeit". Wirklich authentische Texte, z. B. von Deutschsprachigen spontan gesprochene Texte, sind für den Fremdsprachenunterricht häufig nicht zu gebrauchen. In der Fremdsprachendidaktik spricht man deshalb von einer „gemäßigten" Authentizität. Darunter versteht man, daß die Textmerkmale stimmen. Das bedeutet z. B., daß ein Hörtext sich wie richtiges Deutsch anhören soll (eine Ansage im Radio also wie eine Ansage im Radio, eine Unterhaltung beim Arzt wie eine Unterhaltung beim Arzt usw.), auch wenn der Text für ein Lehrwerk geschrieben wurde.

Defizite, sprachliche: Mangelnde Sprachbeherrschung/Sprachkenntnisse.

dekodieren: = „entschlüsseln"; z. B. sprachlichen Signalen (Lauten, Wörtern usw.) die „richtigen" Bedeutungen entnehmen.

Detailverständnis, das: Jede Einzelheit, jedes Detail (jedes Wort) eines Hör- oder Lesetextes verstehen.

Didaktik, die: Lehre vom Unterricht (Ziele, Inhalte, Lernprozesse); (→ kommunikative Didaktik).

differenzieren/Differenzierung, die: = „unterscheiden/Unterscheidung". Im Fremdsprachenunterricht: Schülern einer Lerngruppe mit unterschiedlichen Interessen und unterschiedlichem Leistungsstand unterschiedliche Lernangebote machen.

Diktat, das:
- **visuelles Diktat:** Das Gehörte wird von den Schülern gezeichnet.

Einzelarbeit, die: Sozialform des Unterrichts. Jeder Schüler arbeitet für sich.

Erwartungshaltung, die:
- **eine Erwartungshaltung aufbauen:** Vorbereiten auf das, was kommt; bestimmte Unterrichtsschritte wie z. B. „Assoziogramm" (→) oder „Fragen nach dem vermuteten Verlauf eines Textes" usw. dienen dazu, den Schüler auf das, was folgt (einen bestimmten Text, eine konkrete Situation, eine Sprecherkonstellation), einzustimmen. Dieses Verfahren spielt beim Hörverstehen eine wichtige Rolle.

Fertigkeit, die:
- **Integration der Fertigkeiten/Fertigkeitsbereiche:** Verknüpfung der vier Sprachfertigkeiten Hören, Sprechen, Lesen, Schreiben im Unterricht.

Frontalunterricht, der: Überspitzt ausgedrückt: Der Lehrer präsentiert (den Lernstoff), erklärt, stellt Fragen, gibt Aufgaben auf usw. Die Schüler nehmen (den Lernstoff) auf, hören zu, antworten, führen aus usw. Die entsprechende Sitzordnung ist häufig: Der Lehrer steht vorn, die Schüler sitzen in parallelen nach vorn orientierten Reihen.

Gedächtnis, das:
- **Ultrakurzzeitgedächtnis, das (UKZ):** Hier kommen alle von außen kommenden Impulse (sehen, hören, riechen, schmecken usw.) an. Die meisten Informationen werden allerdings nur sehr kurze Zeit festgehalten. Was in irgendeiner Form für den Empfänger von Belang ist, wird weitergeleitet, alles andere wird vergessen.
- **Kurzzeitgedächtnis, das:** Im Kurzzeitgedächtnis werden die aus dem UKZ empfangenen Informationen für kurze Zeit festgehalten und sortiert. Informationen, die nicht innerhalb von 6 Sekunden vom Kurzzeitgedächtnis ins Langzeitgedächtnis überführt werden, verschwinden aus dem Gedächtnis.
- **Langzeitgedächtnis, das:** Dort werden die ankommenden Informationen mit Hilfe von gespeichertem Wissen („Schemata") verarbeitet. Dabei erhalten sie Sinn und Bedeutung. Die Verweildauer im Langzeitgedächtnis ist im Prinzip unbegrenzt.

Globalverständnis, das: Das Verstehen der Hauptaussage, des Themas, des „roten Fadens" eines (Hör-)Textes.

Grammatik-Übersetzungs-Methode, die: Am Lateinunterricht orientierte Methode („Sprache als Bildungsgut"); der Schwerpunkt des Unterrichts liegt auf systemgram-matischem Wissen, auf Übersetzung und Lesen literarischer Texte.

Graphem, das: Kleinste Einheit der geschriebenen Sprache, die einen Einzellaut (→ Phonem) repräsentiert, z. B. Buchstabe *b* für gesprochenes [b].

Gruppenarbeit, die: Sozialform des Unterrichts: Kleingruppen (meist 3–5 Personen) oder Großgruppen (5–15 Personen) lösen gemeinsam eine bestimmte Aufgabe (→Partnerarbeit). Gegensatz: Einzelarbeit, (→)Frontalunterricht (→).

Hören, das: (In der Fachliteratur werden verschiedene Begriffe mit zum Teil identischer Bedeutung gebraucht.)
- **diskriminierendes Hören (= lautdifferenzierendes H.):** Einzelne Laute sollen genau gehört/von anderen unterschieden werden.
- **extensives Hören (= globales H. = kursorisches H.):** Wenige zentrale Aussagen eines Textes genügen, um die Hauptaussage des Textes zu verstehen.
- **intensives Hören (= totales H. = detailliertes H.):** Alle Informationen eines Textes sind wichtig; alle Details müssen verstanden werden, um die Gesamtaussage zu verstehen.
- **selektives Hören (= selegierendes H.):** lat. *seligere, selectus* = „auswählen", „ausgewählt". Aus dem Hörtext sollen nur bestimmte, den Hörer gerade besonders betreffende Informationen herausgehört werden.
- **zielgerichtet hören:** Beim Hören auf bestimmte, wichtige Informationen achten.

Hörerwartung, die: In realen Kommunikationssituationen (→) wird die Hörerwartung durch den situativen Kontext gelenkt. Im Sprachunterricht muß der Schüler durch Aufgaben vor dem Hören auf den Hörtext vorbereitet werden und „erwartet" nun einen bestimmten Inhalt, eine Situation, eine bestimmte Sprecherkonstellation usw.

Hörinteresse, das: Wird im Sprachunterricht durch vorbereitende Aktivitäten und durch die Aufgabenstellung gesteuert. Es bestimmt den Hörstil (→); reale Hörinteressen z.B. von Jugendlichen müssen in die Unterrichtsplanung einbezogen werden.

Hörkompetenz, die: Fähigkeit, auf unterschiedliche Hörtexte mit unterschiedlichen, jeweils angemessenen Hörstilen (→) zu reagieren.

Hörprozeß, der:
- **den Hörprozeß steuern:** Den Vorgang des Hörens durch entsprechende Vorbereitungen/Aufgabenstellungen beeinflussen, zum Beispiel, indem eine Erwartungshaltung aufgebaut (→), ein bestimmtes Hörinteresse (→) geweckt wird usw.

Hörstil, der: Die Art, wie ein Text gehört wird, ob extensiv, intensiv, selektiv, global, detailliert usw.

Hörverstehen, das: (HV): Im Fremdsprachenunterricht die Fähigkeit, gesprochene fremdsprachige Texte zu verstehen.

Hypothese, die: Vermutung, Annahme.
- **Hypothesen bilden:** = Vermutungen anstellen; den (weiteren) Inhalt oder Verlauf eines Textes, kommende Situationen, zukünftige Äußerungen von Personen, das Ende eines (Hör-) Textes usw. voraussagen/raten.
- **Hypothesen überprüfen:** Das Vorausgesagte/Geratene mit dem tatsächlichen Text/Geschehen vergleichen.

Information, die: Mitteilung jeglicher Art.
- **nichtsprachliche Informationen:** Gesichtsausdruck (Mimik), Gesten, Körperbewegungen, Kopfbewegungen usw. In realen Kommunikationssituationen (→) helfen sie, das Gehörte zu verstehen.
- **visuelle Information, die:** Information durch bildliche Darstellung.

Informationsdichte, die: Ein Text enthält sehr viele (neue) Informationen dicht gedrängt, wie z. B. Statistiken, Börsenberichte oder Verkehrsmeldungen im Radio.

Informationsspeicher, der: Der sensorische Informationsspeicher wird auch **Ultrakurzzeitgedächtnis** (→) genannt.

Informationsträger: Bei Hörtexten sind es die Laute, bei Lesetexten die Schriftzeichen.

Inseln des Verstehens: Bildhafte Bezeichnung für Textelemente, die beim Hören eines Textes aus dem „Meer von Lauten" identifiziert und verstanden werden. Bei mehrmaligem Hören werden diese „Inseln des Verstehens" immer größer.

intonatorisch: Die Betonung, die Satzmelodie betreffend.

Ja /Nein-Aufgabe, die: Aufgabe, bei der einfache Entscheidungen nach dem Muster *Ja, das trifft zu, Nein, das trifft nicht zu* getroffen und durch Ankreuzen markiert werden müssen (→ Richtig-Falsch-Aufgabe; → rezeptive Aufgaben).

Kommunikation, die: = „Mitteilung"; Austausch von Informationen.
- **interpersonelle Kommunikation, die:** Gespräch zwischen mehreren Gesprächspartnern.

Kommunikationsfähigkeit, die: Fähigkeit, sich schriftlich oder mündlich verständlich zu machen und auf schriftliche und mündliche Äußerungen von anderen angemessen zu reagieren. Kommunikationsfähigkeit in der Fremdsprache ist auch ohne fehlerfreie Beherrrschung der Fremdsprache möglich.

Kommunikationssituationen, reale: Situationen der gelebten Realität, in denen Menschen in ihren natürlichen sozialen Kontakten mit anderen kommunizieren, z. B. „Jemanden auf der Straße treffen und fragen, wie es ihm geht"; „Beim Bäcker Brot kaufen und dabei über die gestiegenen Brotpreise sprechen" usw. Im Fremdsprachenunterricht wird die Situation „einkaufen" nur gespielt/simuliert. Eine reale Kommunikationssituation im Fremdsprachenunterricht ist z. B. „Nach der Bedeutung eines fremdsprachigen Wortes fragen"; „Sich über das Thema *Wie lernt man die Fremdsprache am effektivsten* unterhalten" usw.

kommunikativ: Im Fremdsprachenunterricht: den (realen) Mitteilungsbedürfnissen entsprechend agieren und reagieren.
- **kommunikative Didaktik, die:** Unterrichtsverfahren mit dem Ziel, die Lernenden zu befähigen, sich in Alltag und Beruf in der Fremdsprache sprachlich angemessen zu verhalten. Eine wichtige Rolle spielen dabei die realen kommunikativen Interessen der Lernenden.
- **kommunikative Kompetenz, die:** Fähigkeit, sich in wechselnden Kommunikationssituationen situationsangemessen und der Mitteilungsabsicht angemessen zu äußern.
- **kommunikative Lehrwerke:** Lehrwerke, die kommunikative (→) Lernziele verfolgen.
- **kommunikativ orientierter Deutschunterricht, der:** Deutschunterricht, der kommunikative Lernziele in den Mittelpunkt des Deutschunterrichts stellt und Unterrichtsverfahren der kommunikativen Didaktik anwendet.

Komponentenübung, die: Einzelne Komponenten (Teile, Aspekte), die für das Verstehen eines Hörtextes eine Rolle spielen, werden herausgegriffen und geübt, z.B. phonetische, bedeutungsunterscheidende Merkmale *(Meer – Mär / Wehr – wer)*.

Konnektor, der: Satzverknüpfer z. B. *weil, wenn, daß* usw.

Lernen, autonomes: Selbständiges, eigenverantwortliches Lernen, bei dem die Schüler z. B. selbst bestimmen, was und wie sie lernen.

Lückendiktat, das: Diktat, bei dem zwar der ganze Text diktiert wird, aber die Lernenden nur einige Lücken in dem ihnen vorliegenden Text (Buchstaben, Wörter, Wendungen) ausfüllen müssen.

Lückentext, der: Übungstext mit Lücken zum Hineinschreiben (fehlende Präpositionen, Endungen usw.)

Mehrwahlantwort-Aufgabe (= Multiple-choice-Aufgabe): Aufgabe mit alternativen Lösungen zum Ankreuzen. Besonders für den Anfängerbereich geeignet, da keine produktiven sprachlichen Leistungen erbracht werden müssen.

Methode, die: Weg zu etwas, planmäßiges Verfahren, um ein Ziel zu erreichen.
- **audiolinguale (= audiovisuelle) Methode, die:** Stellte in den 60er/70er Jahren als Gegenbewegung zur Grammatik-Übersetzungs-Methode (→) die Kommunikation in der modernen Umgangssprache, das Hören (lat. *audire*) und Sprechen (lat. *lingua* = Sprache) in den Vordergrund des Sprachunterrichts. Vorherrschende Textsorte waren Alltagsdialoge, in denen es allerdings weniger um den natürlichen Sprachgebrauch (→), sondern um die Verwendung von Strukturelementen der Sprache ging, die dann in „pattern drill"-Übungen eingeschliffen wurden. Einführung von Tonprogrammen (Kassetten, Tonbänder usw.) und von Sprachlaboren in den Sprachunterricht.

Mitschrift, die: Während des Hörens gemachte Notizen zum Inhalt.

neurophysiologisch: Die Arbeitsweise des menschlichen Nervensystems und Gehirns betreffend.

offene Fragen: Fragen zum Inhalt eines (Hör-)Textes, die frei formulierte, also sprachproduktive Antworten erfordern.

Partnerarbeit, die: Sozialform des Unterrichts: zwei Schüler erarbeiten Lösungen gemeinsam (→ Gruppenarbeit). Gegensätze: Einzelarbeit (→), Frontalunterricht (→).

Phonem, das: Kleinste bedeutungstragende Lauteinheit eines Sprachsystems, z. B. [b] in *Blatt/bellen* versus [p] in *platt/pellen*.

Prägung, die:
- **kulturelle Prägung:** Denken, Verhalten, Handeln, Ausdruck von Gefühlen usw. der Menschen sind von der Kultur, in der sie aufgewachsen sind, geformt.

Progression, die: Abfolge der Lehrziele, Lehrinhalte, Lehr- und Lernschritte.
- **Grammatikprogression, die:** Abfolge der grammatischen Themen in einem Lehrwerk, im Unterricht.
- **Wortschatzprogression, die:** Menge, Art und Aufbau der Wortschatzvermittlung in einem Lehrwerk, im Unterricht.

Raster, das: =„Gitter"; tabellarische Anordnung zu Übungszwecken.

Redundanz, die: lat. *redundare* = „im Überfluß vorhanden sein"; in Texten: Textelemente, die keine neuen Informationen liefern, sind redundant. In der Muttersprache erleichtern Redundanzen (Wiederholungen, ähnliche oder ausmalende Formulierungen usw.) das Verständnis eines (Hör-)Textes. Fremdsprachenlerner müssen lernen, Redundanzen in fremdsprachigen Texten zu erkennen und zu nutzen.

Schema, das/Pl. Schemata: =„Muster im Kopf"; die Schematheorie geht davon aus, daß „Wissen", d. h. unsere Vorstellungen von Dingen, Ereignissen, Handlungen usw. in Form von vielfältig miteinander verknüpften Netzwerken (Schemata) in unserem Gedächtnis gespeichert ist. Neu aufgenommene Informationen werden mit Hilfe dieser Schemata analysiert und interpretiert. Die Schemata sind kulturell geprägt (→). Im Fremdsprachenunterricht kann dies zu Verstehensbarrieren führen.

Schlüsselinformationen (Schlüsselinformation, die): Hauptinformationen, „der rote Faden" eines Textes.

Schlüsselwörter (Schlüsselwort, das): Träger der Hauptinformationen eines Textes.

semantisch: Die Bedeutung betreffend.
- **polysemantisch:** Mit mehrfacher Bedeutung.

Speicherfähigkeit, die (= Hörmerkspanne, memory span, channel capacity): Fähigkeit, Informationen über längere Zeiträume im Gedächtnis zu behalten.

Speicherübung, die: Übung zur Verbesserung der Speicherfähigkeit.

Sprachgebrauch, der:
- **natürlicher Sprachgebrauch:** Im Fremdsprachenunterricht: So sprechen und schreiben, wie es dem Sprachgebrauch von Muttersprachlern in etwa entspricht. Bezogen auf Lehrwerktexte: Die Sprache in ihrer natürlichen Verwendung zeigen und (Dialog-)Texte und Übungen nicht um Grammatikpensen herum konstruieren.

Sprachkönnen, das: Anwendung der Sprache in konkreten Situationen.

Sprachwissen, das: Wissen über die Sprache, z. B. Grammatikkenntnisse, Regelwissen usw.

Sprechintention, die: Mitteilungsabsicht, z. B. „jemandem sein Bedauern ausdrücken", „sich rechtfertigen" usw.

Textsorte, die: Besondere Art eines Textes, bedingt durch die Zielsetzung des Textes, z. B. bei Hörtexten: Nachrichtensendung, Bahnhofsdurchsage, Alltagsdialoge, Vortrag usw.

Tageslichtprojektor, der: Synonym für **Arbeitsprojektor** und **Overheadprojektor**, auch **OHP** genannt.

Transkription, die:
- **Transkription eines Hörtextes:** Wortwörtliche, genaue schriftliche Wiedergabe eines gesprochenen Textes inklusive Räuspern, Stottern, Wiederholungen usw.

Typologie, die : Systematik, z. B. von Übungsformen.

Übung, die:
- **kontrastive Übungen:** Übungen, in denen phonetische, aber auch Sprachgebrauch und Bedeutungen betreffende Unterschiede zwischen Herkunftssprache und Zielsprache einander gegenübergestellt werden.

Verstehensstrategie, die: Planmäßiges Vorgehen, um einen (Hör-)Text zu verstehen, z. B. Vorwissen (→) aktivieren, zielgerichtet hören/lesen (→), Konzentration auf die Schlüsselinformationen (→) usw.

Visualisierung, die: Bildliche Darstellung unanschaulicher Inhalte.

Vorentlastung, die: Wörtlich: den Vorgang des Verstehens eines (Hör-) Textes von allem, was das Verstehen „belasten" (verhindern) könnte, „entlasten".
- **sprachliche Vorentlastung:** Unbekannter Wortschatz in einem neuen (Hör-)Text wird vor dem ersten Hören/Lesen erklärt.
- **phonetische Vorentlastung:** Voraussichtliche Verstehensschwierigkeiten auf der lautlichen Ebene eines Hörtextes (z. B. undeutliche Aussprache) werden vor dem Hören besprochen oder geübt.

Vorwissen, das: Wissen, das schon in den Unterricht mitgebracht wird; Wissen, das im Unterricht schon erworben worden ist. Das Vorwissen (→Weltwissen) hilft beim Verstehen und Lösen von Aufgaben.

- **das Vorwissen aktivieren:** Ins Gedächtnis rufen, was (eigentlich) schon bekannt ist, aber vielleicht nicht gegenwärtig oder vergessen worden ist.

W-Frage, die/W-Fragen: Mit einem Fragewort eingeleitete Frage. Das Schema der 6 W-Fragen (*wer? was? wann? wo? wie? warum?*) kann helfen, die wesentliche Handlungsstruktur eines Textes zu erfassen.

Weltwissen, das: Im engeren Sinne: Wissen, das jemand von der im Text/im Bild dargestellten Welt hat. Im weiteren Sinne: Wissen von der Welt, das sich seit der Geburt entwickelt hat. Das „Weltwissen" ist kulturell geprägt.

Wortigel, der (= Wortspinne, die): Anschaulicher Begriff für Assoziogramm (→).

Angaben zur Autorin

Barbara Dahlhaus hat in Bochum Sozialwissenschaften, Anglistik und Germanistik studiert und in Literaturpsychologie (Anglistik) promoviert. Ferner war sie im Sonderforschungsbereich „Wissen und Gesellschaft im 19. Jahrhundert" tätig. Gegenwärtig ist sie an der Ruhr-Universität Bochum Lektorin für Deutsch als Fremdsprache und Lehrbeauftragte am Institut für interkulturelle Germanistik der Heinrich-Heine-Universität Düsseldorf. Ihr Arbeitsschwerpunkt ist hier „Methodik/Didaktik Deutsch als Fremdsprache".
Darüber hinaus ist sie in der Lehrerfortbildung Deutsch als Fremdsprache insbesondere in den Ländern Mittel- und Osteuropas aktiv.

Das Fernstudienprojekt DIFF – GhK – GI

Nachdem Sie diese Studieneinheit durchgearbeitet haben, möchten Sie vielleicht Ihre Kenntnisse auf dem einen oder anderen Gebiet vertiefen, möchten mehr wissen über konkrete Unterrichtsplanung, über die Schulung von Lesefertigkeiten, über Literatur, ihre Entwicklung und Hintergründe oder über andere Bereiche des Hörverstehens/Hör-Seh-Verstehens, z. B. Lieder im Deutschunterricht, Video im Deutschunterricht oder Phonetik und Intonation …

Sie haben bereits Hinweise auf andere Fernstudieneinheiten gefunden und sind neugierig geworden? Sie möchten wissen, was das für Studieneinheiten sind, wo Sie sie bekommen und wie Sie sie benutzen können?

Zu diesen Fragen möchten wir Ihnen noch einige Informationen geben:

Diese Studieneinheit ist im Rahmen eines Fernstudienprojekts im Bereich DaF/Germanistik entstanden, das das Deutsche Institut für Fernstudien an der Universität Tübingen (DIFF), die Universität Gesamthochschule Kassel (GhK) und das Goethe-Institut München zusammen durchgeführt haben.

In diesem Projekt werden Fernstudienmaterialien für die fachwissenschaftliche und fachdidaktische Weiterbildung zu folgenden Themenbereichen entwickelt:

Deutsch als Fremdsprache (DaF)

Projekt

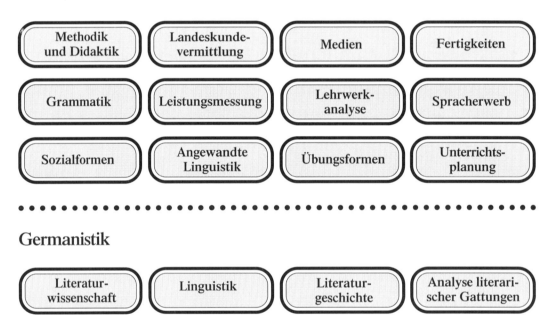

Germanistik

Themen

Weitere Studieneinheiten sind in Vorbereitung (Planungsstand 1993) bzw. erschienen:

Bereich Germanistik

Literaturwissenschaft

- Einführung in die germanistische Literaturwissenschaft (Helmut Schmiedt)
- Literaturgeschichte I: Vom Mittelalter zum Sturm und Drang (Hartmut Kugler)
- Literaturgeschichte II: Von der Klassik zur Jahrhundertwende (Egon Menz)
- Literaturgeschichte III: 20. Jahrhundert (Hans-Otto Horch)
- Einführung in die Analyse von erzählenden Texten (Helmut Schmiedt)
- Einführung in die Analyse lyrischer Texte (Helmut Schmiedt)
- Einführung in die Analyse dramatischer Texte (Helmut Schmiedt)

Linguistik

- Einführung in die germanistische Linguistik (Hans-Otto Spillmann)
- Grammatik des deutschen Satzes (Wilhelm Köller)
- Semantik (Rolf Müller)
- Historische Grammatik (Günther Rohr)
- Textlinguistik (Helga Andresen)
- Pragmalinguistik (Werner Holly)

Bereich Deutsch als Fremdsprache

Methodik/Didaktik Deutsch als Fremdsprache

- Einführung in das Hochschulfach Deutsch als Fremdsprache (Rolf Ehnert/Gert Henrici/Reiner Schmidt/Klaus Vorderwülbecke)
- Methoden des fremdsprachlichen Deutschunterrichts (Gerhard Neuner/Hans Hunfeld), erschienen 8/93
- Zweit- und Fremdsprachenerwerbstheorien (Ernst Apeltauer)
- Testen und Prüfen in der Grundstufe (Hans-Georg Albers/Sibylle Bolton)
- Lesen als Verstehen. Zum Verstehen fremdsprachlicher literarischer Texte und zu ihrer Didaktik (Swantje Ehlers), erschienen 2/92
- Angewandte Linguistik im fremdsprachlichen Deutschunterricht. Eine Einführung (Britta Hufeisen/Gerhard Neuner)

Landeskunde

- Routinen und Rituale in der Alltagskommunikation (Heinz-Helmut Lüger), erschienen 10/93
- Wortschatzarbeit und Bedeutungsvermittlung (Bernd Müller-Jacquier)
- Bilder in der Landeskunde (Dominique Macaire/Wolfram Hosch)
- Kontakte knüpfen (Rainer Wicke)
- Landeskunde und Literaturdidaktik (Monika Bischof/Viola Kessling/Rüdiger Krechel)
- Landeskunde mit der Zeitung (Hans Sölch)
- Geschichte im Deutschunterricht (Iris Bork-Goldfield/Frank Krampikowski/Gunther Weimann)
- Landeskunde im Anfangsunterricht (Kees van Eunen/Henk Lettink)

Methodik/Didaktik Deutsch als Fremdsprache

Basispaket

- Fertigkeit Lesen (Gerard Westhoff)
- Fertigkeit Sprechen (Gabriele Neuf-Münkel/Regine Roland)
- Fertigkeit Schreiben (Bernd Kast)
- Grammatik lehren und lernen (Hermann Funk/Michael Koenig), erschienen 12/91
- Probleme der Wortschatzarbeit (Rainer Bohn/Bernd Kast/Bernd Müller-Jacquier)
- Arbeit mit Lehrwerkslektionen (Peter Bimmel/Bernd Kast/Gerhard Neuner)
- Probleme der Leistungsmessung (Sibylle Bolton)

Aufbaupaket

- Arbeit mit Sachtexten (Ingeborg Laveau/Rosemarie Buhlmann)
- Arbeit mit literarischen Texten (Swantje Ehlers/Bernd Kast)
- Arbeit mit Fachtexten (Hermann Funk)
- Lieder im Deutschunterricht (Hermann Dommel/Uwe Lehners)
- Video im Deutschunterricht (Marie-Luise Brandi)
- Phonetik und Intonation (Helga Dieling)
- Computer im Deutschunterricht (Margit Grüner/Timm Hassert)
- Medieneinsatz (Lisa Fuhr)
- Spiele im Deutschunterricht (Christa Dauvillier)
- Lehrwerkanalyse (Maren Duszenko/Bernd Kast/Hans-Jürgen Krumm)

- Sozialformen und Binnendifferenzierung (Inge Schwerdtfeger)
- Handlungsorientierter Deutschunterricht und Projektarbeit (Michael Legutke)
- Lerntechniken (Peter Bimmel/Ute Rampillon)
- Fehlerdidaktik (Karin Kleppin)
- Testen und Prüfen in der Mittel- und Oberstufe (Hans-Georg Albers/Sibylle Bolton/ Hans-Dieter Dräxler/Michaela Perlmann-Balme)
- Unterrichtsbeoachtung und Lehrerverhalten
- Lernpsychologie, Lernen als Jugendlicher – Lernen als Erwachsener
- Grammatik erklären und üben in der Grundstufe
- Deutsch im Primarbereich (Dieter Kirsch)

Adressaten

Die Studieneinheiten wenden sich an:
- Lehrende im Bereich Deutsch als Fremdsprache im Ausland und in Deutschland
- Germanisten/innen an ausländischen Hochschulen
- Studierende im Bereich Germanistik und Deutsch als Fremdsprache
- Aus- und Fortbilder/innen im Bereich Deutsch als Fremdsprache.

Konzeption/Ziele

Wozu können Sie die Studieneinheiten verwenden?

Je nachdem, ob Sie als Deutschlehrer, Hochschuldozent oder Fortbilder arbeiten oder DaF/ Germanistik studieren, können Sie entsprechend Ihren Interessen die Studieneinheiten benutzen, um
- sich persönlich fortzubilden,
- Ihren Unterricht zu planen und durchzuführen,
- sich auf ein Studium in Deutschland vorzubereiten,
- sich auf eine Weiterqualifikation im Bereich DaF (z. B. Erwerb des Hochschulzertifikats DaF an der GhK) vorzubereiten (die GhK bietet die Möglichkeit, bis zu 50% des zweisemestrigen Ergänzungsstudiums DaF auf dem Wege des Fernstudiums anerkannt zu bekommen),
- ein Weiterbildungszertifikat im Bereich Deutsch als Fremdsprache zu erwerben.
(Die GhK bietet in der Bundesrepublik Deutschland einen Fernstudienkurs *Fremdsprachlicher Deutschunterricht in Theorie und Praxis* an, der mit einem Zertifikat abgeschlossen wird. Im Ausland werden die GhK und das GI gemeinsam mit ausländischen Partnerinstitutionen entsprechende Fernstudienkurse anbieten, die mit einem gemeinsamen Zertifikat der drei Partnerinstitutionen abschließen.)

Arbeitsformen

Wie können Sie die Studieneinheit verwenden?
- Im Selbststudium können Sie sie durcharbeiten, die Aufgaben lösen und mit dem Lösungsschlüssel vergleichen.
- In zahlreichen Ländern werden Aus- und Fortbildungsgänge angeboten, in denen die Studieneinheiten in Fernstudienkursen oder Seminarveranstaltungen ganz oder in Auszügen eingesetzt werden.
- Als Aus- und Fortbilder können Sie sie als Steinbruch oder kurstragendes Material für Ihre Veranstaltungen verwenden.

Weitere Informationen erhalten Sie bei:

Deutsches Institut für Fernstudien
an der Universität Tübingen
Postfach 1569
72072 Tübingen

Universität Gesamthochschule Kassel
FB 9 (Prof. Dr. Gerhard Neuner)
Postfach 10 13 80
34127 Kassel

Goethe-Institut München
Referat 41 FSP
Helene-Weber-Allee 1
80637 München